段祺瑞传

彭秀良 著

Duan Qirui Zhuan
Peng Xiuliang

中华书局

图书在版编目（CIP）数据

段祺瑞传/彭秀良著. —北京：中华书局，2015.6
ISBN 978-7-101-10889-7

Ⅰ.段…　Ⅱ.彭…　Ⅲ.段祺瑞(1865~1936)–传记
Ⅳ.K827＝6

中国版本图书馆 CIP 数据核字（2015）第 065262 号

书　　名	段祺瑞传
著　　者	彭秀良
责任编辑	欧阳红
出版发行	中华书局
	（北京市丰台区太平桥西里 38 号　100073）
	http://www.zhbc.com.cn
	E-mail:zhbc@ zhbc.com.cn
印　　刷	北京市白帆印务有限公司
版　　次	2015 年 6 月北京第 1 版
	2015 年 6 月北京第 1 次印刷
规　　格	开本/700×1000 毫米　1/16
	印张 21¼　插页 3　字数 300 千字
印　　数	1-10000 册
国际书号	ISBN 978-7-101-10889-7
定　　价	49.00 元

逸仙先生執事前復寸牋計逯

鑒詧秋風拂拂又作新涼引領

南雲日唯

興衞佳勝為頌　瑞忝尸高位已歷數月本鮮

宏毅之志安能重遠之圖亦惟掬此赤誠與周

行君子坦懷相見冀或鑒其無私訢相契合

耳惟紛變之後重謀統一若何以舒積困挽凋

瘵之民生若何以振頹綱扶踉蹌之國步其

事至賾隱患尤多朝夕兢兢固知所措我

公救世之巫愛國之殷貽禩寰區萬流仰鏡

智珠所映必有宜時妙劑是以屢盼

大旆北来冀盼

段祺瑞写给孙中山的信

偉謀以禪經畫

大總統亦亟思與

公一道渴衷緬想

肌抱應不能置之恝然也茲由王君鐵珊趨迓

台從請即

諏期命駕已飭館人潔除以待矣不盡之言統

由王君面陳嵩布敬頌

台綏無任延企之至

段祺瑞拜啟 九月日

序　言

杨天石

似乎是 2014 年 7 月，河北的独立学者彭秀良先生给我打来电话，说是他写了一部《段祺瑞传》，中华书局准备出版，希望我写一篇序。当时，关于北洋时期或北洋政府的讨论正热闹，我虽然以十年时间主编过《中华民国史》中的一卷《北伐战争与北洋军阀的覆灭》，但我执笔的是其中有关"北伐战争"的段落，对"北洋军阀"，却并没有下过很深的研究功夫，属于"半瓶子晃荡"一类，很想读彭先生的书，借此补补课，对那段历史进行再学习、再思考。

段祺瑞(1865—1936 年)，安徽合肥人。其祖父及叔父皆为淮军将领。段本人于 1885 年考入天津武备学堂炮兵科。1889 年，被李鸿章派到德国留学两年，学习军事。回国后被袁世凯调到天津小站新建陆军，担任炮队统带，兼随营学堂监督，成为袁的亲信，与冯国璋、王士珍并称为"北洋三杰"。1905 年，任新建陆军第四镇统制。辛亥革命时，派署湖广总督，并任清军第一军军统，兼领湖北前线各军。曾受袁世凯指使，率领北洋将领 46 人，通电"请立共和政体"，否则即"率全体将士入京，与王公剖清利害"。民国建立后，任陆军总长。1915 年年底，袁世凯称帝，段表示不拥护。1916 年袁取消帝制，邀段出任国务总理。1917 年，张勋复辟，段组成"讨逆军"，于天津马厂誓师反对。自 1916 至 1918 年期间,段祺瑞三次出任国务总理,掌握国家大权,是北洋政府内部的皖系一派领袖。1924 年 10 月 23 日,冯玉祥发动北京政变,推翻直系大总统曹锟,段祺瑞出任中华民国临时政府的临时执政(国家元首)。1926 年 3 月 18 日,北洋政府镇压北京学生运动,发生"三一八"惨案。同年 4 月,段祺瑞被冯玉祥驱逐下台,退居天津,在日租界当寓公,潜心佛学,自号"正道居士"。1931 年"九一八"事变后,段祺瑞拒绝与日本人往来。1933 年 2 月,移居上海,受到蒋介石的礼遇。1935 年被任为国民政府委员,未就职。1936 年 11 月 2 日因胃溃疡在上海病逝,享年 72 岁。遗言称:"勿因我见而轻起政争,勿尚空谈而不顾实践,勿兴不急之务而浪用民财,勿信过激言行之说而自摇邦本。讲外交者,勿忘巩固国防;司教育者,勿忘保存国粹;治家者,勿弃国有之礼教;求学者,勿骛时尚之纷华。"

彭先生此书,广泛收集资料,博采诸家学说,对段祺瑞"三造共和"等一生大事,作了详尽的叙述,对其功过是非,提出了自己的见解和评价,对其为官清廉,"不抽、不喝、不嫖、不赌、不贪、不占"的"六不"戒条做了绍介,对"三一八"惨案后在牺牲者面前长跪不起以及自此吃斋的讹传作了辨正。读后,收益良多,思考良多。

多年来,对北洋政府、北洋人物,似乎早有定论,一言以蔽之,曰"军阀"。自然,这是负面评价,似乎将其"妖魔化",一棍子打死了。本人一向主张:以实事求是为治史最高原则,有好说好,有坏说坏,爱之不增其美,憎之不益其恶。因此,我对于重新研究北洋史是赞成的,寄以希望的。然而,近年来,对北洋政府、北洋人物,似乎溢美之词日渐多了起来。例如,有人说,北洋时期实行"市场经济",是中国民族资本发展的黄金时期,也是中国历史上第一个高度民主的时期,更是言论最自由、结社最自由、舆论环境最宽松的时期;甚至说,北洋政府最大的成就当属思想解放;还有人说,北洋政府是近代最伟大的政府,是在维护国家主权和领土完整方面作出过重大贡献的政府;是最宽大、最有人性的政府,云云。在这些观点面前,我有点茫然。

上述观点,不是全无道理。例如:经济学家可以用数字说明,1920 年之前,中国经济如何以每年平均 13.8% 的速度向前发展;政治学家可以用几部宪法的递嬗以及国会、总统府、国务院之间的关系,说明那个时期的民主发展程度；文化史学家可以用社团、报刊的数字来说明那个时期的结社自由和言论、学术环境的宽松，等等。然而，我觉得，上述论者的最大缺陷是将"时期"和"政府"这两个概念混淆了。只要我们比较深入地研究以下的问题：哪些成绩的取得是由于 20 世纪时代、潮流的影响和辛亥革命精神的承续？哪些社会进步是由于人民，包括知识界的奋斗、努力和抗争？当时政府和统治者的执政重点何在？他们提出了哪些政策，其倡导和推动作用如何？北洋时期的中国发展和其政府政策之间是否存在，或存在着怎样的因果关系？我相信，如果比较深入地研究了上述问题之后，也许我们对北洋政府和北洋人物的评价就会持平一些、允当一些。

以上是我读彭先生的书，浏览今人相关研究成果之后的一点感想，算是"序"。当然，再说一遍，我对北洋史研究不够，可以说至今尚未入门，说错了的地方，或应该说而没有说到的地方，欢迎讨论，欢迎批评。

2015 年 4 月 2 日—3 日，急草于北京东城之书满为患斋

追思祖父段祺瑞

段慧敏[1]

今年适逢我的祖父段祺瑞诞辰一百五十周年,由彭秀良先生撰写的《段祺瑞传》也即将由中华书局出版。在此书即将付印的时候,作者和出版方邀请我作为祺瑞公的后人,写一点感受。为此我很感谢。感谢社会各界对我祖父及我们家族的关心;感谢现在社会昌明,可以客观地讨论我祖父的得失短长;感谢研究人员抽丝剥茧、正本清源,从浩如烟海的史料中还原出历史真相。

我出生时祖父已经过世,所以关于他的事情我大部分是从父母和哥哥姐姐们的谈论中了解到的,很早就知道他曾任过三届民国总理,一届临时执政,享有"三造共和"的美誉。后来上学,得到的又是截然相反的评论,主要就是"军阀"、"卖国"等。这让我很困惑,不知祖父到底是个什么样的人,到底是好人还是坏人。慢慢地,我也变老了,血缘亲情驱使着我去了解祖父更多的信息,甚至想走进他的内心,看清他的想法,全面立体地了解他。好在随着社会日渐进步,很多史料逐渐披露,以前的一些研究"禁区"也逐渐开放,对历史人物的评价也变得客观公允,我也才能以独特的视角,思考祖父

---

① 段慧敏,1938年出生,段祺瑞最小的孙女,退休前在天津化学试剂一厂工作。

的为人为政。

祖父作为一个政治人物，其当政期间的是非功过，还是留待学者和历史去评价吧。但在我看来，至少有部分事情还是有利于历史进程和国家的整体利益的，比如说"三造共和"，比如说对德宣战。"三造共和"是祖父对中国近代历史的重大贡献。听老人们说，祖父一生最得意的事情就是"三造共和"之马厂誓师，讨伐张勋复辟。对德宣战是祖父一生最欣慰的事情。作为军人，成功争取中国参加第一次世界大战，不仅让中国在世界上占有一席之地，更为中华民族的崛起奠定了基础。祖父的性格就是对的就坚持，谁反对也不行，即便靠"府院之争"争来的权力无法实施也无所谓。此事当时就连他最信任的徐树铮也不太赞同，但后来理解了老师的前瞻性，还借助"一战"战胜国的威名，收复了蒙古国土。

作为政治人物，在清末民初贪腐横行、人心不古的混乱时代，祖父在人品上的表现堪称杰出。祖父一生最自豪的事情就是被公论称道为"六不总理"，即不抽、不喝、不嫖、不赌、不贪、不占。早岁就听母亲描述过，祖父不仅自己不收礼，就连家中的门房都不能收门包。每逢年节，外省官员要给京官送礼，这还是清朝时期留下的规矩。当时但凡送到段公馆的物品，都要由门房放在内客厅门口的条案上，等祖父亲自过目。他总是很仔细地察看，然后挑一两件不值钱的东西收下，其余的原封退回。家里人印象最深的是有一次齐燮元送来了二十多样礼物，其中最昂贵的是镶嵌多种宝石的几扇围屏，五光十色，非常漂亮，大家都喜欢，但祖父看后仍是给退回了。就连张作霖来北京看他时送的江鱼、黄羊等土特产，他也是只留下两条江鱼而已。倒是冯玉祥送来的一个大南瓜他收下了，说是不能再切了。我们将此品格视为是我们段家的骄傲和家族的家规。

我的祖父还酷爱围棋，资助培养了一批国手，特别是大家知道的吴清源等，可以说在这方面做了好事。我父亲（段宏业）也达到了国手的水平，但他和祖父下棋，输赢都要挨骂，所以他只能和顾水如等到外面去一较高下了。我小的时候，父亲要教我下棋，但看到哥哥姐姐们都在外面玩，我也坐不住了，"不学不学，我还和他们玩呢"。母亲责怪我："男孩贪玩也就罢了，怎么女孩也坐不住呢"。自此后人没能继承下来，真是悔之。

另外，祖父的文采也是很不错的，但很少被人关注到。以前每当提到"军阀"，就好像特定在赳赳武夫之类，其实不然。我的祖父出生于人文荟萃的地方，所以能淹贯旧籍，四书五经烂熟胸中，偶尔写作亦文字精通，不离古法。他还曾将写的诗印成册，编成《正道居集》。

由于多种原因，我家基本没有保存与祖父直接相关的原始资料。在外人看来，这实不应该，甚至可以说是目光短浅。此事确实可惜，但如果说这是冥冥天意呢？因为只有经过那个年代的人才知道，这种遗憾对后人未必不是一种幸运。

2011年，我被邀请回到合肥，参与合肥段氏续修宗谱的活动。当飞机落地走出舱门时，我的心情非常激动，年逾古稀还能回到祖父生长的地方亲炙，甚感欣慰。回到祖父曾经住过的肥西城西桥，听族人说起了很多往事，特别是当地百姓说起城西桥很多的传奇故事，皆是因为祖父在任时期修过此桥，还说祖父感恩尊师，为他的私塾老师盖房子，而他自己却没有房产。我听着心里酸酸的，却又是热热的。

我们段氏后人目前分布在国内多地及海外，从事各行各业，虽然没有大富大贵，但都自食其力，安居乐业，奉公守法，以自己的辛勤付出奉献社会，我想这也是先人留给我们的宝贵财富吧。

感谢当今社会能将民国的历史重新研究，能让广大民众重新认知那些"军阀"们，能为中华民族作出贡献的先人们说句公道话。我的祖父为官可能不是成功的，但他的人格魅力是让后人尊敬的。我希望看到后人继承并发扬光大。

2015年2月2日

目　录

第一章　颠沛流离的青少年时代 ······················· 1

段氏家世 ······························· 1

两个"合肥" ···························· 3

宿迁军营 ······························· 7

读书逸闻 ······························· 9

第二章　接受近代军事教育 ······················· 11

新式军校 ······························· 11

力学不倦 ······························· 15

"北洋三杰" ···························· 17

赴德深造 ······························· 19

第三章　追随袁世凯 ······························· 24

督练新军 ······························· 24

督办军学 ······························· 32

两次会操 ······························· 35

江北提督 ······························· 37

私恩厚重 ······························· 40

第四章　在辛亥年的大潮中 ······················· 43

临危受命 …………………………………… 43

两次通电 …………………………………… 47

陆军总长 …………………………………… 54

第五章　直接指挥的两次军事行动 ………… 60

广宗剿"匪" ……………………………… 60

镇压白朗起义 …………………………… 64

第六章　反对帝制到底 ………………………… 67

貌合神离 …………………………………… 67

闭门谢客 …………………………………… 74

调和西南 …………………………………… 77

努力善后 …………………………………… 84

第七章　实行责任内阁制 …………………… 92

责任内阁 …………………………………… 92

《临时约法》 ……………………………… 96

府院之争 …………………………………… 99

国会问题 ………………………………… 104

第八章　努力实现对德宣战 ……………… 108

局外中立 ………………………………… 108

国际关系 ………………………………… 110

国内矛盾 ………………………………… 115

克服阻力 ………………………………… 120

反复算计 ………………………………… 126

现实利益 ………………………………… 131

国际影响 ………………………………… 133

参战督办 ………………………………… 138

第九章　击破张勋复辟闹剧 ……………… 145

光杆总理 ………………………………… 145

徐州会议 ………………………………… 149

马厂誓师 ··· 151

法统中断 ··· 158

第十章　无法实现武力统一的政治理想 ··········· 163

南北分裂 ··· 163

武力统一 ··· 165

冯段斗法 ··· 168

安福国会 ··· 173

理想破灭 ··· 177

第十一章　输掉了所有本钱的直皖战争 ············ 180

南北议和 ··· 180

外交失败 ··· 185

直皖分派 ··· 189

五天战事 ··· 193

全盘皆输 ··· 198

第十二章　临时执政难有作为 ·························· 202

天津会议 ··· 202

临时执政 ··· 208

善后会议 ··· 211

五卅惨案 ··· 217

关税会议 ··· 222

黯然收场 ··· 226

第十三章　悠闲的晚年生活 ····························· 232

正道居士 ··· 232

痴迷围棋 ··· 236

文学雅兴 ··· 239

不忘政治 ··· 242

第十四章　躲避日本人的纠缠 ························· 246

离开天津 ··· 246

纵论国事 …………………………………………………… 250

魂留申江 …………………………………………………… 252

盖棺暂厝 …………………………………………………… 256

第十五章　段氏家风与家族后人 ………………………… 259

"六不总理" ………………………………………………… 259

妻妾子女 …………………………………………………… 263

治家严厉 …………………………………………………… 266

家族后人 …………………………………………………… 268

第十六章　身边幕僚的出路 …………………………… 271

段氏幕府 …………………………………………………… 271

"四大金刚" ………………………………………………… 273

大小"财神" ………………………………………………… 277

"国舅派"系 ………………………………………………… 279

"太子派"系 ………………………………………………… 282

其他幕僚 …………………………………………………… 284

第十七章　身后荣辱几度沉浮 ………………………… 289

毁誉参半 …………………………………………………… 289

身后萧索 …………………………………………………… 293

"反动军阀" ………………………………………………… 295

柳暗花明 …………………………………………………… 297

附录一　段祺瑞生平大事年表 …………………………… 301

附录二　段祺瑞小传 ……………………………………… 307

附录三　参考文献 ………………………………………… 310

附录四　人名索引 ………………………………………… 314

第一章　颠沛流离的青少年时代

清同治四年二月初九（1865 年 3 月 6 日），段祺瑞诞生于安徽省六安县太平集（今六安市金安区三十铺镇太平村），家庭背景并不是很显赫。但到段祺瑞去世时，他的地位却已很高了，可以称得上民国史上一位很有影响的人物。可是，他的青少年时代却是处于颠沛流离之中的。

段氏家世

段祺瑞被当时的人称为"段合肥"，他是合肥人么？

关于段祺瑞的祖籍，长期跟随在段祺瑞身边的胞侄段宏纲回忆说："段氏祖籍饶州（今江西鄱阳），明朝末年迁来安徽，起先在英山县落户，后来迁至寿县，又迁六安县太平集迤北三里。"[①] 段祺瑞出生后才迁居合肥西乡城西桥大陶岗（今肥西县三十岗乡陶岗村）。故而，段宏纲说："伯父于清同治四年二月初九（1865 年 3 月 6 日）出生于六安祖居，后数年始随家迁至合肥乡间。他的祖父名佩，早年曾办团练以镇压捻军有功，官至淮军统领；父亲

---

① 段宏纲:《段祺瑞家世琐记》,《安徽文史资料选辑》第 13 辑。

名从文,务农。"①

最早给段祺瑞撰写年谱的吴廷燮,对于段祺瑞的家世介绍得很清楚:"唐太尉段忠烈王秀实三十八世孙也。二十三世祖讳璋,号芝山樵者,天性至孝,居父丧,寝苫枕块无殆容,有芝草生于墓前,事迹详县志,并《庐墓记》。九世祖讳本泰,清初由英山迁居寿州南乡保义集坊。曾祖讳友杰,赠光禄大夫、振威将军。妣杨氏,赠一品夫人。道光中,迁居六安,再迁合肥。祖讳珮,字韫山,咸丰初,值洪杨之乱,与乡人刘壮肃公铭传、张靖达公树声、周刚愍公盛波、周武壮公盛传等联创团练;及淮军兴,又与刘壮肃公等隶李文忠公鸿章部下,以功累保提督衔记名总兵,励勇巴图鲁,授荣禄大夫、振威将军。妣赵氏、曾氏,封一品夫人。父讳从文,赠光禄大夫、振威将军。母范氏,赠一品夫人。"②

其实,段宏纲和吴廷燮关于段祺瑞家世传承的描述都不够准确。段祺瑞祖籍在湖北省英山县南河镇瓦前寻村,现在那里还建有段氏宗祠③。段秀实是段祺瑞的第四十四世祖,他是唐朝一位有名的将军,为抵御吐蕃人的进攻而转战西域,后因反对朱泚僭位称帝被诛杀,唐兴元元年诏赠太尉,谥曰忠烈。《旧唐书》记述段秀实少年时的一段经历甚是感人:"秀实性至孝,六岁,母疾,水浆不入口七日,疾有间,然后饮食。"④到其二十三世祖段璋那里,也就是以"芝山樵"为号的那个人时,又因"天性至孝"被载入县志,此处所说的县志就是英山县县志,可见其祖上奉长至孝的良好家风。

从英山县迁居到安徽寿州的,不是段祺瑞的九世祖段本泰,而是其第十二世祖段宪伦;从寿州迁到六安的,是段祺瑞的曾祖父段友杰。段祺瑞的曾祖父为什么要搬家呢?据段祺瑞的女儿段式巽回忆:"段友杰妻把一碗羊肉送给穷人吃了,段友杰不依,一巴掌失手把她打死。当地人出于义愤打抱不平,段友杰理亏,不得不搬迁。"⑤看来,段祺瑞的曾祖母还是很有爱心的,可

---

① 段宏纲:《段祺瑞家世琐记》,《安徽文史资料选辑》第13辑。
② 吴廷燮:《段祺瑞年谱》,中华书局2007年版,第7页。
③ 此处根据2015年1月8日段海澎发给笔者的电子邮件考订。段海澎是段祺瑞非嫡传的第四世孙,现供职于安徽省交通投资集团公司。
④ 《旧唐书·卷128·列传第78》。
⑤ 段式巽:《追忆先父段祺瑞》,《上海文史资料选辑》第69辑。

他的曾祖父就有些过分了，这样的搬家原因也可算是够无奈的了。但段友杰却是一位战功卓著的军人，才会被清政府"赠光禄大夫、振威将军"。

段祺瑞的祖父段佩（我们用"佩"字，而不用"珮"字，是多数段祺瑞研究专家的一致意见）字韫山，是一位有军功的人。清咸丰初年，太平天国起事于广西，很快就占据了长江中下游地区，段佩与同乡人刘铭传、张树声、周盛波、周盛传一起创办团练，助官军剿太平军。后来李鸿章的淮军兴起，段佩又入李鸿章麾下，"以功累保提督衔记名总兵，励勇巴图鲁，授荣禄大夫、振威将军"。段佩从一个粗识文字的农村青年，成为一名领取朝廷俸禄并受朝廷册封的淮军将领。不仅如此，段佩还是一个嫉恶如仇的人，吴廷燮记述说："先是有土豪刘栟、刘枢者，乘洪、杨之乱，为暴乡里，公祖韫山公仗义诛之。刘氏以惧韫山公从军于外，刘氏时谋报复，至是迁寿州炎刘庙以避之。"①刘姓土豪仗着家大势大，横行乡里，欺压乡民，段佩看不过去便把他杀了。但是刘家毕竟在当地是大族，极有势力，于是，为躲避刘姓家族的报复，段家不得不搬到寿州炎刘庙（今寿县炎刘镇）。

段祺瑞的父亲段从文虽出身武将之家，却一直在家务农。"祺瑞之父尝租周氏之田，为之耕稼，治事勤谨"②。"周氏"即是周盛波、周盛传兄弟，系当地的大地主，段从文尚要租种周家的田地，可见段家的家境很一般。清同治九年（1870 年），段从文在合肥西乡城西桥大陶岗买了一百多亩地，段家搬到合肥③。那一年，段祺瑞六岁。

两个"合肥"

现为安徽省省会所在地的合肥市，在清末民初只是个大县，其区域除包括今日的合肥市之外，还包括今日的肥东、肥西和长丰县的南部。尽管合肥只是一个县，但它的历史却很久远，三国时"张辽大战逍遥津"的故事就发生在这里，至今市内尚有逍遥津公园供人游览。近代历史上，合肥出了两位颇

① 吴廷燮：《段祺瑞年谱》，中华书局 2007 年版，第 7—8 页。
② 沃丘仲子：《段祺瑞》上编，上海广文书局 1920 年版，第 3 页。
③ 吴廷燮：《段祺瑞年谱》，中华书局 2007 年版，第 8 页。

有影响的大人物，在段祺瑞之前的李鸿章也是合肥人。徐一士说："李鸿章为段之乡前辈，以声望之隆，当晚清同、光、宣之际，一言'合肥'，皆知所指为李氏也。自入民国，段氏乃继之而起。专'合肥'之称，先后若相辉映。"①

合肥逍遥津公园张辽像，三国时期的逍遥津大战就发生在这里

段祺瑞曾作《先贤咏》诗一首，既盛赞合肥的山川风物之美，更盛赞李鸿章之于晚清历史的重要：

> 昆仑三干脉，吾皖居其中。
>
> 江淮夹肥水，层峦起重重。
>
> 英贤应运起，蔚然闲气钟。
>
> 肃毅天人姿，器识尤恢宏。
>
> 勋望诚灿烂，宛如万丈虹。
>
> 盛年入曾幕，文正极推崇。
>
> 发逆据白下，十三秋复冬。
>
> 分疆且不可，遣军犹北攻。
>
> 开科巳取士，坛坫以争雄。
>
> 公奋投笔起，淮将征匆匆。
>
> 移师当沪渎，神速建奇功。
>
> 一战克大敌，中外咸靖恭。
>
> 全苏勘定后，抚篆摄旌庸。

---

① 徐一士：《一士类稿》，中华书局 2007 年版，第 242—243 页。

助攻金陵复，鸟兽散群凶。

还师定中原，捻匪无遗踪。

分军靖秦陇，归来戍辽东。

卅载镇北洋，国际庆交融。

甲午败于日，失不尽在公。

寅僚不相能，未除芥蒂胸。

力言战不可，枢府不相容。

已筹三千万，意在添艨艟。

不图柄政者，偏作林园供。

海军突相遇，交绥首大同。

损伤相伯仲，几难判拙工。

策画设尽用，我力已倍充。

胜负究谁属，准情自明通。

及至论成败，集矢于厥躬。

继起督两粤，远谪示恩隆。

庚子拳乱作，权贵靡从风。

德使竟遇害，八国兴兵戎。

转战迫畿辅，无以挫其锋。

銮舆俱西幸，都城为之空。

联军客为主，洞穿乾清宫。

责难津津道，要协更无穷。

仰面朝霄汉，气焰陵华嵩。

环顾海内士，樽俎谁折冲？

五洲所信仰，惟有李文忠。

国危而复安，深赖一老翁。

　　"肃毅"即李鸿章，他逝世后清政府晋封他为一等肃毅侯，谥文忠，因此世人也称其为李文忠。段祺瑞对这位乡前辈充满了敬佩之情，更对他的历史贡献赞美有加，"国危而复安，深赖一老翁"。无论后人对李鸿章怎么评价，他却是挽救晚清朝廷免于外国人过度侵蚀的关键人物之一。

从年龄上看,李鸿章比段祺瑞足足大了四十一岁。李鸿章出生于清道光三年正月初五(1823年2月15日),这天正是"财神"的诞辰日。正当人们忙着置酒席、接"财神"、欢庆"财神"生日的时候,安徽省庐州府合肥县磨店乡(现属合肥市瑶海区)李氏宗族更是欢声笑语,沉浸在喜悦的气氛之中,因为又有一个小小的生命呱呱坠地了。这位在"财神"诞辰降临人世的婴儿,就是后来在晚清政治舞台上煊赫一时的李鸿章。李鸿章先世本姓许,自江西湖口迁至合肥。李鸿

李鸿章

章生前官至直隶总督兼北洋通商大臣,授文华殿大学士,身后清政府追赠其为太傅、晋一等肃毅侯、谥文忠,赐白银五千两治丧,在其原籍和立功省建祠十处,京师祠由地方官员定期祭祀,清代汉族官员京师建祠仅此一人。

段祺瑞出生的那年,李鸿章升署两江总督,挑起了镇压太平天国的重任,他并于同年开办了江南制造总局,掀开了洋务运动的序幕。可以这样说,是太平天国起义成就了李鸿章的事业,而李鸿章也正是在镇压太平天国的过程中看到了西方先进国家"坚船利炮"的巨大威力,才附会于曾国藩之后,把洋务运动推向了深入。有这样一位乡前辈的提携,段祺瑞才能够崛起于清末军界,进而成为了中国近代史上一位叱咤风云的人物。

清光绪二十七年九月二十七日(1901年11月7日),李鸿章在京师贤良寺去世,享年七十八岁。临终前,他留下了一首诗,表达了心中的无奈与期盼:

劳劳车马未离鞍，临事方知一死难。

三百年来伤国步，八千里外吊民残。

秋风宝剑孤臣泪，落日旌旗大将坛。

海外尘氛犹未息，请君莫作等闲看。

李鸿章去世当天，清政府命袁世凯署理直隶总督兼充北洋大臣。同日，袁世凯奏准段祺瑞留在直隶襄助，以知府补用，统领新建陆军炮队并总办随营学堂①。随着袁世凯地位的一步步上升，段祺瑞也渐升高位，入民国后更执国柄多年，于是李"合肥"与段"合肥"前后辉映，书写了合肥历史上的一段惊世传奇。

宿迁军营

根据段宏纲的说法，段祺瑞出生在六安祖居，这也得到了很多传记作家的确认。但吴廷燮认定，段祺瑞的出生地在合肥，"二月初九日午时公诞生于安徽合肥"，似是有以讹传讹之嫌②。我们还是觉得段宏纲的回忆可靠，段式巽也说段祺瑞出生于安徽六安③，所以段祺瑞的出生地是可以确定的，即六安太平集。后来，段家迁到合肥，也是确定不移的事实。

据说童年的段祺瑞不像个小孩子，不苟言笑。"祺瑞幼而岐嶷，颇静穆。儿时嬉戏，每好整以暇，见者辄称其沉默有度。即偶然言笑，亦不涉童骏杂沓之态"④。沃丘仲子的这段话颇有过度赞誉的嫌疑，故而他的说法也不可全信。要说段祺瑞小时候不似其他小孩子那样具有浓浓的童稚味，好像还能说得过去。

段祺瑞八岁那年，正在担任铭军直属马队三营统领的段佩将他接到江苏宿迁的军营里，从此开始了他最初的耳濡目染的"军旅生涯"。宿迁军营里，安徽人十居其九，段氏家族中的许多人也都投身其间。兵营偏南有一家

---

① 胡晓：《段祺瑞年谱》，安徽大学出版社 2007 年版，第 57 页。
② 吴廷燮：《段祺瑞年谱》，中华书局 2007 年版，第 7 页。
③ 段式巽：《追忆先父段祺瑞》，《上海文史资料选辑》第 69 辑。
④ 沃丘仲子：《段祺瑞》上编，上海广文书局 1920 年版，第 4 页。

私塾，段佩就把他送去念书。段祺瑞不喜欢读书，只喜欢舞刀弄枪。他经常把小伙伴集合在一起做战争游戏，他自己则手持指挥刀，下达一个个作战命令，行动进退，颇有章法。私塾先生看见了，也不禁止，只是见他不重学业，忍不住劝过一次："你身为将家子弟，自宜深通行兵布阵之法，但不读诗书，则不过是一勇夫耳，你该牢记这一点。"①段祺瑞从此之后，专心学业。受到老师的批评，勇于改过自新，表明少年时代的段祺瑞已胸藏大志，并具有坚忍的毅力。

由于缺乏母亲的管束和照顾，段祺瑞整天鼻涕邋遢，灰头土脸儿，很不像样子。多少年后，他府里的老佣人提起他的少年时代，还是一副不屑的口吻："……邢宝斋这几个老人，提起段祺瑞来，都仿佛挺不佩服似的。邢宝斋说，当年段祺瑞的祖父在军队里当管带，段也随在身边。当时段祺瑞一天到晚鼻涕邋遢的，挺不起眼。邢宝斋实在看不上他，就说：'你叫什么少爷呀！一点也不爱干净。'可是段祺瑞总不改。邢宝斋气急了，就说：'你这个屌样！'"②

段祺瑞虽然没有少爷样，但他却交了不少朋友。这个私塾中有学生二十余人，段祺瑞与他们相处甚好，同学们都喜欢他。其中有一个叫申孟达的，住在城南申徐庄。四十多年后，申孟达在报纸上看到段祺瑞任临时执政时，就去北京寻找。段祺瑞亲自把申孟达接到府中，设宴为其洗尘，谈话时无拘无束，仍似当年。

申孟达不愿做官，在段祺瑞处过了两个多月，饱食终日感到厌倦，遂生回乡之念。段祺瑞赠给他很多钱，并给他一个临时执政府咨议的头衔，申孟达就返回了宿迁。回到宿迁后，申孟达在宿迁中学东南斜对门设立公馆，门前挂有"临时执政府咨议申公馆"的牌子，申家中有段祺瑞亲笔信和段祺瑞身穿官服的照片，后来因保管不善，没有留存下来③。

段祺瑞在宿迁军营一呆就是八年，由一个不懂事的小孩儿长成了初晓世事的少年，而且还在这里与吴家姑娘订下姻缘。家住宿迁老城区东大街

---

① 周俊旗：《百年家族——段祺瑞》，河北教育出版社 2006 年版，第 5 页。
② 王楚卿：《段祺瑞公馆见闻》，《文史资料选辑》第 41 辑。
③ 朱启隆：《段祺瑞少年在宿迁》，《宿迁文史资料》第 8 辑。

南端财神阁外(现老南菜市西首附近)的吴懋伟,以相命为生,人称之为相面先生(另一说是宿迁举人)。其祖上是开丝线店的,后丝线生意败落,吴懋伟便改行相面。由于家中人口多,生活贫困,吴懋伟的夫人靠推磨烙煎饼卖,来资助家庭生活。

吴懋伟经常到城郊各处串游营生,与段佩也很熟悉,并有交情。看到段祺瑞,会算命相面的吴懋伟心里暗自高兴:"此人相貌不凡,日后必做大事。"意在将女儿许配给段祺瑞,便向段佩说合,段家应允同意,并订下了婚约[①]。清光绪十二年(1886 年),二十二岁的段祺瑞与十九岁的吴懋伟之女结婚。清光绪二十六年(1900 年),夫人吴氏病故,时年三十四岁。吴氏之弟吴光新后来成为皖系军阀集团的重要人物,也是段祺瑞幕府中的一名重要幕僚。

清光绪五年闰三月初二日(1879 年 4 月二十二日),段佩在宿迁的军营中亡故,段祺瑞护送祖父的灵柩归葬合肥西乡小蜀山与将军岭之间的何家巷,结束了早年的军营生活。这一年,段祺瑞十五岁。

读书逸闻

把祖父的灵柩扶送到合肥家乡归葬后,段祺瑞又去做什么了呢? 有人说,段祺瑞只身返回宿迁,在军营中当了一个杂役,也就是勤务兵,开始了自己养活自己的日子[②]。但大多数研究者和传记作者都认为,段祺瑞留在了合肥的家里,进入大陶岗北五千米的侯大卫庄(今肥西县小庙镇马场村)续读了一年多的私塾[③],在此还发生了一些有趣的故事。

段祺瑞的祖父去世后,段家家道中落,生活处在贫寒之中,不但付不起学费,还欠下了私塾侯先生的膳费。为此,私塾先生扣下了段祺瑞的端砚和书桌。段祺瑞在私塾先生家搭伙,侯先生每月安排三次加餐。每逢"打牙祭",学生除青菜豆腐外,饭头上多加两块大渣肉。有趣的是,每次"打牙祭",段祺瑞碗底都会多两块大渣肉。有一次,侯先生的女儿问段祺瑞:"你

---

①　《宿迁水土养育的"六不总理"段祺瑞》,《宿迁晚报》2011 年 11 月 23 日。

②　周俊旗、汪丹:《段祺瑞真传》,辽宁古籍出版社 1997 年版,第 3 页。

③　胡晓:《段祺瑞年谱》,安徽大学出版社 2007 年版,第 26 页。

每次碗底多两块肉是谁给的?"段答:"是师母给的吧。"师姐红着脸说:"是我给你的!"

段祺瑞发迹后,曾把私塾先生接到京城,据说这位侯老先生赴北京时,啥也不带,但有一方端砚,就是段祺瑞幼时用过的,却揣在怀里,算是"完璧归赵"。三个月后,私塾先生回家才发现,有一幢远近出名的新居,是国务总理送给他的。晚年的段祺瑞寓居上海,生活费用靠蒋介石每月赠送的敬仪,仍然从这些钱中分出一部分寄给侯先生父女,直到去世为止[1]。

前面的故事属于传说,也不排除后人有意附会。但是,少年时代的段祺瑞确实喜欢读书。沃丘仲子记述求学时的段祺瑞,有这样的评语:"初就学家塾,性殊强韧,同学或狎之,每持以镇静,若示以不屑与伍者。读书亦不甚措意,视老师宿儒蔑如也。"[2]不与同学开玩笑,看似有很深的城府,读书也不求甚解,少年时代的段祺瑞确实有些与众不同。

但是,段祺瑞的女儿段式巽回忆说:"父亲喜欢读书,不喜耕作,常想另谋生计。"[3]出身于军功世家,又跟随祖父在军营里度过了八年的欢乐时光,段祺瑞岂愿甘心做一个农夫呢? 于是,清光绪七年(1881年),年仅十七岁的段祺瑞怀揣仅有的一块银元徒步数十天五百多千米,来到山东威海投奔任管带的族叔段从德,被收留在军营中作哨书,此次开始了真正的军旅生涯,也开启了段祺瑞的辉煌人生之旅。

---

① 季宇:《段祺瑞传》,安徽人民出版社1992年版,第4—5页。
② 沃丘仲子:《段祺瑞》上编,上海广文书局1920年版,第4页。
③ 段式巽:《追忆先父段祺瑞》,《上海文史资料选辑》第69辑。

第二章　接受近代军事教育

段祺瑞投军后不久,李鸿章创办了中国第一座近代化的陆军军官学校——北洋武备学堂。在这所为培养新型军事人才而开办的近代化军校里,段祺瑞不仅学到了近代西方军事理论,而且结识了一批有抱负、有作为的年轻学员,这为他日后的发展铺垫了良好的人脉关系。

新式军校

北洋武备学堂是清光绪十一年(1885 年)2 月,直隶总督兼北洋大臣李鸿章在天津创设的。北洋武备学堂是中国近代史上最早的陆军军官学校,是李鸿章为了扩充其嫡系淮军部队的实力而开办的。

淮军是为镇压太平天国运动,在曾国藩的指示下,由李鸿章招募淮勇编练的一支军队,是袁世凯“小站练兵”编练新军以前清政府的主要国防力量。清咸丰十一年(1861 年),太平军向上海进军,上海守备清军无力抵抗,而作为外援的英军尚未赶到。是时曾国藩督办江苏、安徽、江西三省军务,他所训练、统率的湘军驻扎安庆,上海地方官绅派代表向他求援。曾国藩早有用湘军制度练两淮勇丁的计划,即命他的得力幕僚李鸿章招募淮勇,于清同治元年二月(1862 年 3 月)在安庆编成一军,因为兵员及将领主要来自安徽江淮一带,故称"淮军"。其后,淮军乘英国轮船,闯过太平天国辖境,前往上海,与英、美各军合作对抗太平军。太平天国运动失败后,淮军被大量裁撤,但仍保留下5万人的规模,后又作为清军主力与捻军作战。

李鸿章就任直隶总督兼北洋大臣后,淮军又肩负起海防重任,并增建了新式炮队19营,武器配备、营制操练,全部因袭德国成法。于是,淮军的训练任务便加重了。除聘请德国军官李劢协(Lehmayer)来华教习三年以外,并选派官弁七人,随李劢协赴德学习水陆军械技艺,以三年为期,学成回国后分拨各营教练,这是中国在役军官出洋学习的最早记录。淮军虽然派员弁出洋,吸收兵学新知,却仍不能满足当时的需要,而必须做大规模地传习方可。适清光绪十一年(1885年),中法议和之后,有一批前一年聘雇的德国军官留在天津。周盛波、周盛传乘机禀请李鸿章,仿照西国武备书院之制,于天津设立陆军武备学堂。周盛传,字新畲,安徽合肥人,是淮军的重要将领。清光绪元年(1875年)受任天津镇总兵,驻军城东小站,小站也就是后来袁世凯训练新军的地方。因小站开通新河45千米以达大沽海口,分辟小河十数支,上接南减运河,减河左右开沟渠,俾农民易于引灌。又于小站下开横河门,建桥闸三十余处,分运河盛涨,下汇海潮,借淡刷咸,得稻田六万余顷。濒河两岸,田亩悉变斥卤之旧,民利赖之。至今小站犹有"周公祠"。周盛传是段祺瑞的乡前辈,段祺瑞的父亲就是靠租种周家的田地为生的。

李鸿章认为周氏兄弟的建议可行,就在清光绪十一年五月初五日(1885年6月17日)给朝廷上了一份奏折,内中阐明了创办北洋武备学堂的目的:"臣查泰西各国讲究军事,精益求精。……当其肄业之初,生徒比屋而居,分科传授,其于战阵攻守之宜,直视为身心性命之学,朝夕研求,不遗余力,而枪炮之运用理法,步伐之整齐灵变,尤为独擅胜场。我非尽敌之长,不能致敌之命,故居今日而言武备,当以其人之道还治其人;若仅凭血气之勇,粗疏之才,以与强敌从事,终恐难操胜算。"[1]从学习西方的军事教育制度入手,改变只凭"血气之勇,粗疏之才"与敌作战的现状,最终达到提高清军士兵战

---

[1] 《开办武备学堂折》,《李鸿章全集·奏稿》卷53,海南出版社1997年版,第1595页。

斗力的目的,这是李鸿章创办北洋武备学堂的最初想法。朝廷允李鸿章所请,遂设校址于紫竹林,定名为天津武备学堂,习称北洋武备学堂。

北洋武备学堂(1900 年被八国联军焚烧后的景象)

北洋武备学堂以道员杨宗濂为首任总办,以荫昌为首任会办。杨宗濂(1832—1901 年),字艺芳,江苏金匮人,出身监生,清咸丰五年(1855 年)任户部员外郎。太平军起,返乡组织团练进行对抗。后入李鸿章幕府,率濂字营与太平军、捻军作战,颇受李鸿章重视。荫昌(1859—1934 年),字午楼,满洲正白旗人,姓氏不详。清末曾任江北提督、陆军部大臣;入民国后,曾任总统府高等顾问、总统府侍从武官长,是满人被授予陆军上将第一人。

北洋武备学堂的军事教习多聘用德国退役军官,他们"或熟精枪炮阵式,或谙于习炮台营垒做法,皆由该国武备院读书出身,技艺优良,堪充学堂教师之选"①。学堂初设步、马、炮、工程四科,清光绪十六年(1890 年)后增设铁路科。课程设置分学、术两科,学科教授中国经史、天文、舆地、格致、测绘、算学、化学、战法、兵器等;术科教授马、步、炮队操演阵式,枪炮技艺和营垒工程等。学堂取德国教学法,注重实际演练和考核。每日教习以德语授课,学生靠翻译听讲。隔三五日到军营一次,演练筑垒、操炮技术和步、马、炮、工各队攻守战法,检验所学军事知识。

为保证武备学堂教育方针的贯彻执行,李鸿章制定了《北洋武备学堂学

① 《开办武备学堂折》,《李鸿章全集·奏稿》卷 53,海南出版社 1997 年版,第 1595 页。

规》作为学生的行动指南。《学规》全文四十六条,并附有《续定章程五条》,是一部较为完备的军事学堂管理规程,成为以后各军事学堂参照的成法。择其要者叙述如下:一是注重学员的精神教育,其第五条规定:"每日由汉教习摘录经史一则,书于黑板,令诸生照录,讲解透澈,感发忠义之心。"第二十九条又规定:"闲书小说,除《三国演义》外,一概不准偷看。"①二是严格考勤纪律,其第十条规定:"该学生一日不到,即少一日之课程,倘有托病及借故不到者,记过一次;如有一月之中无一日间断者,即记功一次。"②三是严格考试制度,其第十二、十四条规定,每一个月小考一次,称为月课;每三个月考试一次,称为季考;一年期满,大考一次③。四是明确了考绩奖励制度,其第十四条规定:"考列优等者,遇有哨官、哨长缺出,先尽拨补;如本系哨长,记升哨官;本系哨官,循资作为帮带。"④清光绪十二年(1886年)六月的《续订章程》中又进一步:"考列一等者,遇有哨官、哨长缺出,先尽拨补;如本系哨长,记升哨官;本系哨官,即擢为帮带。"⑤去掉了"循资"两个字,突出了考绩的作用。这是激励学生努力学习,力图打破原有"循资"晋升的惯例,是为建设新式军队的萌端。

北洋武备学堂开办不久,学员名额由原来的100多人增加到300人,学制由原设一年改为两年,然后又改为三年,课程安排也渐入正轨。中国当时无后膛快炮及海岸要塞各种重炮,所以对于炮术的训练特别重视。到清光绪二十六年(1900年),该学堂共培养1500名毕业生,除130名为袁世凯所用外,其余几乎全部当教官⑥。同年,八国联军攻陷天津,北洋武备学堂被焚毁。

北洋武备学堂被当作培养将才的场地,即所谓"陆师将才,以武备学堂为根本"⑦。从北洋武备学堂毕业的学生当中,主要的有王士珍、冯国璋、曹

---

① 《北洋武备学堂学规》,《历史档案》1990年第2期。
② 《北洋武备学堂学规》,《历史档案》1990年第2期。
③ 《北洋武备学堂学规》,《历史档案》1990年第2期。
④ 《北洋武备学堂学规》,《历史档案》1990年第2期。
⑤ 《北洋武备学堂学规·续订章程五条》,《历史档案》1990年第2期。
⑥ 王家俭:《北洋武备学堂的创设及其影响》,《国立台湾师大历史学报》1976年第4期。
⑦ 姜克夫:《民国军事史》第一卷,重庆出版社2009年版,第17页。

锟、段芝贵、陆建章、李纯、李长泰、鲍贵卿、陈光远、王占元、何宗莲、田中玉、雷震春、言敦源、卢永祥、商德全、阮忠枢等，他们都是20世纪二三十年的风云人物，其中不少人后来成为皖系集团的骨干。

北洋武备学堂的影响还在于它给后来陆军学堂的发展提供了可资借鉴的经验，如两广总督张之洞援例经奏请在广州设立了广东水陆师学堂，淮军系还创办了两所随营学堂，即威海卫武备学堂和山海关武备学堂。更为重要的一项影响，是学堂首任总办杨宗濂详采兵法编成《学堂课程》八卷，为后来各武备学堂的范本。

力学不倦

就在段祺瑞来到威海军营的第二年，其父段从文赶到威海看望儿子，却在回家的途中被盗贼所害，盘缠被掳掠一空，年仅三十九岁。噩耗传到威海后，段祺瑞请假奔丧而未获得批准，他只好函请本县缉盗，所幸不久盗贼便被官府抓获明正典刑。但八个月后，段祺瑞的母亲因为哀痛过度，也不幸亡故。一年之内，父母双亡，段祺瑞这次才被批准回家奔丧①。

父母双亡，给段祺瑞抛下妹妹、弟弟三人，大妹启英十二岁，二弟启辅十岁，小弟启勋九岁。作为家中的长子，段祺瑞必须承担起照顾弟弟妹妹生活的重担，那一年他才十九岁。作为普通一兵，段祺瑞是看不到生活的希望的。恰在此时，李鸿章在创立北洋武备学堂并拟从淮军中招收学员的消息传来，段祺瑞决心要抓住这改变命运的绝好机会，于是立刻报名应试。在考试中，他竟名列前茅，最终被选入炮科学习，其时为清光绪十一年（1885年），段祺瑞虚龄二十一岁。吴廷燮所作《段祺瑞年谱》中记为光绪十年（1884年）②，是错误的。

在北洋武备学堂，段祺瑞"攻业颇勤敏，以力学不倦见称于当时，治学既专，每届学校试验，辄冠其侪辈，与王士珍等齐名于时"③。如此看来，段祺

---

①　吴廷燮：《段祺瑞年谱》，中华书局2007年版，第8—9页。
②　吴廷燮：《段祺瑞年谱》，中华书局2007年版，第9页。
③　沃丘仲子：《段祺瑞》上编，上海广文书局1920年版，第4页。

瑞在学堂里的学习还是很刻苦的,考试成绩屡屡拔得头筹,"冠其侪辈",与王士珍齐名。王士珍(1861—1930 年),字聘卿,号冠儒,直隶正定(今河北省正定县)人,也是北洋武备学堂的高材生,清末曾任江北提督、陆军部大臣,入民国后任参谋总长、陆军总长,并短期署理国务总理。

王士珍

关于段祺瑞在北洋武备学堂学习拔尖的情形,有两个事例可做佐证。第一个事例来自华剑纫的回忆:有一次,学堂一门从德国买来的"管退炮"的瞄准器坏了,没有人会修理。凭着刚学到的一些物理、化学和高等数学知识,加上天赋,段祺瑞对瞄准器反复琢磨研究,绘出修理草图,居然修好了瞄准器。段祺瑞由此得到好评,并为校方所重视①。

第二个事例是关于李鸿章的:清光绪十二年(1886 年),李鸿章来北洋武备学堂考察,考察的第一课目是炮兵学员炮击海面活动浮靶。因为当时学生都慑于李鸿章的威严,为此,首轮开炮的学员,从第一炮到第六炮都没打中浮靶。李鸿章勃然大怒。轮到段祺瑞指挥打靶,段并不畏惧李鸿章的威严,他沉着、冷静笃定指挥,第一炮就打中浮靶,紧接着连续快速几炮都每发必中。李鸿章得知段祺瑞是自己的安徽老乡,其祖父等家族成员都曾是自己手下的淮军官兵,非常高兴。接着又当面考了一些军事试题,段对答如流。李鸿章兴奋得击节称赞,当即表扬段祺瑞是"熟知军事,俾易造就,是一个可用之才。"第二年夏季,李鸿章亲赴北洋武备学堂第一届学员的毕业考

---

① 文斐编:《我所知道的"北洋三杰"》,中国文史出版社 2004 年版,第 79—80 页。

试,段祺瑞以"最优等"成绩毕业。李鸿章在给朝廷的奏折中赞扬段祺瑞等学生"各项操法,一律娴熟,试以炮台工程做法及测绘,无不洞悉要领……"①

段祺瑞从北洋武备学堂毕业后,被派往旅顺监修炮台。当时的旅顺港有海岸炮台十二座,陆地炮台九座,共安装大炮七八十尊。段祺瑞发挥专业特长,为炮台建设倾注了心血。为什么以"最优等"成绩毕业的段祺瑞得不到重用呢?此中原因要从当时淮军指挥权的归属方面去寻找。淮军的各级官佐多出身于江淮农民,在平吴剿捻诸战役中,均取得比较高的职位,他们对军校毕业生存有天生的排斥性,而指挥权又掌握在这些人手中,段祺瑞等人得不到重用也就是顺理成章的事情了。曾协助李鸿章办理洋务达三十余年、并具体负责北洋武备学堂招生和分配事宜的周馥就明确指出:"武备生分发回营后,各老将视之不理。"②在这种情况下,北洋武备学堂的毕业生只能充任教习,教练新操,而不能掌握实际权力,李鸿章希望以军校生充实、改造淮军的初衷也就无法实现了。

"北洋三杰"

根据前面所引沃丘仲子的说法,段祺瑞"与王士珍等齐名于时",一个"等"字表明当时与段祺瑞齐名的人不止王士珍一个。北洋武备学堂出来的学生有很多是清末民初军政两界的风云人物,但是可与段祺瑞并列的是王士珍和冯国璋,他们三人被称为"北洋三杰"(王士珍为"龙",段祺瑞为"虎",冯国璋为"豹",也有人说冯国璋为"狗")。冯国璋(1859—1919年),字华甫,直隶河间(今河北省河间市)人,曾任中华民国副总统、代理大总统。

"北洋三杰"的说法是在他们三人跟随袁世凯在小站练兵以后出现的。"清季中日之役,国威新挫,朝野发发图强,特诏前总统项城袁公,创练新建陆军于天津小站,精整票姚,为诸省冠,实为袁开基之始。究其著速效者,袁

---

① 胡汉辉:《段祺瑞与克虏伯的师生缘》,《中国文物报》2007年10月26日。
② 《周悫慎公全集·自定年谱》上卷,第22页。

公盖得三人焉:曰正定王公、合肥段公、河间冯公,世号'北洋三杰'者也。三人者,雄才并驾,壁垒崭新。而运筹密勿,进退群才,纲目宏纲,肆应不器,尤王公一人是倚,余子或莫敢望焉。"①小站练兵,我们下面还要专节叙述。时人将他们三人并称,这本身就表明他们之间是存在着某种默契的。但是,"北洋三杰"的称号据说却是外国人赠给的。清光绪二十六年(1900 年)秋,跟随袁世凯驻扎在山东的武卫右军举行秋操,观操的德国胶州总督称他们为"北洋三杰"②。

冯国璋的四子冯家迈回忆说:"我父亲和王士珍、段祺瑞三个人号称'北洋三杰'。从天津的北洋武备学堂起,就是同学,并且还成了结义兄弟(我父亲居长,王居次,段最小)。后来,袁世凯在'小站练兵',他们又开始在一起做事。因此,他们之间的感情,向来是亲密融洽的。他们三个人中间,我父亲和王士珍始终保持着良好的友谊关系,在我父亲就任代理总统以前和段祺瑞也还是友好无间的。"③原来,他们三人还是结拜兄弟,无怪乎要以"北洋三杰"来称呼他们。

与段祺瑞同为首期学员的王士珍、冯国璋,经历上却有很大不同。段祺瑞入北洋武备学堂时,年龄二十一岁;那一年,王士珍二十三岁,冯国璋二十六岁。王士珍是被正定镇总兵叶志超保荐进入北洋武备学堂的,毕业后又回到正定镇标,担任炮队教习。作为"老大哥"的冯国璋,则是从驻扎大沽口的淮军军营走进学堂的,求学期间他还回到家乡河间参加科举,考取秀才第一名;又参加了顺天乡试,未中,才又返回武备学堂继续攻读步兵科。因为参加两次考试耽误了上学时间,他直到清光绪十六年(1890 年)才毕业,因考试成绩优秀而留在学堂当教习。可是,他们三人之间疏疏密密的关系,却影响到了民国前期的政治进程。

---

① 贾恩绂:《德威上将军正定王公墓志铭》,卞孝萱、唐文权编:《辛亥人物碑传集》,凤凰出版社 2011 年版,第 263 页。

② 高拜石:《古春风楼琐记》(五),作家出版社 2004 年版,第 94 页。

③ 文斐编:《我所知道的"北洋三杰"》,中国文史出版社 2004 年版,第 211 页。

赴德深造

　　段祺瑞从北洋武备学堂毕业的那一年,长子段宏业出生,这是他与吴夫人所生的第一个孩子。这里所说的年份,是指当时习用的阴历,段宏业出生的时间是清光绪十三年十二月二十八日①,公历则是 1888 年 1 月 30 日。段宏业字骏良,后与孙中山之子孙科、张作霖之子张学良、卢永祥之子卢筱嘉并称"民国四大公子"。段祺瑞对这个儿子寄予厚望,想让他成为自己事业上的帮手,但段宏业非常不争气,只是喜欢围棋和胡闹,不喜欢政治②。

　　喜得贵子的快乐情绪还未过去,段祺瑞又迎来了人生历程中的一件大事。清光绪十三年(1888 年)冬,李鸿章奏准选派北洋武备学堂学生出洋,赴号称世界陆军最强大的德国学习军事。段祺瑞以第一名的成绩获准与其他四位同学到德国留学,那四个人分别是吴鼎元(后任新建陆军第五镇统制,曾参与段祺瑞领衔签名逼迫清帝退位)、商德全(后任清河陆军中学校长、天津镇守使)、孔庆塘(后任云南普洱镇总兵)、滕毓藻(后来的情况不详)③。荫昌作为督学与德国教官瑞乃尔(Schnell,Theodore H)一同前往。瑞乃尔是克房伯公司最早派到中国的军事教习。清同治九年(1870 年),他供职于山东登荣水师,因为登荣水师购买了克房伯火炮。瑞乃尔略通汉语,他一面传授克房伯炮的使用方法,一面帮助操练。瑞乃尔性情笃实,工作极为勤奋,教学中言传身教不遗余力,还常常用自己的薪水奖励学员中成绩突出者,教学效果显著。山东巡抚丁宝桢曾上奏清政府对其予以嘉奖,后被李鸿章聘为北洋武备学堂教习。

　　据说段祺瑞能被选中赴德留学,还有一个隐情。这次拟派赴德国留学生名单送到了李鸿章的手中时,他发现五个人中竟有三人是山东籍,安徽籍的只占二人,顿感不悦。李鸿章有很强的乡土观念,竭力培植和加强自己的势力。他没忘武备学堂那位"最优等"的学生、自己的小老乡段祺瑞。于是

---

　①　吴廷燮:《段祺瑞年谱》,中华书局 2007 年版,第 9 页。
　②　胡晓:《段祺瑞年谱》,安徽大学出版社 2007 年版,第 43 页。
　③　吴廷燮:《段祺瑞年谱》,中华书局 2007 年版,第 9 页。

大笔一挥，将其中一名山东籍学生的名字勾去，改成了段祺瑞的名字①。不管怎么说，段祺瑞终于迎来了人生历程中的又一个重大转机。

清光绪十五年（1889年）春，段祺瑞等五人来到德国，以官费进入柏林军校，系统地学习军事理论知识。来到德国后，五名中国留学生看到了自己国家在军事、工业、商业等方面与德国的巨大差距，受到了极大的震动。为了振兴自己的国家，摆脱落后挨打、备受屈辱的局面，他们拼命用功学习。在柏林军校中，军事理论学习任务繁重，考核气氛紧张；在操演时，移动炮位、垒炮台的反复操练消耗体力非常大，商德全因劳累过度患病吐血。段祺瑞同其他四位官费留学生一道，终于以坚强的意志将学业完成。在此期间，还有一件事对提高段祺瑞的声望极有帮助。清光绪十六年（1890年）春天，清政府特使洪春代表皇帝前往德国埃森探望留学生。段祺瑞及其同学以娴熟的技术操演了各种口径的克虏伯大炮，获得弗里茨·克虏伯的赞赏②。

1890年，段祺瑞等五名中国留学生在德国埃森梅射击场实弹发射
口径280毫米克虏伯大炮。段祺瑞（右一）正在登上大炮。

沃丘仲子对段祺瑞的留德生活有过精彩的评论："祺瑞至德，益称素志。既习欧西军学，复与彼都人士时相周旋；呼吸海外之空气，观摩渐渍亦既有

①　周俊旗、汪丹：《段祺瑞真传》，辽宁古籍出版社1997年版，第11页。
②　王仕军：《"中国近代第一炮兵司令"段祺瑞》，《文史天地》2011年第5期。

年。由是学识大进,思想亦日新,慨然有澄清祖国之志。尝与同志讨论世界之大势,每就军事上之学识,研究中国军人之弱点,欲一新其制度。颇拟著书立说,以先觉为己任,故比及归国,已头角崭然矣。"[1]由此可以推断,段祺瑞在德国留学期间,不止是埋头学习书本知识,而且广交各界朋友,观察德国先进的军事制度甚或政治制度,这为他以后的发展奠定了良好的思想基础。

经过一年紧张艰苦的学习,段祺瑞和他的同学们通过了考核。在别人学毕归国时,段祺瑞被派到克虏伯兵工厂实习,据说这是李鸿章的特批。在克虏伯炮厂的半年时间里,段祺瑞观摩学习了弹壳加工、炮管膛削、铣磨来复线、灌注优质钢、铸钢、锉刀制造等先进工艺,还有检验钢材牵力、挤力试验等前沿技术,以及各类炮的型制构造、使用和保养等知识。这不仅让段祺瑞进一步熟悉了先进火炮的制造和使用技术,也加深了他对德国军事工业及军事现状的了解。

为栽培这位合肥小同乡,李鸿章先后两次写信给段祺瑞,勉励他"精学苦造"[2]。就在段祺瑞赴德留学的那一年,他的长女段宏淑(式萱)出生。为了报答李鸿章的知遇提携之恩,大约二十年后,段祺瑞将段宏淑嫁给合肥李国源。李国源系李鸿章六弟李昭庆之嫡孙,育有一子一女[3]。

在德国留学期间,段祺瑞还闹出了一个"出格"的举动。当时,在德国的中国学生寥寥无几,他们的奇特装束,尤其是脑后的长辫常招致德国人的围观与讪笑。一日,段祺瑞在遭受耻笑后回到寓所,怒气冲冲要剪掉那条可耻的辫子。督学荫昌立即劝阻他,认为剪辫子还是先电告朝廷为好。朝廷回电将段祺瑞大加训斥,坚决不许他剪辫子,段祺瑞只得作罢[4]。从这件事可以看出,身处海外的段祺瑞在学习西方先进军事技术的同时,也受西方民主思想的影响,对清政府的陈腐没落深恶痛绝。因其蔑视腐朽清政府,向往先进共和体制的心迹由来已久,所以日后才有为共和奔走筹划,四次发电逼迫

①　沃丘仲子:《段祺瑞》上编,上海广文书局 1920 年版,第 5 页。
②　周俊旗、汪丹:《段祺瑞真传》,辽宁古籍出版社 1997 年版,第 14 页。
③　胡晓:《段祺瑞年谱》,安徽大学出版社 2007 年版,第 45 页。
④　周俊旗、汪丹:《段祺瑞真传》,辽宁古籍出版社 1997 年版,第 13 页。

清帝退位,三番五次奉劝袁世凯放弃称帝打算并以武力赶走张勋,主张共和、维护共和、反对帝制的"三造共和"之壮举。

留学生与克虏伯公司人员合影,后排右五为段祺瑞

清光绪十六年(1890年)秋,段祺瑞学成回国,奉派为北洋军械局委员。第二年,调到威海随营武备学堂任教习,他在这个岗位上一干就是五年。这里又涉及了当时的军队用人机制问题,那些行伍出身的旧派军官大都看不起军校毕业生,他们认为这些娃娃兵没有实际作战经验,不能委以重任,即便段祺瑞这样留洋回来的优秀军官,也屡屡遭到这些旧军官的排挤。其实,在清光绪二年(1876年),清政府曾经首次派遣卞长胜等七名中国官费士官到柏林军校学习,但回国后都无所事事,不被重用。十二个年头过去了,段祺瑞依然受到卞长胜们的"待遇",清末中国的积弊难返何其严重!

段祺瑞在威海随营武备学堂任教习期间,中日甲午战争爆发。经过平壤战役和黄海海战两次决定性的战役,腐败的清政府为了保存实力,下令北洋舰队只能守海口不许巡海,使北洋舰队局限于威海卫军港内,清光绪二十一年(1895年)1月,日本陆军两万人在山东荣城湾登陆,包抄威海卫的后路,又以全部日本海军封锁威海卫海口。1月30日起,日军相继攻占了威海卫南帮、北帮炮台,水陆夹攻北洋舰队。北洋舰队部分军官和战士,在极其不利的形势下,坚持抵抗,"定远"、"来远"、"威远"、"靖远"等舰与日本舰队作战,相继被击沉,日舰也有数舰受伤。鱼雷艇队不顾上面按兵不动的指令,整队突围,在海口外被敌人阻击沉没。作为军事教官的段祺瑞深受抗敌官兵的爱国热情影响,"督率学生协守炮台"[1],与夺取炮台的日军展开激战,表现了一名中国军人应有的爱国精神。

---

[1] 《军机处录副档·袁世凯保荐段祺瑞以副都统记名奏片》,中国社会科学院近代史研究所编:《清末陆军编练沿革》,中华书局1978年版,第26页。

第三章　追随袁世凯

北洋武备学堂肄业和留学德国，对段祺瑞的军界地位都没有产生多大的影响，他仍然处于边缘地位。袁世凯小站练兵，奠定北洋新军的基础，也使得段祺瑞在军界崭露头角，从此段祺瑞搭上了袁世凯这班车。沃丘仲子云："段氏练兵北洋，实其一生事业勋名之基础。然非藉项城之左提右携，或未易遽语及此。"[①]诚哉斯言！

督练新军

甲午之役，中国竟败于蕞尔小国日本，朝廷上下大为震惊，于是编练新军的呼声日盛，这才有小站练兵之举。

小站距天津东南 35 千米，原名新农镇，是天津至大沽站中间的一个铁路站。原淮军部曾在此驻扎屯田。清光绪二十一年（1895 年），在李鸿章的军事顾问汉纳根（Von Hanneken）的建议下，清政府派遣长芦盐运使胡燏棻在小站以德国陆军操典编练"定武军" 10 营，计 4750 人，包括步队 3000

---

① 沃丘仲子：《段祺瑞》上编，上海广文书局 1920 年版，第 6 页。

人,炮队 1000 人,马队 250 人,工程队 500 人①。胡燏棻(1840—1906 年),安徽泗州(今泗县)人,祖籍浙江萧山,字芸楣,亦作云眉。进士出身,捐道员,得以补天津道;先后任广西按察使、顺天府尹、总理各国事务大臣、邮传部侍郎等职。他一生力倡维新,主张向西方学习,振兴国家。正因为胡燏棻有一定的新式思想,才被委办编练新军事宜,后调任津芦铁路督办,才由袁世凯接替他。

　　“定武军”的各级军官多为淮军将领,另外还选拔了天津武备学堂毕业生何宗莲、吴金彪、曹锟、田中玉、刘承恩等担任教习或军官,并购买西洋先进武器,期望以新式装备、新法训练形成新的军队阵容。袁世凯奉旨接替胡燏棻后,立即将“定武军”进行扩编改造,制定新的军制,并全部用洋枪洋炮武装起来,即成“新建陆军”。

天津小站练兵史馆

　　新建陆军包括步队八营,共 8000 人;炮队两营,共 2000 人;马队两营,每营 500 人,共 1000 人;工程队一营,计 1000 人。全军总共 1.2 万人,以步队为主,炮队为辅,马队巡护,工程队供临时调遣。在编制上分为两翼,设统

---

① 　来新夏等:《北洋军阀史》上册,南开大学出版社 2000 年版,第 95 页。

领 2 人,下设分统、分领训练,每分统统辖步队 2000 人,炮队 2000 人,马队 1000 人。其组织如下:

新建陆军步队营,设统带官 1 员,管辖全营,帮统带官 1 员,管带领官 4 员,哨官 12 员,哨长 24 员,督排哨长 4 员。

新建陆军炮队营,设统带官 1 员。管辖全营。帮统兼左翼领官 1 员,管辖 3 哨。副领官兼哨官 3 员,哨长 9 员,各管重炮 2 尊,管查炮马哨长 1 员。帮统兼右翼领官 1 员,管辖 3 哨。副领官兼哨官 3 员,哨长 12 员,管查炮马哨长 1 员,帮统兼接应马炮队领官 1 员,管辖 3 哨。副领官兼哨官 3 员。哨长 9 员。管查炮马哨长 1 员。

新建陆军马队营,设统带官 1 员,管辖全营。帮统官 1 员,领官兼哨官 4 员,哨官 8 员,哨长 12 员。

新建陆军工程营,管带官 1 员,帮带官 1 员,委员 1 员,管理桥梁司队官 1 员,木工 4 队,铁工 1 队,水工 2 队。管理地垒司队官 1 员,筑工 4 队,石工 1 队,筐工 2 队,土工 2 队。管理电雷司队官 1 员,雷兵 3 队,管理修械司队官 1 员,修炮铁工 1 队,修枪铁匠 2 队,修械木工 1 队。管理测绘司队官 1 员,测绘 1 队,印化兵 1 队。管理电报司队官 1 员,工匠 1 队。

新建陆军督练处,督练官 1 员,稽查全军,参谋军务。营务官 1 员,执法营务官 1 员,督操营务处 1 员,督队稽查先锋官 14 员。另教习处洋教官 13 员,翻译 13 员,粮饷局总办委员 1 员,管理采买制造委员 2 员,军械局总办委员 1 员,收发军械委员 2 员,军医局正医官 1 员,副医官 1 员,还有转运局、侦探局等。

新建陆军须帐篷 2400 个,全部用外国帆布制造,每名士兵均备洋制雨衣、雨帽和洋毯,每哨有洋表,双筒望远镜和指南针。每二营有行军电台。每官长有督队腰刀 1 把,手枪 1 支[①]。

新建陆军的建成,标志着我国首支陆军近代化的完成。作出这个判断的理由是:第一,这支部队全面使用了西式武器、西法编制、西法操练,增强了自身的战斗力;第二,这支部队已不是单一步兵的旧式陆军,而是一支拥

---

① 丁中江:《北洋军阀史话》第一集,中国友谊出版公司 1996 年版,第 52—53 页。

有步兵、骑兵、炮兵、工程兵等多兵种的部队；第三，这支部队起用一批出身于洋学堂（包括从国外回来的留学生）的青年军官①。

据说，直隶总督兼北洋大臣荣禄视察新建陆军时，对该军的装备和训练有素赞赏有加："会协办大学士荣禄奉诏检阅新建陆军，时公方统工程营，凡水雷、旱雷、踩雷及各种制造，独运精思，创制奇诡。荣相阅视，尤为嗟叹。翌年二月，荣相复奉命来镇检阅。荣相之往来须过海河，见公所制帆布桥，步骑炮车行过如履坦途，而散则为舟，可游泳，事过拆卸卷藏。荣相深为惊异，反复来，公复为架布桥。"②这里所说的"公"还不是指段祺瑞，而是王士珍，时王氏正充新建陆军工程营管带。荣禄从未见过这么多的新式装备，他的赞叹肯定是由衷的。这时段祺瑞在干什么呢？

当时，段祺瑞正在左翼翼长姜桂题手下当炮兵营的统带。清政府编练新军，特别仰慕德国兵制。段祺瑞曾在德国留学二年，不仅谙习德国兵制，而且"为当时所推许为军事学第一"③，更是备受袁世凯的青睐和倚重。段祺瑞是荫昌推荐给袁世凯的，荫昌与袁世凯的私人关系一直很好。袁世凯取得小站练兵权以后，聘翰林出身的徐世昌任参谋营务处总办（也就是他的参谋长），可徐世昌根本不知兵，袁世凯不得不从北洋武备学堂毕业生中寻找练兵和带兵的干部。荫昌给袁世凯推荐了四个主要干部，即王士珍、段祺瑞、冯国璋和梁华殿，王士珍被任为讲武堂总教习兼工程营管带，段祺瑞被任为炮兵学堂监督兼炮兵营统带，冯国璋被任为步兵学堂监督兼督操营务处总办。而梁华殿有才无命，到小站后不久，即在一次夜间操练中不慎落水淹死了。

在那个时代，炮队可谓是营队的中坚，其在作战中所具的威力与作用，大有使其他兵种瞠乎其后之势。袁世凯将如此重职界诸段祺瑞，并为他配备了最多的武备人才。炮兵营共有左翼重炮队、右翼快炮队和过山炮队三队，左翼重炮队领官商德全（与段祺瑞同时赴德留学），右翼快炮队领官田中玉（后任山东省长），过山炮队领官张怀芝（后任山东督军）。段祺瑞更是悉

---

① 黄征、陈长河、马烈：《段祺瑞与皖系军阀》，河南人民出版社1990年版，第8—9页。

② 尚秉和：《德威上将军正定王公行状》。

③ 沃丘仲子：《段祺瑞》中编，上海广文书局1920年版，第1页。

心督练,一方面为兵弁讲授各类炮的性能和其他多方面的炮学知识,并把操练炮兵、教练人马、站队、验排、分排、择地势等作为平日训练的重点;另一方面则在整饬军纪上狠下功夫,段氏在这方面的要求极为严格,对违纪官兵的惩处也相当严重。右翼快炮队中哨哨官许武魁所统拉炮兵在一次操练时"任意宣言,"段当即以"该管官等疏于训教,咎无可辞"为由,提请给许以摘去顶戴的处分①。显然,炮兵所以能够成为北洋各营队中较为出色的一支队伍②,就其主要方面而言,不能说不是段祺瑞精勤训励与督练的结果。

清光绪二十七年(1901年)10月,袁世凯由山东巡抚升署直隶总督兼北洋大臣,又开始了新的一轮扩充北洋军实力的努力。袁世凯"整军经武"的活动正逢其时,因为在他升署直隶总督的第二年,清政府就下谕,要求"各省督抚整顿兵制,期归一律"③。对于这一上谕,袁世凯积极响应,很快就制定出募兵章程十九条上报清政府。清光绪二十八年(1902年)2月2日,袁世凯又向清政府上奏说:"直隶幅员辽阔,又值兵燹以后,伏莽未靖,门户洞开,亟须简练师徒,方足以销萌固圉";"惟入手之初,必须先募精壮,赶速操练,分布填扎,然后依次汰去冗弱,始可兼顾,而免空虚。现拟在顺直善后赈捐结存项下,拨款一百万两,作为募练新军之需。"④清政府批准了他的要求。于是,袁世凯在保定创办北洋军政司,作为北洋常备军总部。军政司督办由他本人自兼。军政司下设兵备处、参谋处、教练处,分别以刘永庆、段祺瑞、冯国璋为总办。参谋处的权力是很大的,操有谋略、调派及绘测等大权,可见袁世凯对段祺瑞的倚重。参谋处下分三股,提调分别是靳云鹏(后任国务总理)、鄢玉春、吴昭麟(后任陆军测量局局长),文案为徐树铮。

清光绪二十九年(1903年)12月4日,清政府设立练兵处,作为全国新军编练的领导机关。练兵处以庆亲王奕劻为总理,但奕劻昏庸不知兵,实际主持人为袁世凯。练兵处设军政司、军令司、军学司三个部门,每司设正副

---

① 《新建陆军兵略录存》卷3,"严饬炮队官弁认真经理炮位"、"申饬炮队喧哗"。

② 《新建陆军兵略录存》卷4,"劝谕将领讲习西法"、"奖励炮队各官"、"训励学堂员生"。

③ 《谕由北洋、湖北派员校阅各省训练新兵》,来新夏:《北洋军阀》(一),上海人民出版社1993年版,第474页。

④ 《拟拨顺直善后赈捐存款募练新军片》,《袁世凯奏议》,天津古籍出版社1987年版,第428页。

北洋新军训练

使各一人。这三个部门的职责分别为：军政司负责"考查官兵，筹备军需"，下设考功、搜讨、粮饷、医务、法律、器械等科；军令司负责"运筹机宜，筹划防守，赞佐本处出纳号令及用兵机密事务"，下设运筹、向导、测绘、储材等四科；军学司负责"训练各军操法、整饬武备学校、订期选员、呈请分派各处、校阅队伍、考试学堂等事"，下设编译、训练、教育、水师等四科①。由此可见，"练兵处的职权是非常广泛的，凡新章制操法、将领奖惩升迁、军官培养、派员留学、枪炮弹药、后勤马匹等无所不包。练兵处既是新军编练的最高领导机关，又是新军编练的督察机关"②。其中，军政司正使刘永庆，副使陆嘉谷；军令司正使段祺瑞，副使冯国璋；军学司正使王士珍，副使陆建章。

练兵处从设立到清光绪三十二年（1906年）11月合并到陆军部，共存在三年时间。在这三年的时间里，统一了全国新军的营制饷章。为改变新军编练中的混乱状态，练兵处成立伊始，就参照西方营制，结合中国实际，开始制定新军营制饷章的工作。清光绪三十年（1904年）9月12日，练兵处会同

①　《东方杂志》，1905年第4期。
②　张华腾、苏全有：《清末练兵处述略》，《光明日报》1999年5月7日。

兵部,将制订的新军营制饷章上奏清政府批准。该营制饷章是中国陆军近代化的重要军事文献,它将新军训练中的一切,从招募、训练、立军、分军、征调、奖惩到武器、运输、营舍、卫生等条理化、制度化、法律化,是一部庞大的军事法典。从此,各省新军编练即以此为蓝本,新军编练走向统一和正规。段祺瑞在担任军令司正使期间,为晚清新军军制建设立下了汗马功劳。

除去在训练北洋新军方面作出的贡献外,段祺瑞还担任了北洋常备军的统制官。清光绪三十年(1904年)六月,北洋常备军一、二、三镇先后成军,段祺瑞被派任为第三镇统制。第三镇驻保定府暨奉天锦州府,曹锟接替段祺瑞任统制时,曾短期调至奉天及长春、昌图一带。其后,清政府统一全国陆军编制,段祺瑞又先后出任陆军第三、四、六镇统制,从而"在陆军各镇的建镇与训练上,发挥了较大的作用"①。

根据新军营制饷章的规定,每镇辖步兵两标,骑兵、步兵各1标,工程、辎重各1营,军乐队1队。一步兵协辖两标,一标分3营,一营又分前后左右4队,每队辖3排,每排辖3棚。每棚设正副头目各1人,正兵4人,副兵8人,共14人。每镇官兵定额12512名,实际都不满额②。那时的镇、协、标、营、队、排、棚,就相当于现在的师、旅、团、营、连、排、班。

以陆军第六镇为例,该镇辖步队第十一协和步队第十二协,统领分别是陆建章和周麟符。第六镇是袁世凯的嫡系部队,且装备最为精良。计装备有步枪6849支(六五口径)、马枪1483支(六五口径)、路炮36门(七生半)、山炮18门(七生半)。"六五式"是清光绪三十一年(1905年)日本制造的最新式马步枪,七生半炮是法国克鲁苏最新炮③。第六镇军官佩刀452把,军佐佩刀97把,书记佩刀46把。军官手枪452杆(6响和7响),军佐手枪96杆,跑目兵手枪355杆,马兵刀1046把。四倍光千里镜284个,八倍光千里镜180个,侧视镜219个④。清光绪三十一年(1905年),第六镇共有军官

①　莫建来:《试论段祺瑞在北洋建军中的作用》,《历史档案》1991年第1期。
②　李宗一:《袁世凯传》,国际文化出版公司2006年版,第96页。
③　张华腾:《北洋集团崛起研究(1895—1911),中华书局2009年版,第128页。
④　张华腾:《北洋集团崛起研究(1895—1911),中华书局2009年版,第129页。

747 人,士兵 11846 人,总数 12593 人①。从这组数字来看,第六镇是满员的。

段祺瑞接替王士珍任第六镇统制,时间是在清光绪三十一年(1905 年)9 月②。冯玉祥当时正在第六镇当兵,他回忆说:"我们在南苑训练,每日官长目兵都上讲堂,学术两科并重。段祺瑞对于官长头目的训练,尤为认真。一时全镇空气紧张,人人兴奋。"③作为段祺瑞的部下,冯玉祥的回忆是可信的,这也说明段祺瑞治军是很严格的,多少年后冯玉祥仍然记忆犹新。

在训练新军的过程中,段祺瑞又参与了编订新式兵书的工作。清光绪二十五年(1899 年)四月十一日,袁世凯奉旨率部开往山东。途中,袁世凯向清政府上奏,揭示练洋操的弊病及改正办法,并请在全国范围内公布统一的军事规章。四月十五日,清政府秘密指示袁世凯草拟一份报告以备参考。袁世凯即于五月间亲自主持编撰《训练操法详晰图说》,据末附的名册统计,参与编纂绘缮的人员共有 46 人之多,为首的是段祺瑞、王士珍、冯国璋、阮忠枢、言敦源等人。言敦源为之写了《题记》:"以下各叶,皆光绪己亥夏秋之

袁世凯

交,督办新建陆军时幕僚给事之作。商榷文字,以徐公为首,而合肥段公、正定王公、河间冯公皆在给事之列。"④据此看,全面主持编纂工作的是徐世昌,而写作班子由言敦源担任主稿,段祺瑞是主要参与者之一。

《训练操法详晰图说》于同年 7 月 18 日完成呈进。全书凡 20 万言,364 目,分装 24 册,从训和练两方面详细记载了武卫右军训练,攻守,驻扎,步队

①　张华腾:《北洋集团崛起研究(1895—1911)》,中华书局 2009 年版,第 125 页。
②　胡晓:《段祺瑞年谱》,安徽大学出版社 2007 年版,第 61 页。
③　冯玉祥:《我的生活》,世界知识出版社 2006 年版,第 55 页。
④　转引自《骆宝善评点袁世凯函牍》,岳麓书社 2005 年版,第 131 页。

操法、枪法、阵法、战法,炮队操法、炮法,马队操法、阵法、战法,工程队操法及沟垒说、电雷说、测绘说,并练兵要则、格式、饷章、规则律令及条教等。《训练操法详晰图说》大量抄袭西方国家的军事操典,是"中学为体、西学为用"在军事上具体运用的典型,而且图文并茂,通俗易解,士卒不用太多的文化就能看懂。《训练操法详晰图说》受到了清朝统治者的高度赞赏,并被定为清末编练新军的教科书,从而在北洋建军史上产生了极大的影响。

《德威上将军正定王公行状》中也对这件事做了简略记载:"公乃与段公祺瑞、冯公国璋编纂《新建陆军训练操法详晰图说》及《兵略录存》奏上,政府嘉奖。"①《兵略录存》是《新建陆军兵略录存》的简称,是袁世凯主持小站练兵时章制、禁令、训条等内容的汇编,成书于清光绪二十年(1898年)九月,段祺瑞亦参与其中。

督办军学

建立军事学堂,培养新军军官,是袁世凯编练北洋新军的一个重要组成部分。其实,袁世凯在这方面的作用也仅仅是在提倡、创办和维持方面,而长期担任学堂实际主持人的段祺瑞与冯国璋的作用,似乎更值得肯定,尤其是"办理学堂最久,造就人才最众"②的段祺瑞,在这方面的功劳应该是最大的。

袁世凯在接掌小站练兵权的第二年,就开办了新建陆军随营武备学堂,分德文、炮科、步科和马科四班,段祺瑞先是任炮兵学堂监督,后又被委以随营武备学堂总办。对段祺瑞等致力学务的功劳以及该学堂在培养新军将领方面的成效,袁世凯在清光绪二十八年(1902年)六月初四日为该学堂在事出力人员请奖的奏折中,予以了充分的肯定:"臣督饬该总办率同监督、教习各员认真训迪,不惮辛勤,学生南北随营,循序程功,寒暑不辍,经迭次考试,类多勇猛精进,实觉月异而岁不同,其毕业诸生,材艺有成者,或拔任营

---

① 尚秉和:《德威上将军正定王公行状》。
② 《袁世凯奏议》,天津古籍出版社1987年版,第1360页。

员,或经湖北、山西、陕西各省纷纷咨调,派充教习、营弁。其志期远到者遴选五十余名派赴日本游学,以资深造。近时直隶募练新军,所派将校官弁,亦多取材于此,而随时续送诸生,锐意向学者,尚复实蕃有徒。风气之开,成材之众,有不难试目俟之者。"①尤其是段祺瑞亲自担任监督的炮兵学堂,成效更为显著。虽然该班学生入学时的文化程度比德文班学生低些,但在次年春季四个班的汇考中,其成绩不但远比步、马两班优异,而且还超过了德文班。更有甚者,学生中比较著名的如靳云鹏、贾德耀、傅良佐、吴光新、曲同丰、陈文运等,后来都在北洋集团内部和民初政坛上获取了极高的地位与权势,有的膺寄疆甸重任,有的甚至爬上了内阁总理的高位。虽然这些人获取地位与权势的手段不尽相同,就每个人而言,其地位与权势的获得也可作多方面的考察,但他们在炮兵学堂所受的早朝教育,则无一例外地为他们日后的事业起了奠基作用。因此,这些人对时任监督和总办的段祺瑞都特别感激,不但尊奉他为师长,而且还心甘情愿甚或死心塌地地供其驱使,这实际上是对段祺瑞当年所给予他们的训迪和陶熔的一种回报。

袁世凯受任直隶总督、编练北洋常备军初期,首先开办了几个短训性质的学堂,主要有行武将弁学堂、练官营、参谋学堂、测绘学堂等。其中参谋、测绘两学堂隶属军政司参谋处,段祺瑞以参谋处总办兼任该两学堂的总办。这两所学堂存在的时间虽然不长,但培养了张联棻、师景云、熊秉琦、吴新田、杨文恺、陈调元和吴佩孚等著名学生②,其办学成效亦不能漠然视之。

这些短期学堂的开办,对编练伊始的北洋常备军的急需用人问题,虽然起到了一定的缓解作用,但袁世凯远未以此为满足。因此,清光绪二十九年(1903年)后,他又在保定和天津开办了北洋速成武备学堂、军械学堂、经理学堂、宪兵学堂及军官学堂等军事学堂,其中以北洋速成武备学堂和军官学堂最为著名。

北洋速成武备学堂开办于清光绪二十九年(1903年),始隶军政司教练处,冯国璋以教练处总办兼任该学堂总办。清光绪三十二年(1906年),冯

---

① 吴廷燮:《段祺瑞年谱》,中华书局 2007 年版,第 13—14 页。
② 张国淦:《北洋军阀的起源》,杜春和等编:《北洋军阀史料选辑》上册,中国社会科学出版社 1981 年版,第 33 页。

调任京职,段祺瑞出任该学堂督办。在冯、段两人的先后主持下,北洋速成武备学堂成效昭著,成为继天津武备学堂后又一所大型的军事学堂。前后三期共培养各种军事人才达 758 人之多①,比较著名的学生有王承斌、齐燮元、孙岳、李景林、孙传芳等。冯、段两人因此分别获得三代正一品封典的赏赐和以副都统记名的殊荣。清光绪三十二年(1906 年)八月,该学堂改称陆军速成学堂后,不但大大增加了学生的录取人数(每年考收学生 1140 人),而且,学生来源也从原先的北洋各省扩大到全国。陆军部还规定,以后各省的留学生也必须从这些学生中选派,不得"另自选送,以昭画一"。此外,该学堂还设有留学生预备班,留学生必须在此学习后,经考核合格,才能派遣出国。这就使陆军速成学堂有可能在向全国输送大批军事人才的同时,又培养了一批才学俱优的留学人员,蒋介石、杨杰、张群、王柏龄等都是在该学堂上完预备班后留学日本的。显然,陆军速成学堂在培养军事人才的数量和质量等方面,较之于它的前身北洋速成武备学堂,都有很大提高,而这主应归功于以学堂督办身分总司实际事务的段祺瑞。段宏纲曾这样回忆段祺瑞在保定督办军学的情形:

> 伯父时督办北洋陆军各学堂事务,督办公署在保定东关外小金庄附近。当时陆军各学堂林立,最大而人数最多者,为"陆军速成学堂"(后来改称"协和学堂"),保定人一般呼为"东关大学堂"。学堂总办为赵理泰,监督为曲同丰。学生二千余人,分步、骑、炮、工、辎五种兵科。如齐振林、陈调元、陈树藩、王永泉等都是该校毕业生,蒋介石,初名志清,也是该校学生,后赴日本进士官学校。在速成学堂西侧,有军官学堂一所,为当时陆军最高学堂,学员是由各镇、协、标、营(相当于后来之师、旅、团、营)派参谋、营副、连长等带原薪饷前来深造,如师景云、张学颜等均是此校毕业的。此外尚有"陆军军医学堂"、"军械学堂"、"参谋学堂"等。伯父常奔走于各学堂之间,视察军纪,发表讲话,为清廷培育军事人才出过不少气力。②

---

① 《袁世凯奏议》,天津古籍出版社 1987 年版,第 1460 页。
② 段宏纲:《段祺瑞家世琐记》,《安徽文史资料选辑》第 13 辑。

段祺瑞长年致力于学务的作用,不仅表现在为北洋新军培养了一大批的军事人才方面,而且还表现在他在办理各学堂的过程中,积累了丰富的办学经验,从而为以后各军事学校的成功开办打下了基础。尤其需要强调的是,这些军事学堂的教育思想,均以洋务派的"中学为体,西学为用"为方针,除了传授一些外国的军事知识和技术外,特别注重忠、孝、节、义等思想的灌输。由于忠、孝、节、义等伦理规范只有在主从、尊卑、长幼等具体的关系中才能体现出来,这样主从、尊卑等关系就很自然地成了军阀集团得以形成和维系的粘合剂。沃丘仲子总结说:"凡近畿诸军学皆由段氏所创办,段亦能出其所学以饷学者,教训有方,成绩甚著。故北洋之军官强半受教于段氏,为其弟子行,有桃李尽属公门之概。"①后来,皖系军事集团之出现,与段祺瑞的这段经历不无关系。

两次会操

清光绪三十一年、三十二年(1905年、1906年)秋,清政府调动数万名新军先后在直隶河间(今河北省河间市)、河南彰德(今河南省安阳市)进行了两次规模巨大的军事演习,即会操。这两次会操展示了晚清军事改革的成就,在中国军事史上具有重要意义。在这两次展示新军风采和作战能力的会操中,段祺瑞都扮演了重要角色。

参加河间会操的均为北洋新军,共两镇四混成协,总兵力为45002人,几占北洋新军的三分之二。这两镇四混成协分为南北两军,南军由第四镇和第四、第九混成协组成,任命王英锴为总统官,陆锦为总参议,官佐目兵夫役共22513名。北军由第三镇和第一、第十一混成协组成,总统官段祺瑞,总参议李世锐,官佐目兵夫役共22489名②。

河间会操前,段祺瑞率领第六镇一混成协从南苑出发,沿途自己预行演习。半路上从松林店宿营地出发时,碰巧下起了大雨,队伍无法行走。"段

---

① 沃丘仲子:《段祺瑞》中编,上海广文书局1920年版,第3页。
② 张华腾:《河间、彰德会操及其影响》,《近代史研究》1998年第6期。

统制不知怎么异想天开,说咱们不如来个科学的方法,令炮队开炮向天空轰一阵,说上面的厚云受了震动,雨就一定可以停止的。命令下来,大家就七手八脚向天空开大炮,当时声震天地,民众皆惊,不知到底什么事。打了半天,哪知雨不但止不住,反而越下越大。段统制非常气恼,拿出他的硬脾气来,说:'下不下都得走!'"①从冯玉祥的这段回忆文字中,我们不仅可以看出段祺瑞固执的一面,也可以看出他天真无邪的一面。

河间会操的时间为清光绪三十一年(1905 年)九月二十四日到二十八日,段祺瑞因其出色表现而得到了"成效昭著"②的考语,后被提升为福建汀州镇总兵。对袁世凯来说,段祺瑞出任该镇总兵,不啻是砍去了他的一条手臂。为此他当即上奏清政府,提出了段祺瑞暂缓赴任的请求。奏折中说道:"该总兵等韬钤素裕,智勇深沉,上年办理秋操,成效昭著。本年练兵处拟于秋季调集直隶暨鄂豫等省新军,会合大操,尤赖该总兵等身在行间,指挥调度,始可收驾轻就熟之功,一时实难骤易生手。俯准该总兵等暂缓赴任,仍留北洋新军,俾资整理而重戎备,如蒙俞允,即由臣分别咨行遵照。"③在袁世凯的请求下,段祺瑞得以留在原任,这可看出袁世凯对他的重视程度。

彰德会操的时间是清光绪三十二年(1906 年)九月五日到八日,参加会操的不再是单一的北洋新军,还包括湖北新军和河南新军。南北两军总兵力为两镇两混成协,官佐弁兵夫役共 33958 人。北洋新军各军组成北军,任命段祺瑞为总统官,陆锦为总参谋官,总兵力为 1 镇 1 混成协,共 16172 人,是由上年未参加河间会操的部队临时拼凑而成的。湖北新军第八镇和河南新军第二十九混成协合编成南军,任命张彪为总统官,黎元洪为第八镇统制官,王汝贤为第二十九混成协统领官,兵力为 17786 人④。

由于北军主要是由袁世凯所督练的北洋各镇所组成,因此,时任会操校阅大臣的袁世凯和铁良对此次操演所作的总评,多有对北军的虚饰之处和

---

① 冯玉祥:《我的生活》,世界知识出版社 2006 年版,第 59—60 页。
② 《袁世凯奏议》,天津古籍出版社 1987 年版,第 1345 页。
③ 《袁世凯奏议》,天津古籍出版社 1987 年版,第 1345 页。
④ 张华腾:《河间、彰德会操及其影响》,《近代史研究》1998 年第 6 期。

溢美之词。但在操演期间，"袁部比张部规模要大，训练和领导方面也比较好"[1]，却是中外观操者较为一致的看法。曾参加了此次会操的冯玉祥在事后的回忆中也说：总评后，段祺瑞与张彪（南军总统官）先后背诵此次会操的总方略和特别方略，段"声音洪亮，非常熟练"，而张则"一句也没背出来，脸红得像被人打了几掌一样，无法下的来台。后来由他的参谋长念一句，他在前面跟着背一句，演了一出双簧，才算完结。"[2]显然，段祺瑞在练兵方面还是颇具真才实学的。他在此次会操中的表现，以及他所统辖的北军在操演中比南军出色的事实，就充分地说明了这一点。此后，段祺瑞更加得到袁世凯的看重了，以至于多次对他加以私恩。

江北提督

清宣统二年（1910 年）12 月 18 日，清政府赏段祺瑞侍郎衔，命署江北提督，驻江苏清江浦（今江苏省淮阴市）。对于段祺瑞出任江北提督一事，很多研究者认为是受袁世凯的牵连，即将段祺瑞赶出京畿重地。

清宣统元年（1909 年）1 月 2 日，军机大臣、外务部尚书袁世凯以"足疾"为由被摄政王载沣下令开缺本兼职，"回籍养疴"。袁世凯选择河南彰德为他的隐居地，从此不再过问国事。段祺瑞作为袁世凯的忠实部下，又掌握着北洋陆军第六镇，驻防直隶，受到载沣的猜忌，也是情理之中的事。但是，段祺瑞接任江北提督并非如此简单，这还要从江北提督的地位上说起。

江北地区在空间范围上指江苏境内的长江以北地区，亦称苏北。依据清代行政设置，这主要为江宁布政使的管辖范围，包括"江宁、淮安、扬州、徐州四府，海、通二直隶州，海门直隶厅，其下为散州三，县三十"[3]。江北提督是由漕运总督改设的有清一代独一无二的省级军政首脑，"体制若巡抚"[4]。

---

① 拉尔夫·尔·鲍威尔：《1895—1912 年中国军事力量的兴起》，中华书局 1978 年版，第 128 页。

② 冯玉祥：《我的生活》，世界知识出版社 2006 年版，第 63 页。

③ 冀满红、吕霞：《清末新政前期江北地方官制的变革与因袭（1901—1905）》，《历史档案》2010 年第 4 期。

④ 沃丘仲子：《当代名人小传》，上海崇文书局 1920 年版，第 28 页。

从职权范围上看,江北提督不仅在军事上分担了原先与之相平行的江南提督的权力,同时对安徽、山东两省边界相连江北各州县缉捕重要事件均有处置权,其军事管辖范围已经涉及相连省份。与此同时,江北提督在用人行政上还因"节制江北文武"的规定而对江北地区的官员具有保举与弹劾权。这种权力的实施对象不仅仅局限于其所辖军队的武职员弁,而且还扩大至江北地区的文职官员,已超越了提督的权限。更为重要的是,历任江北提督在主政期间对江北新军、警务、教育以及财政等进行了超越传统政治之外的改革,对江北社会近代化做出了重要贡献,而这些显然不是一般的提督所能做到的。因此可以说,江北提督绝不是一个无足轻重的闲散职位。

任江北提督时的段祺瑞

第一任江北提督是刘永庆,他也是北洋系的人,因劳累过度,死于任上。刘永庆死后,荫昌有个短暂的任期,清光绪三十三年(1907年)王士珍接替荫昌为江北提督。王士珍干了不到两年的时间,他的生母丁太夫人去世①,依清制须丁忧三年。于是,由谁来接替王士珍的问题就产生了,起初廷议"以姜桂题继王士珍,以他故不果"②,段祺瑞才被任命为江北提督。这里面固然有段、王关系亲厚的因素在内,但主要还应该归结为段祺瑞个人的出色表现。

段祺瑞在江北提督任上都做了些什么事情呢?文献上的记载比较少,因为他只在此任上干了不到一年的时间,即因武昌起义爆发而他调了。王

① 彭秀良:《王士珍传》,中华书局2013年版,第90页。
② 沃丘仲子:《段祺瑞》中编,上海广文书局1920年版,第6页。

士珍为提督时,"颇能剪除旧习,砥砺廉隅,凡属官有所馈献,皆摒却不受,一时风气所播,上下肃然"①。段氏继其后,自然也秉承这一作风,江北官场风气大新。其中虽难免有溢美之词,但结合段祺瑞一生的行事风格来分析,廉洁自矢的性格应该是早就养成的。

在江北的一年时间里,据说段祺瑞还整修了官衙,平日闲暇时,"浏览欧洲政治之历史,研究十九世纪以来列国革新之原因及政法之改进。尝与诸幕僚抵掌而谈,慨然有澄清天下之志"②。这倒符合段祺瑞的脾性,他既是留学海外的新式军官,自然会受到欧美文化的浸润。目睹清王朝的腐败黑暗,不满情绪的生长也是很正常的事情,探求如何改进政治当会是他的"必修课"。证之庚子事变后北京议和告成,两宫从西安回銮北京途中,段祺瑞率新军迎驾时的情形,可以看出他的新派作风:

> 袁世凯统率之武卫右军,系按德式操典训练,持枪背包,军容甚壮,……在此之前各地编练之新军均跪迎、跪送,惟袁氏之部队不下跪,仅吹号、举枪,按军礼迎送。因是遂有人讽刺袁世凯,谓彼所带者为洋鬼子兵。③

这犯了当时的大忌,见到皇太后、皇上不下跪,算是重大政治事件。其实,清朝贵族担心的还不是不敬的问题,而是新军官兵的思想问题,后来武昌起义的成功证明了这种担心不是没有道理的。

段祺瑞在赴江北提督任时,还顺道去彰德看望了袁世凯,据说袁世凯还送给了他一首诗:

> 百年心事总悠悠,壮志当时苦未酬。
>
> 野老胸中负兵甲,钓翁眼底小王侯。
>
> 思量天下无磐石,叹息神州变缺瓯。
>
> 散发天涯从此去,烟蓑雨笠一渔舟。④

隐居中的袁世凯还是很有抱负的,他看出了当时形势的险恶。"野老胸

---

① 沃丘仲子:《段祺瑞》中编,上海广文书局1920年版,第7页。
② 沃丘仲子:《段祺瑞》中编,上海广文书局1920年版,第7页。
③ 岳超:《庚子——辛丑随銮纪实》,《文史资料选辑》第34辑。
④ 季宇:《段祺瑞传》,安徽人民出版社1992年版,第53页。

中负兵甲，钓翁眼底小王侯"等句，深深地道出了他待时而动的心机，表明了他在彰德隐居的实质。袁世凯的心思肯定对段祺瑞产生了很深的影响，本来段氏就是极为赞赏袁世凯的。段祺瑞在彰德还看到了什么呢？大概就是袁世凯居住的"养寿园"了，以及袁世凯垂钓洹上的散淡态度。袁世凯的女儿袁静雪对"养寿园"有一段回忆文字，引述如下：

> 我父亲在洹上村的住宅，原是天津某人修造的别墅，洹水流过它的前面。这所别墅原有的房子并不很多，大哥所监工修建的，只是我们家里人所必需居住的一部分房屋，还有很多工程都是在我父亲搬进去以后才陆继完成的。首先在住宅外面修了高大的院墙，院墙周围还修筑了几个炮楼。当时的地方当局，还派两营马队（叫做马一营、马二营）驻在那里护卫着，看起来仿佛是一个寨子似的。在这个"寨子"里，修建了一些"群房"，部分男佣人的家眷就住在里面。此外，还开辟了菜园、瓜园、果木园、桑园等各种园子，也饲养了猪、羊、鸡、鸭之类的家畜家禽，以备全家上下日常食用。我们的住宅有很多的四合院，它们另有一道墙围绕着。他整修了一座花园，取名"养寿园"。他雇人在养寿园里叠石为山，栽种了很多花草和桃、杏、枣等果木树；还把洹水引进园里，开凿了一个大水池，池里种植了一些荷、菱之类，养殖了很多活鱼。①

看到袁世凯表面上优哉游哉的生活，段祺瑞的内心做如何感想，我们已无法猜测。但是，他到任江北提督以后，整修官衙，引水入衙，表面上是享受生活，却也不无仿效袁世凯胸中装满天下事的意思，这是不是二人的心有默契呢？

私恩厚重

段祺瑞之所以能够在北洋军事集团内的地位上升很快，除去他个人的天赋与努力之外，更离不开袁世凯的大力提携。袁世凯对段祺瑞，可说是私恩厚重，这里举两件事以资佐证：

第一个事例，是对段祺瑞升任军职的照顾。北洋常备军建立后，王士珍

---

① 袁静雪：《我的父亲袁世凯》，《文史资料选辑》第74辑。

最先担任了第一协的协统。其后，第二协又成立了。当时袁世凯有个新规定，是"用人唯才"，因此新军所有高级将领必须经过考试，成绩最佳的出任高职。第二协成立后，举行了一次考试，考得成绩最高的是冯国璋，因此便由冯出任第二协协统。

　　这样一来，"北洋三杰"之中，段祺瑞就处于弱势地位了。袁世凯对他们三个人一视同仁，不分轩轾，这是袁的统御术，要他的三个重要干部平衡发展，以便互相牵制，便于控制。到第三个协成立时，袁世凯怕这位成绩不佳的段祺瑞，仍考不上，乃在考试前把试题偷偷告诉了段，这才使段考上了协统。由于这件事使段毕生为之感动，常常对知交说他受袁宫保的私恩太重①。

　　第二个事例，是搭建裙带关系。清光绪二十六年（1900年），段祺瑞的夫人吴氏病故。第二年，袁世凯就将他的表侄女张佩蘅许配给段祺瑞，从此两家就成了亲戚。张佩蘅的女儿段式巽回忆说：

　　　　我生母张氏，是袁世凯夫妇一手带大的。有人说是袁世凯的干女儿，但事实上母亲是袁世凯的表侄女。听我母亲讲，袁世凯的亲姑母（即我母亲的祖母）嫁给张姓，生一子，二十多岁就中了翰林，在新疆做官。后来新疆骚乱时被人毒死，留下老母、寡妻及年仅两岁的女儿在新疆。袁世凯闻表弟凶讯，就派人把姑母、表弟媳和表侄女接到身边抚养，当时两岁的表侄女就是我母亲。母亲长成后，正值父亲发妻病故，就由袁世凯作主，把母亲许配给我父亲为续弦。当时我外祖母对这件婚姻不满，认为我父亲是武人，女儿又去当续弦，但袁世凯说，段祺瑞是我看中的，要我外祖母放心，这样，就成就了我父母的婚姻。②

而在段祺瑞公馆当差的王楚卿则回忆说，张佩蘅是袁世凯的义女：

　　　　张夫人名叫张佩蘅，原籍陕西，大概也是官宦之家，和袁世凯是世交。袁世凯的大太太于夫人只生袁克定一个儿子，没有闺女，就把张佩蘅认作义女，张佩蘅见着袁世凯夫妇，一口一个爸爸、妈妈，非常亲热。

①　丁中江：《北洋军阀史话》第一集，中国友谊出版公司1996年版，第134页。
②　段式巽：《追忆先父段祺瑞》，《上海文史资料选辑》第69辑。

　　段祺瑞断弦以后,便由袁世凯主婚,把张佩蘅嫁给了段祺瑞,从此袁、段二人除了多年的袍泽关系之外,无形中又成了亲戚。[①]

　　不管张佩蘅是袁世凯的表侄女或义女,反正辈分没有错,袁世凯用这种手段笼络段祺瑞的目的算是达到了。袁世凯用联姻的手段笼络部下,不止这一次。冯国璋的原配夫人去世后,袁世凯便把总统府的女教师周砥介绍给他,完成了另一桩政治上的联姻。至于其他形式的政治婚姻,还有几起,这里不再叙述了。

　　清宣统元年(1909 年),袁世凯被摄政王载沣下令开缺本兼职,"回籍养疴"。袁世凯在回河南彰德前,将花 30 万元购置的府学胡同私宅送给段祺瑞[②]。私恩厚重,至此已达极点。

　　与袁世凯对段祺瑞的提拔相似,段祺瑞也在此期间发现了他一生中最重要的幕僚徐树铮,并给予大力培养。徐树铮(1880—1925 年),字又铮,号铁珊,自号则林,江苏萧县(今属安徽省)人。自幼聪颖过人,才气横溢。三岁识字,七岁能诗,十三岁中秀才,十七岁补廪生,有"神童"之称。清光绪二十七年(1901 年),徐树铮弃文就武,到济南上书山东巡抚袁世凯,陈述经武之道,未得赏识。后被段祺瑞发现,聘为记室(秘书)。清光绪三十一年(1905 年),段祺瑞保送他到日本陆军士官学校步兵科就学。学成回国后,先后在江北提督府任参谋,辛亥年又任第一军总参谋等,从此开始了追随段祺瑞的人生历程。

　　① 　王楚卿:《段祺瑞公馆见闻》,《文史资料选辑》第 41 辑。
　　② 　胡晓:《段祺瑞年谱》,安徽大学出版社 2007 年版,第 66 页。

第四章　在辛亥年的大潮中

清宣统三年(1911年)10月10日武昌起义的突然爆发,给时任江北提督的段祺瑞提供了一个绝佳的表现机会。在革命军、清朝贵族、立宪党人和北洋军系的利益博弈大格局中,段祺瑞扮演了一个比较重要的角色,推动了共和政制的确立。

临危受命

辛亥年湖北新军举事,成立湖北军政府,推新军协统黎元洪为都督,向朝廷叫板,要求朝廷兑现政治改革的承诺,撤销皇族内阁,调整铁路干线国有化政策,平息国内骚乱,恢复国内和平。对于湖北军政府的要求,清政府并没有听进去。清政府依然按照过去的老办法,兵来将挡,任命陆军大臣荫昌率部南下,强力镇压。荫昌在受命前往武汉收复失地的途中,特意绕道彰德去向袁世凯讨教。

此时隐退在彰德的袁世凯,尽管还处于下野中,表面上看似不问政事,实则一直与段祺瑞、王士珍、冯国璋等旧时部将保持着紧密的联系。袁世凯告诫荫昌,湖北新军举事情形复杂,他们不是要求加薪,不是要求升官,而是要求政治改革,所以对湖北新军不好鲁莽行事,不好武力镇压。再加上荫昌统帅的军队都是袁世凯旧部,他们以袁世凯马首是瞻,荫昌根本指挥不动,所以武昌起义并没有因为荫昌前往镇压而结束。

武昌起义纪念馆

朝廷似乎也没有指望荫昌能够平息这场军事哗变,10月14日又起用袁世凯为湖广总督,授权节制湖北所属各军,督办剿抚事宜;同时宣布起用同样赋闲已久的岑春煊为四川总督。在接受了朝廷的任命后,袁世凯在彰德老家进行了周密准备,就政治解决和军事部署作了安排。在江北提督任上的段祺瑞接受袁世凯的召唤,秘密从任所日夜兼程赶往彰德,参与袁世凯的政治军事谋划①。关于段祺瑞秘密赴彰德开会的细节,有人回忆说:

武昌三武(张振武、蒋翊武、孙武)起义后,光复武汉三镇,清室震惊。于是一面组织三军,一面起用袁世凯为湖广总督,岑春煊为四川总督。最初袁世凯不受命,暗中密召其心腹段祺瑞到他的老家彰德。段祺瑞这时为江北

① 王镜芙:《一生投机的袁世凯》,载吴长翼编:《八十三天皇帝梦》,文史资料出版社1985年版,第180页。

提督,接召后,秘密地从清江浦走小道骑马到彰德,走了七天。①

除了段祺瑞,王士珍、冯国璋等人也到了彰德。在这次秘密会议上,袁世凯决定了基本方针,政治解决方面,袁世凯建议朝政府接受湖北军政府的要求,同意并着手准备在明年即 1912 年召开国会,组成真正意义上的责任内阁;建议朝廷宽容武昌兵谏官兵,解除党禁②。

在军事方面,袁世凯最初属意的是冯国璋。当时冯国璋是荫昌下面的第一军总统官,这个第一军是一个战斗编制,为了对南方革命军作战编组的,下辖第六镇(统制李纯)、第二镇的第三协(协统王占元)、第四镇的第八协(协统陈光远)。后来,由于时局的变化和冯国璋的一时错误,才由段祺瑞取代冯国璋而为第一军总统官。所谓时局的变化,是指袁世凯与湖北民军取得了秘密联络,准备和平解决战事。所谓冯国璋的一时错误,包括两个方面:其一是 10 月底,冯部攻陷汉口,烧杀淫掠,引起国内外舆论的严重不满。"汉口桥口以下,付之一炬,自十二日起至十三日止,火犹未熄,竟将长江经济中心汉口之繁盛市场,化为焦土"③。其二是 11 月末冯部又攻占汉阳,炮击武昌,受到清政府嘉奖,授予二等男爵。取得局部小胜的冯国璋意态癫狂,一再上书清政府吁请添兵增饷。12 月 1 日,冯国璋致电军咨府:"国璋专顾前敌,自不难一举扫平,而后患亦可永绝。"④冯国璋的态度正好与袁世凯的想法南辕北辙,故而袁氏只能以段祺瑞取代之。

沃丘仲子在论述段、冯的功罪时说:"(汉口)人至今犹詈冯之残忍也。段祺瑞虽与冯同受清政府之命,而始终未与民军激战。当时论者谓:'若以段易冯,则汉口之蹂躏或可邀免'。则段与冯之优劣,于此可见矣。"⑤他又说,这是因为"段氏本主张革新之人,自居江北,又久吸南方之空气(指长江流域多革命活动),所辖军队……自军官以迄征兵之下士,类无不富有革命

　　① 王镜芙:《一生投机的袁世凯》,载吴长翼编:《八十三天皇帝梦》,文史资料出版社 1985 年版,第 179—180 页。

　　② 马勇:《辛亥大牌局中的段祺瑞》,《北京科技大学学报(社会科学版)》2011 年第 9 期。

　　③ 张国淦:《辛亥革命史料》,龙门联合书局 1958 年版,第 146 页。

　　④ 公孙訇:《冯国璋年谱》,河北人民出版社 1989 年版,第 15 页。

　　⑤ 沃丘仲子:《段祺瑞》中编,上海广文书局 1920 年版,第 13 页。

思想,声气相求,已匪朝夕。"①说段祺瑞具有革命思想,有些言过其实,但作为从德国留学归来的新式军人,段祺瑞对西方式的民主有所推崇当不为过。

11月16日,袁世凯就任内阁总理大臣,重组内阁,掌握了清政府的实际权力。内阁名单是:内阁总理大臣袁世凯;外务部大臣梁敦彦,副大臣胡惟德;民政部大臣赵秉钧,副大臣乌珍;度支部大臣严修,副大臣陈锦涛(辞不就);陆军部大臣王士珍,副大臣田文烈;海军部大臣萨镇冰,副大臣谭学衡;学务部大臣唐景崇,副大臣杨度(辞不就);司法部大臣沈家本,副大臣梁启超;邮传部大臣杨士琦,副大臣梁如浩(梁士诒署理);农工商部大臣张謇,副大臣熙彦;理藩部大臣达寿,副大臣荣勋②。第二天,袁世凯奏请朝廷任命段祺瑞署理湖广总督兼统冯国璋的第一军,调冯国璋回北京,派为禁卫军军统,以切实掌握禁卫军军权。段祺瑞在接受了朝廷的任命后并没有像冯国璋一样立即开赴前线,因为就在这个政治军事敏感期,突然发生了吴禄贞被刺案,段祺瑞受命转往北方处理此事。

吴禄贞

吴禄贞(1880—1911年),字绶卿,湖北云梦人。早年留学日本,就读于日本陆军士官学校骑兵科,成为我国留日第一期士官生。在校结识了张绍曾、蓝天蔚,三人学习成绩突出,志趣不凡,后被人们称为"士官三杰"。武昌起义爆发时,吴禄贞正担任第六镇统制,驻防石家庄,不久被授为山西巡抚。曾毓隽记述说:"段奉命率第二军南下,过石家庄,适第六镇兵变,统制吴禄贞被戕。盖吴袁素来敌视,吴授山西巡抚之后,与晋军妥协,宣布燕晋联军,截军械,劾荫昌,且将会师北京,袁知之益为嫉恨。时协统周符麟,为六镇旧部,与吴本不惬,又因撤职怀恨,遂假

---

① 沃丘仲子:《段祺瑞》中编,上海广文书局1920年版,第8页。
② 张国淦:《辛亥革命史料》,龙门联合书局1958年版,第112页。

手吴之卫队长马蕙田杀之。后有人携吴之首级来报功者,周符麟报之于段,余适在侧。段告周云,此案中央作如何处理,尚不可知,汝与之五千元,告其速去。后虽有电派段查办,结果亦不了置之。"[①]究竟是谁主使刺杀了吴禄贞,迄今尚无定论,但曾毓隽说段祺瑞袒护刺吴的凶手,确有其事,至于他的真实动机就不好多加猜测了。

12月13日,段祺瑞率领革职留任的湖北布政使连甲、按察使祝书元等抵达汉口,第二天遂自冯国璋手中接替了第一军的指挥权。从此,武汉前线南北军对峙的局面大有改观,由激烈交战变为停战议和。

两次通电

段祺瑞之所以能够在辛亥革命大潮中发挥比较重要的作用,是与他对当时形势的准确判断分不开的。在军事进展方面,10月底,清军攻占汉口,民军随即在上海、苏、杭发动起义;11月末,清军夺取汉阳,民军不久便光复了南京;海军也随之起义。不到两个月的时间,全国有十四个省区响应革命。段祺瑞也应该认识到了纯靠军事征服是不能够扭转清军不利的局面。在袁世凯的态度方面,袁世凯一直坚持实行君主立宪政体,并怂恿姜桂题、冯国璋等将领通电坚持实行君主立宪制。但清政府对他却心存疑忌,他的主张难以推行。段祺瑞等北洋将领意识到:拥清廷、行君宪希望渺茫[②]。在革命军方面,他们在1911年11月中提出联袁倒清策略,规劝袁赞同共和、推翻清政府,当被举为大总统,段祺瑞并亲自派人参与了与革命党人的秘密接触;12月3日,起义各省代表会议上海联络处表决通过《临时政府组织大纲》,"虚临时总统之位待袁世凯反正"[③]。在外国势力方面,英国极力维护长江流域的既得利益,大力斡旋停战。

段祺瑞权衡了各方面的利益诉求之后,就积极为实现清帝退位、改立共

---

① 曾毓隽:《忆语随笔》,杜春和等编:《北洋军阀史料选辑》上册,中国社会科学出版社1981年版,第266页。

② 丁贤俊:《论段祺瑞三定共和》,《历史档案》1988年第3期。

③ 刘仲敬:《民国纪事本末(1911—1949)》,广西师范大学出版社2013年版,第33页。

和政体而努力。首先,段祺瑞与南军接洽停火。他派心腹靳云鹏(第一军总参赞)与廖宇春(原保定陆军小学堂总办)、夏清贻(北方红十字会负责人)等跟南方要人有旧的人晤商,并就进行步骤和方式等取得一致意见。不久,廖、夏两人即衔命赴沪,与黄兴的代表、江苏民军总参谋顾忠琛等谈判,并于12月20日订立如下协议:1.确定共和政体;2.优待清皇室;3.先推翻清政府者为总统;4.南北满汉军出力将士,各享其应得之优待,并不负战时害敌之责任;5.组织临时议会,恢复各地秩序。南北间的这次接触可谓是为此后唐绍仪、伍廷芳上海议和张本,其意义之大,时人谓辛亥南北和议"实成于顾忠琛、廖宇春之磋订五条草约也"[1]。

此后,段祺瑞在廖宇春等人的反复劝说敦促下,与南方停战议和的态度更趋坚决,并慨然应允在南北疏通中自居主动地位[2]。为此,他曾连续三次派吴光新(军司令部参谋)、曾宗鉴(军司令部外交处长)前往武昌,就停战退兵这一双方争执的焦点问题进行磋商。经过反复交涉,双方协定:以广水或孝感为界线,即日停战,北军退兵期约需半月;北军仍保留京汉全线路权,并在大智门、汉阳门留驻军队殿后。在交涉中,北方代表实居主动地位,上述协定即由他们拟就提出,而南方代表对此只将"班师"两字改为"撤兵","他无异议"[3]。

12月31日下午6时,段祺瑞正式照会驻汉口各国领事,宣布自现在防区撤退一百里,以表示北军对和谈的诚意。撤军时军容整齐,秩序亦佳,所有撤退的队伍,均整装集合于所在地之原野,每一大队分若干排,成纵列形,伏地卧下。第一排开动,第二排起立前转,第三排收拾枪弹,最后一排伏地,持枪实弹掩护,逐次如式退尽。中外人士围观的有数千人,均啧啧称道[4]。

与南方谈判妥协、实现停火后,段祺瑞就致力于清帝退位的实现。在退兵北上途中,他就暗使靳云鹏等运动了陆军第二、第四两镇的将校二百余

---

① 钱基博:《辛亥南北议和别记》,中国史学会主编:《辛亥革命》(八),上海人民出版社1957年版,第103页。

② 廖宇春:《新中国武装解决和平记》,丘权政、杜春和编:《辛亥革命史料选辑》下册,湖南人民出版社1981年版,第327页。

③ 曾毓隽:《宦海沉浮录》,《近代史资料》总68号。

④ 丁中江:《北洋军阀史话》第一集,中国友谊出版公司1996年版,第222页。

人。其后他又派靳以第一军名义赴京"联合各军",拟定了促使清帝退位的三种办法:1. 运动亲贵,由内廷降旨,自行宣布共和;2. 由各军队联合要求宣布共和;3. 用武力胁迫,要求宣布共和①。由于满清权贵的留难作梗和军界将领政见多有分歧,前两种方法进行颇为不易,段祺瑞于是选择了第三种方法,所采用的手段就是他领衔发出的两次主张共和的通电。第一次通电是 1912 年 1 月 26 日发出的,列名将领共 47 人,电曰:

> 内阁、军咨、陆军并各王大臣钧鉴:为痛陈利害,恳请立定共和政体,以巩皇位而奠大局,敬请代奏事。窃维停战以来,议和两月,传闻宫廷俯鉴舆情,已定议立改共和政体。其皇室尊荣及满蒙生计权限各条件:曰大清皇帝永传不废;曰优定大清皇帝岁俸不得少于四百万两;曰筹定八旗生计,蠲除满、蒙、回、藏一切限制;曰满、蒙、回、藏与汉人一律平等;曰王公世爵概仍其旧;曰保护一切私产。民军代表伍廷芳承认列于正式公文,交万国平和会立案,云云;电驰报纸,海宇闻风。率土臣民,罔不额手称庆,以为事机至顺,皇位从此永保,结果之良,轶越古今,真国家无疆之麻也。想望懿旨,不遑朝夜。乃闻为辅国公载泽、恭亲王溥伟等一二亲贵所尼,事遂中沮,政体仍待国会公决。祺瑞等自应力修战备,静候新政之成。惟念事变以来,累次懿旨,莫不轸念民依,惟国利民福是求,惟涂炭生灵是惧。既颁十九信条,誓之太庙;又允召集国会,政体付之公决。又见民为国本,宫廷洞鉴,具征民视民听之所在决,不难降心相从。兹既一再停战,民军仍坚持不下,恐决难待国会之集。姑无论牵延数月,有兵溃民乱盗贼蜂起之忧,寰宇糜烂,必无完土,瓜分惨祸,迫在目前;即此停战两月间,民军筹饷增兵,布满各境。我军皆无后援,力太单弱,加以兼顾数路,势益孤危。彼则到处勾结土匪,勒捐助饷,四出煽扰,散布诱惑。且于山东之烟台,安徽之颖、寿境界,江北之徐州以南,河南之光州、商城、固始,湖北之麻城、襄樊、枣阳等处,均已分兵前逼。而我皆困守一隅,寸筹莫展。彼进一步,则我之东、皖、豫即不自保。虽祺瑞等公贞自励,死生敢保无他,而饷源告匮,兵气动摇,大

---

① 黄征、陈长河、马烈:《段祺瑞与皖系军阀》,河南人民出版社 1990 年版,第 24 页。

势所趋,将心不固。一旦决裂,何所恃以为战。深恐丧师之后,宗社随倾,彼时皇室尊荣,宗藩生计,必均难求满志。即拟南北分立,勉强支持,而以人心论,则西北骚动,形既内溃;以地理论,则江海尽失,势成坐亡。祺瑞等治军无状,一死何惜。特捐躯自效,徒殉愚忠,而君国永沦,追悔何及,甚非所以报知遇之恩也。况召集国会之后,所公决者尚不知为何项政体,而默察人心趋向,恐仍不免出于共和之一途,彼时万难反汗。是徒以数月水火之患贻害民生,何如预行裁定,示天下以至公。使食毛践土之伦,歌舞圣明,零涕感激,咸谓唐虞至治,今古同揆,不亦伟哉。祺瑞等受国厚恩,何敢不以大局为念;故敢比较利害,冒死陈言。恳请涣汗大号,明降谕旨,宣示中外,立定共和政体,以现在内阁及国务大臣等暂时代表政府,担任条约、国债及交涉未完各事项,再行召集国会,组织共和政府,俾中外人民咸与维新,以期妥奠群生,速复地方秩序;然后振刷民气,力图自强,中国前途,实维幸甚。不胜激切待命之至。谨请代奏。①

这通电稿由徐树铮草拟,请清政府明降谕旨,速定共和政体,清帝逊位,改建民国,可以说是清政府让国的催命符。同日,清内阁以徐世昌、袁世凯、冯国璋、王士珍四人名义电告段祺瑞等,请勿轻举妄动。文曰:

忠君爱国,天下大义。服从用命,军人大道;道义不存,秩序必乱,不为南军所俘,便为乱军所胁,利害昭著,万勿误歧。我辈同泽有年,敢不忠告。务望剀切劝解,切勿轻举妄动。联奏一层,尤不可发,亦不能代递,务望转请诸将领三思。涕泣奉复。昌、凯、璋、珍。②

就在同一天,清皇族中极力反对清帝退位的少壮派代表人物良弼,在住宅附近被革命党人彭家珍用一颗烈性炸弹炸伤一条腿,第二天因失血过多身亡。良弼被炸身死,让王公贵族人心惶惶,纷纷逃出北京。其实,这个良弼也是一条硬汉,曹汝霖回忆道:"良伤一腿,由日本军医为治,拒绝麻醉药,忍痛将一腿齐膝锯下。医生劝其用麻醉品可少受痛苦,良慷慨叹曰:国痛尚

---

① 吴廷燮:《段祺瑞年谱》,中华书局 2007 年版,第 21—23 页。

② 中国史学会主编:《辛亥革命》(八),上海人民出版社 1957 年版,第 173 页。

可忍,何在一腿?岂知毒已上升,锯了一腿后仍殒命,亦一豪杰之士也。"①可其他人就没有这么硬气了,到 1 月 31 日隆裕太后召集的御前会议上,再没人出来反对清帝退位了。

为了不给清贵族以喘息的机会,2 月 4 日,段祺瑞又率八名协统以上将领发出第二次通电,专向少数王公说话,措词更为激烈,并以即将率全军北上相恫吓。电曰:

彭家珍

> 共和国体,原以致君于尧舜,拯民于水火。乃因二三王公迭次阻挠,以致恩旨不颁,万民受困。现在全局威迫,四面楚歌。颍州则沦陷于革军,徐州则小胜而大败。革舰由奉天中立地登岸,日人则许之。登州、黄县独立之影响,浸遍于全鲁。而且京津暗杀之党林立,稍疏防范,祸变即生。是陷九庙两宫于危险之地,此皆二三王公之咎也。三年以来,皇族之败坏大局,罪实难数。事至今日,乃并皇太后、皇上欲求一安富尊荣之典,四万万人欲求一生活之路而不见允,祖宗有知,能不痛乎!盖国体一日不决,则百姓之因兵燹冻饿死于非命者日何啻数万。瑞等不忍宇内有败类也,岂敢坐视乘舆之危而不救。谨率全军将士入京,与王公剖陈利害,祖宗神明实式鉴之。挥泪登车,昧死上达,请代奏。②

2 月 6 日,当袁世凯召集各王公大臣,把这个电文交给他们传观时,各亲贵均相顾失色,他们手足无措,战战兢兢,于是就只有赞成共和一途了。随后,段祺瑞把司令部从湖北孝感北撤至河北保定,做出要率军入京的姿态。他一鼓作气,于 2 月 9 日参与直隶总督张镇芳领衔的电报,要求宣布共

① 曹汝霖:《曹汝霖一生之回忆》,中国大百科全书出版社 2009 年版,第 98 页。
② 中国史学会主编:《辛亥革命》(八),上海人民出版社 1957 年版,第 178—179 页。

和。10 日在北上途中,于信阳又发一电力催解决。在这样严峻的形势下,清政府再也无法拖延了。2 月 12 日,清隆裕太后率同宣统帝退位,其退位诏书全文如下:

朕钦奉隆裕太后懿旨:前因民军起事,各省响应,九夏沸腾,生灵涂炭,特命袁世凯遣员与民军代表,讨论大局,议开国会,公决政体。两月以来,尚无确当办法,南北睽隔,彼此相持,商辍于途,士露于野。徒以国体一日不决,故民生一日不安。今全国人民心理,多倾向共和,南中各省既倡议于前;北方诸将亦主张于后,人心所向,天命可知。予亦何忍因一姓之尊荣,拂兆民之好恶。是用外观大势,内审舆情,特率皇帝将统治权公诸全国,定为共和立宪国体。近慰海内厌乱望治之心,远协古圣天下为公之义。袁世凯前经资政院选举为总理大臣,当兹新旧代谢之际,宜有南北统一之力,即由袁世凯以全权组织临时共和政府,与民军协商统一办法。总期人民安堵,海宇义安,仍合满、汉、蒙、回、藏五族完全领土为一大中华民国,予与皇帝得以退处宽间,优游岁月,长受国民之优礼,亲见郅治之告成,岂不懿欤。[①]

清帝退位,议定优待皇室八条、待遇皇族四条、待遇满蒙回藏七条,其原文如下:

甲、关于清帝退位后优待之条件:

今因大清皇帝宣布赞成共和国体,中华民国于大清皇帝辞位之后,优待条件如左:

第一款:大清皇帝辞位之后,尊号仍存不废,中华民国以待外国君主之礼相待;

第二款:大清皇帝辞位之后,岁用四百万两,俟改铸新币后,改为四百万元,此款由中华民国拨用;

第三款:大清皇帝辞位之后,暂居宫禁,日后移居颐和园,侍卫人等照常留用;

第四款:大清皇帝辞位之后,其宗庙陵寝,永远奉祀,由中华民国酌

---

① 张国淦:《辛亥革命史料》,龙门联合书局 1958 年版,第 315 页。

设卫兵妥慎保护；

第五款：清德宗崇陵未完工程，如制妥修，其奉安典礼仍如旧制，所有实用经费，均由中华民国支出；

第六款：以前宫内所用各项执事人员，可照常留用，惟以后不得再招阉人；

第七款：大清皇帝辞位之后，其原有之私产，由中华民国特别保护；

第八款：原有禁卫军归中华民国陆军部编制，其额数俸饷，仍如其旧。

乙、关于清皇族待遇之条件：

（一）清王公世爵，概仍其旧；

（二）清皇族对于中华民国国家之公权及私权，与国民同等；

（三）清皇族私产一律保护；

（四）清皇族免兵役之义务。

丙、关于满、蒙、回、藏各族待遇之条件：

（一）与汉人平等；

（二）保护其原有之私产；

（三）王公世爵，概仍其旧；

（四）王公中有生计过艰者，设法代筹生计；

（五）先筹八旗生计，于未筹定之前，八旗兵弁俸饷，仍旧支放；

（六）从前营业居住等限制，一律蠲除，各州县听其自由入籍；

（七）满、蒙、回、藏原有之宗教，听其自由信仰。[①]

以上条件，列于正式公文，由中华民国政府照会各国驻北京公使，转达各该政府。

清室得以体面退出历史舞台，按说是一个各方面共赢的结果。有研究者指出："当时决定中国命运的各派势力，把握住这一历史机遇，顺应舆情，放弃对立与报复性仇杀，泯除积怨，而寻求理性的和平了结，逐渐成为共识。并且本这个共识，和平结束了清王朝，共同建立了新的共和国家。辛亥革命

---

① 张国淦：《辛亥革命史料》，龙门联合书局1958年版，第317—318页。

的和平解决,使各派的政治利益得到了最大的满足。国民免遭了战争带来的屠戮与浩劫,躲过玉碎瓦全、倾家荡产、颠沛流离、横尸遍野的苦难,安宁地过渡到新的政权之下。国家实现了政权的和平转移,国力未遭破坏,国基未受动摇,国家形象提高。这是一个了不起的历史创举,是古老东方政治智慧的结晶。"①笔者认同这一见解,并很赞赏段祺瑞在其中所起的重要作用,即所谓"一造共和"的美誉。

但李剑农对段祺瑞一造共和的功劳是否定的:"段派人物后来还以造成共和向国民骄功,实则这种功劳,只是对于袁世凯的功劳,不能拿来向我们国民夸嘴。"②关于这一观点,笔者是不敢苟同的,要说段祺瑞秉承袁世凯的意图行事,确是不错的。但要说段氏仅仅是为了向袁世凯邀功,无论如何是说不过去的。至于段祺瑞两次领衔通电造成后来以军事将领威胁中央政府的后果,"北洋主要演员集体登台,电报战渐成惯例,民袁两党皆不免教猱升木之罪"③,则不可全归罪于段祺瑞。这是后话,此处不提。

陆军总长

清帝宣布退位的时候,南方革命党人的临时政府已经存在了两个多月,孙中山受十七省代表的推选出任中华民国第一任临时大总统,黎元洪为临时副总统。2月13日,袁世凯在北京组成临时政府,自居临时政府首领,留任各部大臣为各部首领,使臣为临时外交代表。袁世凯接管北京政权,是受清逊帝的指派,颇有些不伦不类的味道。有研究者指出:"逊帝下令共和,于理已悖,而为袁氏所必需,借天子余威收编北国旧势力,一国而有二临时共和政府,始能自占地步,免受胁迫。"④经过种种周折,1912年3月10日,袁世凯终于在北京就任临时大总统。3月29日,国务总理唐绍仪在临时参议院发表政见,并提请通过了内阁名单:外交总长陆征祥(当时任驻俄大使,故

① 骆宝善、刘路生:《袁世凯与辛亥革命》,《史学月刊》2012年第3期。
② 李剑农:《中国近百年政治史(1840—1926)》,复旦大学出版社2007年版,第305页。
③ 刘仲敬:《民国纪事本末(1911—1949)》,广西师范大学出版社2013年版,第36页。
④ 刘仲敬:《民国纪事本末(1911—1949)》,广西师范大学出版社2013年版,第44页。

由胡惟德署理）；内务总长赵秉钧；财政总长熊希龄；陆军总长段祺瑞；海军总长刘冠雄；教育总长蔡元培；司法总长王宠惠；农林总长宋教仁；工商总长陈其美（未到职，由王正廷署理）；交通总长原提名梁如浩，未被参议院通过，乃由唐绍仪暂兼，后由施肇基代理①。

中华民国临时大总统印

据说段祺瑞出任陆军总长，还费了一些周折："袁世凯在北京就职，孙中山'笼袁'计划失败，他即想用内阁权力限制袁。当时陆军总长一职关系重大，南方因袁任总统，'各部军官均以陆军总长非黄兴不可，请唐绍仪转告袁氏。'实际在此之前，'清帝未宣布退位，季新、少川即曾私议，克强仍掌陆军或参谋'。但袁世凯不让，唐'再三电商，袁总不允'。再加张謇从旁助袁，表示'陆军宜段正黄副'，革命党人抵御不住北洋派与立宪派的联合进攻，只好放弃。"②黄兴本是南京临时政府的陆军总长兼参谋总长，继续担任北京临时政府的陆军总长也是顺理成章的事情。

但是，陆军部有管理全国陆军军政之权，在内阁中的地位比较重要。《中华民国临时约法》规定，"陆军部长管理陆军经理、军事、教育、卫生、警察、司法并编制军队事务，监督所辖军人官佐"③。后来，陆军部的职权范围和机构设置逐渐规范，除设总务厅外，分军衡、军务、军械、军学、军需、军医、军法、军牧八司。军衡、军需、军务三司，事皆至繁，然军衡所掌皆例案，直奉行故事而已；军务司掌编制训练、要塞输运等项，战时事尤烦；军需司直接管

---

　　① 张国淦：《北洋述闻》，上海书店出版社 1998 年版，第 123 页。
　　② 胡晓：《段祺瑞年谱》，安徽大学出版社 2007 年版，第 78 页。
　　③ 中国第二历史档案馆编：《中华民国史档案资料汇编》第二辑，江苏人民出版社 1981 年版，第 8—9 页。

辖各师之军需官，服装粮秣均归其经理检查，陆军用地亦本司管理；军医、军牧两司，事为至简；军学司，管辖武学，审定教科书；军法司，司高等军法会审，但有名无实。陆军部还有一些直辖机关，有卫生材料本厂、呢革厂、制革厂、被服厂、兵工厂，等等。

正是因为陆军总长的位置太重要了，袁世凯肯定是不希望革命党人任此职的，便把参谋总长让给了黄兴，黄兴辞不就。参谋总长是参谋本部的首长，并不是内阁成员。参谋本部设总长、次长各一人，总长"统辖本部，并辅佐大总统，运筹军务，凡关于国防用兵一切计划及命令，呈请大总统认可后，分别咨行陆海军部办理"①。到袁世凯就任正式大总统，修改《参谋本部官制》，规定"参谋总长直隶于大总统"，其职责是"统辖本部及全国参谋将校，监督其教育，并管辖陆海军大学、陆海测量、各国驻扎武官、军事交通各事宜"②。参谋总长依然不是内阁成员。

段祺瑞出任民国北京政府的第一任陆军总长，进入了最高政治决策层，可谓志满意得，这一年他四十八岁。踌躇满志的段祺瑞锋芒毕露，大胆地提出自己的政治理想。1912年5月2日，内阁总理唐绍仪率领各部总长列席参议院，报告自己的政见。段祺瑞继海军总长刘冠雄之后起立致词，他的第一句话就抓住了在场的所有人："政府统一，应迅速统筹军民分治之策。"并提出了几点主张：1. 精简军队，恢复地方秩序。由于武昌起义后各省自行招募，军队林立，较原有兵额增多几达一倍，必须解散自行成立的军队；2. 拟定法律，军官为终身职；3. 培植陆军人才，调查军官资格，分别其条件以派往东西洋留学；4. 制定征兵制度；5. 设立兵工厂、被服厂、改良马政等。③这些主张在当时的条件下实施不易，但是任何人都无法提出异议，因而博得了临时参议院满堂热烈的掌声。

其实，段祺瑞早就对南北息争的政府施政方针有所考虑。1912年4月，段祺瑞发起组织军界统一会，在给袁世凯的呈文中，段祺瑞表达了联合

---

① 钱端升等：《民国政制史》上册，上海人民出版社2008年版，第19页。
② 张侠、孙宝铭、陈长河：《北洋陆军史料（1912—1916）》，天津人民出版社1987年版，第17页。
③ 周俊旗、汪丹：《段祺瑞真传》，辽宁古籍出版社1997年版，第78—79页。

南北、永弥争端的急切心情:"窃维军兴以后,兵数骤增。各省自练军以外,复有他省军队驻扎。名目繁多,军籍各异,管辖既殊,号令不一。时因意见之歧,致启萧墙之衅。且以客军数万云集一方,物力维艰,民情困苦,风俗习惯,在在歧违,众情疑惧,商贾不兴,常此不改,后患何堪。"①于是,他提出了遣散军队、不允再添兵的建议。由此可以看出,段祺瑞在临时参议院的演说并非出于一时激动,反映了他对全国统一的基本态度,这也是他后来执掌国柄的一贯政策主张。

段祺瑞在本次陆军总长任内,主要协助袁世凯做了三件事,一是镇压"二次革命",二是诱骗黎元洪进京就职,三是剿灭"白朗军"。第三件留待下章再述,这里只就前两件事做一简单回顾。

"二次革命"发生在1913年7月至9月间,起因是宋教仁被刺案。1913年3月20日晚,刚刚在议会选举中获得多数席位的国民党领导人宋教仁在上海北站被刺身亡。宋案发生后,凶手武士英和同谋犯应夔丞相继被抓捕归案,经过调查,证实国务总理赵秉钧和内务部秘书洪述祖直接向凶手布置暗杀的,而幕后主使正是袁世凯本人。于是,国民党控制下的江西、安徽两省首先发难,宣布独立,而后江苏、广东、福建、湖南、四川等省也纷纷宣布独立。因1913年是农历癸丑年,所以又称"癸丑之役";又因战事主要发生在江西和南京,也被称为"赣宁之役"。

5月1日,段祺瑞替赵秉钧为代理国务总理,力主对南方作战。张国淦回忆道:"段祺瑞代总理,除国务会议外,不到院(有时会议亦不到,闻之参谋次长陈宧言,段每日在居仁堂西偏小楼上处理军事)。一日,袁谈及:'南方情形,近来调集军队,将图不轨,不得已,只有用武力镇压。'我言:'以军力论,南北比较,此时不难制胜。但是民气澎湃,不可遏抑,潮流所趋,匪仅中国。若专靠武力,总不能根本解决,何不从政治方面求一永久妥洽办法?'袁言:'副总统与二庵(陈宧)电,亦主张武力。'我言:'副总统与我通信说,本意不是如此。"袁嘿然有不愉之色(与袁共事有年,只此一次),言:'你可向总理说明,于国务会议时提出讨论。'至国务会议,我本此意提出,语尚未竟,段当

---

① 中国第二历史档案馆:《北洋政府档案》第47册,中国档案出版社2010年版,第6—7页。

时板起面孔,大声言:'军事非你文人所知,不应干预。'"①态度恶劣至此,可见段祺瑞对使用武力的极力推崇,而最后结果亦是中央政府取得了胜利,孙中山、黄兴等革命党人亡命日本。

至于诱骗黎元洪进京就职,则是出于袁世凯的授意。黎元洪以武昌首义元勋资格,被国会选举为副总统,同时兼任湖北都督、参谋总长。镇压"二次革命"后,袁世凯打算派段芝贵代黎元洪为湖北都督,但黎氏不来北京,这一计划因之无法实现,才有派段祺瑞赴湖北完成这一任务的举措。据曾毓隽《六十年之回顾》云:"癸丑一役结束,由是有迎黎之举。是年(民二)十二月袁派段祺瑞到鄂,余(曾自谓)亦随行,下车遂渡江谒黎,在副总统府两宿。黎召其参谋长金永炎,商整理军队事大致就绪,宣布段北归。黎送过江,到车站上车后,段反下车,黎遂北上。金偕段返署,发电告袁,而段署湖北都督之令下矣。不两月,令段芝贵接任湖北都督"云云②。张国淦还说:"又据张则川自鄂来京告我曰:'迎黎之举,系由参谋次长与鄂方主持者暗中电商妥恰,乃派段到鄂。黎离鄂到京,酝酿不止一日,多数反对。故此次去京,出以秘密。'云云。"③

1913年12月9日,黎元洪在段祺瑞的压迫下,不得不乘火车进京。临行,他致电段祺瑞,内容为:

> 元洪自鄂濒行,过劳远送,至感厚意。兹于本日早七点到京入觐,大总统面谕代理一节,已有令命公暂兼等因。自维在鄂两年,深愧无状,得公替我,知免愆尤,闻命之余,敢为全鄂军民额手称庆。特电驰贺,兼致谢忱,即维垂察。元洪现住小蓬莱,并以奉闻。④

同日,黎元洪还致电鄂省各机关人员,内容为:

> 本副总统因公入京,于本月初九日自鄂起程。追维在鄂两年,同舟共济,诸赖匡襄。此次行期匆匆,不及言辞,深怀歉仄。现在鄂都督事,已奉大总统令任命段总长兼领。段总长威信素著,忧国为怀,必能造福

---

① 张国淦:《北洋述闻》,上海书店出版社1998年版,第50—51页。
② 张国淦:《北洋述闻》,上海书店出版社1998年版,第63页。
③ 张国淦:《北洋述闻》,上海书店出版社1998年版,第63页。
④ 张国淦:《北洋述闻》,上海书店出版社1998年版,第61页。

地方，维持秩序。尚赖诸君子各尽职务，相与有成，本副总统有厚望焉。贱躯安好，知念并闻。①

　　黎元洪还算是个忠实厚道之人，虽然陷于段祺瑞的阴谋无计可施，却并没有表现出过多的不满情绪。况且，他还嘱托湖北省各机关人员协助段祺瑞，也算尽到了责任。12 月 10 日，黎正在北上途中，北京发布了总统命令：派段祺瑞权代湖北都督，派周自齐代理陆军总长，两个月后，因为他是袁身边重要的帮手，所以不能长期放在外面，袁对湖北人事安排，本预定给他的干殿下段芝贵的，因为调黎入京很难，才让段祺瑞出马，现在黎已入京，又已辞职。所以 1914 年 2 月 1 日仍调段祺瑞回北京复任陆军总长，派段芝贵为湖北都督。段祺瑞在湖北虽只两个多月，他的任务是清除黎在湖北的势力，因此他大刀阔斧地把湖北军遣散，把北洋军调入湖北，从此湖北便完全成为北洋军的统治地区。这也是段祺瑞与袁世凯"蜜月期"的最高潮。

---

　　① 　张国淦：《北洋述闻》，上海书店出版社 1998 年版，第 61 页。

第五章 直接指挥的两次军事行动

作为中国新式陆军的创建者之一，段祺瑞直接指挥的军事行动却并不多，但他一直在等待机会，欲在实战中一展其军事才华。1902年景廷宾起义的爆发，为段祺瑞提供了大展身手的机会。后来，他又在镇压白朗的军事行动中展露了卓越的军事才华。

广宗剿"匪"

1900年的义和团运动给中国造成的伤害是很大的，除了丧失了更多的主权以外，更给中国人民带来了沉重的经济负担。1901年9月7日，李鸿章代表清政府签订的《辛丑条约》写明，中国政府向各帝国主义列强赔款四亿五千万海关两，从1902年起到1940年付清，总计本利九亿八千二百二十三万八千一百五十海关两。如此巨额的赔款，使清政府不堪重负，于是即将一部分款项转嫁给地方，由各地方按亩摊派，引起各地纷纷反抗。

直隶是负担各种赔款较多的地区，尤其是直隶南部的一些州县，原本就地瘠民贫，老百姓平日里维持着艰难的生活，现在一下子增加这么多捐税，其生活的困窘程度可想而知。再加上经办赔款的贪官污吏乘机搜刮民脂民膏，民众所负担的实际赔款数额大大超过了议定数目。仅就广宗而言，民众除负担清政府所摊派的条约赔款数额外,还需负担京钱两万串的"教案赔款"。对此,广宗民众万难支付。于是,随着矛盾的逐步激化,终于爆发了景廷宾领导的抗捐抗"洋差"斗争。

景廷宾(1861—1902年),直隶广宗县东召村(今属河北省)人。广宗县在河北省南部的黄河故道上,史称"沙丘"。它东邻义和团运动的发源地威县,西邻落地梅花拳的第二故乡平乡县。地瘠民贫,拥有土地三五百亩者居少数,百亩上下者最多。民风淳朴善良,勤劳勇敢,急功好义。景家有地800亩,房屋四五十间,男女老幼四五十口。景廷宾从小在私塾里跟父亲景福成读四书五经,十八岁弃文习武,二十一岁考中了武秀才。清光绪二十年(1894年),参加顺天乡试,考中了武举人,被光绪帝的族叔聘为护卫。不久,又升为护从官。清光绪二十四年(1898年),他母亲去世,回籍守制,在巨鹿堤村集开办粮店,经常与当地梅花拳班在一起亮拳。当时,这一带并存着三股社会势力,一是外国教会,二是官办的团练会,三是梅花拳。在广宗,有三分之二的村庄活动着两万多梅花拳民,信奉儒、释、道,与洋教发生对抗①。

当时,袁世凯已接替李鸿章为直隶总督,清政府便命他剿灭广宗"匪众"。袁世凯当然不会亲自带兵前去剿"匪",他便派段祺瑞带兵前往广宗。"派武卫右军统带知府段祺瑞、自强军统带总兵张腾蛟、新军马队管带副将吴凤岭、右军马队管带都司王开福、练军马队管带都司张庭献等,率领炮马队共二千人,由省开往","除自强军外,各营均归统带段祺瑞节制调遣,并加派营务处道员倪嗣冲会同布置"②。"自强军"是湖广总督张之洞训练的新军,因景廷宾起义军的活动范围波及到河南等地,故而有自强军加入剿匪队伍。对于段祺瑞在广宗剿"匪"的具体情形,有一份"阁抄"记录得比较详细:

四月二十五日,直隶总督袁世凯奏剿捕威县土匪情形折。略曰:据清河道袁大化、大顺广道庞鸿书、营务处道员倪嗣冲、统带知府段祺瑞先后禀称:本月初九日,大化、鸿书据赵庄洋教士万其偈面述,闻劫杀教

---

① 贾熟村:《袁世凯与景廷宾起义》,《殷都学刊》2007年第1期。

② 中国第一历史档案馆、北京师范大学历史系编选:《辛亥革命前十年间民变档案史料》上册,中华书局1985年版,第15页。

士罗泽普之赵洛凤父子,现匿居威县鱼堤村内,请为拿办。商嘱祺瑞派队前往查缉。当于初十酌拨数百人由祺瑞亲带驰往,令队驻村外,派员绅入村开导,勒令交出匪犯,决无株累。村人谓赵洛凤等实未在村,愿为访拿,忽有马弁自村东之李村来报该处聚有匪众,结队剽掠,适南宫县教谕郑杰等奉差经过,已被劫掳入村,请撤兵暂退,冀可释放。当以教谕被掳,恐其加害,遂即撤兵。该匪等旋将郑杰等放出,截留银两各件。惟匪众肆劫,久恐滋蔓,因会商定议十二日仍由祺瑞带队前往李村,先令土人入晓利害,但将首犯交出,即可免于深究。乃该匪等,闭门抗拒,置若罔闻。自村北张庄出匪数百,列阵抬枪抄击。官军当即分队抵击,毙匪数百,余众逃散。因该匪多系乌合,又环近村落,恐波及良民,遂亦收队。方冀受创知惧,不料该党不悛,四出纠胁,两三日间,集众约五六千人,称为景廷宾复仇。正拟进兵查办,适有章华村良民来军诉称,该匪强逼,该村惧被扰害,恳往援救。当有嗣冲、祺瑞、大化、鸿书率兵前进,距李村二里许,匪徒预伏三面,官军分兵抵御,毙匪三百余名,匪众不支,仍四面逃逸。各营亦即敛队,商派印委员绅分路劝谕,以期悔悟解散。乃于十七日早间,忽接寺庄教堂函报该处又聚匪四五千人,谋攻该堂。祺瑞立即督队往援,遇匪于途,距教堂约三里,匪徒列队迎敌,异常凶悍,枪炮甚多,但不能取准命中。酣战两时之久,仅伤官军四人,各营奋力冲击,以马队抄袭其后,毙匪四百余名,连毙骑马匪首数名,匪始奔溃。夺获前膛大炮三尊,抬炮八十一具,火枪、旗帜、刀矛二百三十余件。是役该匪意在攻掠教堂,故悉集精锐,多携枪炮,冀可一逞其志。不图中途遇兵,凶锋顿挫,且连日战北,强壮者大半殄戮,附从者相率胆落,计穷势蹙,多已悔惧思散,遂即乘此机会,多遣员绅,分赴各村,剀切开导。先使乡愚不至再受煽惑,误入迷途,然后设法购缉首要,自可依次清理①。

景廷宾起义的一个打击对象,仍是当地的外国传教士,这也是义和团运动的余绪,他们杀死了一名名叫罗泽普的传教士。罗泽普(1852—1902

---

① 吴廷燮:《段祺瑞年谱》,中华书局 2007 年版,第 11—13 页。

年），法国传教士，曾在比司加军营任医官，1884年加入耶稣会攻神学。1889年11月18日来中国传教。1900年任威县张家庄教堂本堂神父①。严格说来，景廷宾起义仍然带有盲目排外的色彩，将对外赔款与传教活动混淆起来，故而才会有杀害外国传教士的举动。

当时有言官弹劾袁世凯滥杀无辜，矛头直接指向的是段祺瑞，攻击他在进攻件只村（景廷宾起义军驻地）时惨杀滥冤。清廷派道员张锡銮密查，张锡銮复奏曰："件只各役，该统带纪律严明，远近翕服，各委员查复之禀，俱可覆按。"②"该统带"指的就是段祺瑞。当时有另一份奏报描述剿灭各村庄"匪众"的情形，内曰："匪众披靡，死亡相枕。其四散逃窜者，或由西墙缒下，或由南门逸出，经马队各伏兵截击追杀，强悍者殄除略尽，老弱者网开一面，其凶顽彪悍抵死不去者，犹复持械巷战，短兵格斗，又历一时许而后定之。"③其实，在这些言官的背后依然是严夷夏之防的观念，认定凡是外国传教士皆该杀。

段祺瑞治军是很严格的，对于军纪要求很严，不允许士兵骚扰百姓。这不仅是北洋新军训练中的一个基本准则，也是段祺瑞治军的一个特点。辛亥年，段祺瑞刚接替冯国璋为第二军军统，在信阳火车站遇到了士兵争抢物资的事情，这伙士兵甚至动起了枪。段祺瑞马上惩罚了统领那群士兵的管带，然后又将那些士兵就地正法。此后，信阳一带的驻军开始规矩起来，不轨行为大有收敛。散兵游勇们都说："段合肥到信阳啦，小心脑袋吧！"④

段祺瑞剿灭景廷宾起义军后，袁世凯立即上了一道奏折，称：

再留直补用道段祺瑞，此次派令统带武卫右军前往广宗剿办逆匪。该道建议乘夜深入，直捣巢穴，不得旁攻村落，多杀裹胁愚民，卒能将件只村一鼓而平，余匪瓦解，谋定后动，识略堪嘉。又，威县匪徒蠢动，声为景逆复仇。段祺瑞与倪嗣冲移军往御，连日三捷。迨匪徒溃散，戒士

① 贾熟村：《袁世凯与景廷宾起义》，《殷都学刊》2007年第1期。
② 中国第一历史档案馆、北京师范大学历史系编选：《辛亥革命前十年间民变档案史料》上册，中华书局1985年版，第31页。
③ 中国第一历史档案馆、北京师范大学历史系编选：《辛亥革命前十年间民变档案史料》上册，中华书局1985年版，第16页。
④ 季宇：《段祺瑞传》，安徽人民出版社1992年版，第71—74页。

卒不许追击,尤不许一卒一骑入村搜捕,保全甚多,匪畏民怀。合无仰恳天恩,将二品衔直隶补用道段祺瑞,赏戴花翎,并加勇号。[①]

段祺瑞就这样由正三品知府升为正二品候补道,朝廷赏戴花翎,加奋勇巴图鲁。"巴图鲁"在满语中是勇士的意思,有清一代用作称号,赐给作战有功的将领。这一次加官进爵,使得段祺瑞在晚清军界崭露头角。

镇压白朗起义

段祺瑞直接指挥的另一次军事行动,是镇压白朗起义军。白朗(1873—1914年),字明心,河南宝丰县大刘村人,以其身材高瘦,腿长行快,故因其名谐音而绰号"白狼"。农民出身的白朗,青年时代曾投巡防营当兵,枪法颇精,虽目不识丁,而胆略颇壮,后因"犯律潜逃"回乡。民国初年,河南农村连年荒旱,加上河南都督张镇芳自1912年3月上任后,横征暴敛,专务搜括,物价暴涨,民不聊生。人祸天灾,交相煎迫,因而社会上饥民流离失所,乞丐成群,铤而走险者日众,出现了"丐与盗满河南"的现象。豫西一带民情向称强悍,穷人求生不得,便纠众打家劫舍,俗称"拉杆",为首的称"杆首"或"架杆"。

1911年10月,白朗不堪官府之欺凌,组织起一支二十多人的队伍,开始了武装斗争。袁世凯得到白朗及其他农民造反的报告,立即命令河南驻军痛剿。1912年4月,会办汝南剿匪事宜的陆军第六师师长李纯派遣大批军队前往郏县、宝丰、鲁山,围剿四个多月,但白朗避其锋芒,躲入大山,队伍很快发展到二三千人。9月,白朗军进入湖北枣阳,围攻县城,并抓走十三名外国传教士。他们"将大商号的铜钱满街抛散,让群众抢,同时开仓济贫,把粮食分给群众。商店布匹、绸缎等值钱货物,也让群众随便拿"[②]。掳掠外国传教士,并随意抢劫商店、粮仓,确实破坏了社会秩序,这一点是不会见容于统治者的。

---

① 吴廷燮:《段祺瑞年谱》,中华书局2007年版,第14页。
② 王留现等:《白朗起义始末》,《河南文史资料选辑》第1辑。

对于白朗军的活动情况,作为陆军总长的段祺瑞肯定是详细了解的。
1913 年 10 月 17 日,邱国翰、骆继汉在致段祺瑞的函中陈奏:"悍匪白狼、白
瞎子等在豫、鄂交界处联合会匪,招集游勇,声势汹涌,遐迩周知。去岁至
今,出没无常,邓、新被破,唐邑两陷;今又攻破枣阳……而两省附近军队不
能剿灭,推厥由来,则无专司。虽上宪屡颁剿办之令,防堵者畛域为怀,漫不
尽力,以致星火燎原,不可向迩。"①"防堵者畛域为怀"道出了白朗军猖獗的
原因,官军各部各自为战,缺少配合,又怎么能够彻底剿灭白朗军呢?

以白朗起事为主题的年画

另一方面,白朗军与革命军密切联络,更加剧了围剿的困难。1913 年 3
月,白朗急需与武汉革命党人联系,革命党河南支部派人到汉口找到武汉革
命组织负责人邹永成,委任白朗为"湘鄂豫三省联军先锋司令"②,希望他与
南方革命军一致讨袁,卡住河南这个战略要地,牵制北洋军后方。7 月,黄
兴致信白朗:"足下占领鄂、豫之间,相机进攻,可以窥取豫州,若能多毁铁
道,使彼进路阻碍,为功实匪浅鲜。"③"二次革命"中,"赣、皖二省反抗中央,

---

①　杜春和:《白朗起义》,中国社会科学出版社 1980 年版,第 72 页。
②　张显明、余进仓:《白朗传》,中州古籍出版社 2000 年版,第 103 页。
③　杜春和:《白朗起义》,中国社会科学出版社 1980 年版,第 226 页。

该匪亦随声附和,谬假'二次革命'之说,互相号召"①。白朗军与革命军密切联络的情况,也被不断地报告到段祺瑞那里。陆军少将、京师稽查长王天纵于 1913 年 8 月 22 日报称:"南方派去运动员赴各处联络鼓吹,意图大举,所标旗帜上书'南军大都督'字样。自豫军队调赴南方而后,该匪等亦无忌惮,声言起'二次革命',肆行坑杀,所过辄墟。"②同年 10 月 1 日王又密报:"有乱党刘天乐、于华庆二人,前由豫匪白狼派赴日本,运动孙、黄作介绍人,向日本购办快枪三千支、子弹若干粒,拟由日本游缉队押送至汉口刘家庙地方。"③有了革命党人的帮助,白朗居然能够向日本人购买军火。

白朗军的节节胜利,袁世凯不得不考虑走马换将。他将剿匪不力的河南都督张镇芳撤职,派段祺瑞兼代河南都督,时在 1914 年 2 月 13 日。段祺瑞上任后,亲自率领王占元的第二师进驻信阳,与驻守确山县的白朗军形成对峙之势。他还召开了豫鄂皖三省剿办会议,制定了"不在急击使散,要在合围聚歼"的计划,调集了两万多北洋军主力,采取步步为营、逐渐推进的策略,派几路官军围攻并数次击退意欲突围的白朗军。白朗军被迫采取化整为零的方式,将队伍分成几路,逃出包围圈西进。袁世凯认为大局已定,遂于 1914 年 4 月 3 日将段祺瑞调回北京,改派田文烈为河南都督。但是,直到 3 个月以后,白朗军才最终被扑灭。

周俊旗对段祺瑞在剿灭白朗军中所起的作用给予了很高评价:"剿灭白朗军的作战,是段祺瑞亲临指挥后才使北洋军有了转机,使白朗军开始陷于被动的,这充分表现了段祺瑞指挥若定的大将风度和军事部署的才能。"④笔者认同周俊旗的评价,同时又想到,段祺瑞直接指挥的这两次军事行动,是不是对他后来坚持武力统一中国的政治理想有所启发呢?

① 杜春和:《白朗起义》,中国社会科学出版社 1980 年版,第 56 页。
② 杜春和:《白朗起义》,中国社会科学出版社 1980 年版,第 227 页。
③ 杜春和:《白朗起义》,中国社会科学出版社 1980 年版,第 228 页。
④ 周俊旗、汪丹:《段祺瑞真传》,辽宁古籍出版社 1997 年版,第 88 页。

第六章　反对帝制到底

段祺瑞与袁世凯的关系达到顶峰时,两人之间的裂痕也开始显现。尤其是袁世凯帝制自为的意图明显以后,段祺瑞的反对态度也日益明朗化,他们之间终于爆发了冲突,段祺瑞被迫闭门谢客。全国各地使用武力反抗洪宪帝制,袁世凯不得不宣布取消称帝,段祺瑞勇于挑起统一的重担,出来收拾局面。

貌合神离

1912 年 9 月 7 日,段祺瑞被授为陆军上将[1],与他同时被授为陆军上将的还有黎元洪、黄兴。这是南北统一、共和政体确立后首次颁授军衔,北方军人中只有段祺瑞被授为上将,这也说明了段祺瑞在袁世凯心目中的地位。第二年 5 月 1 日,段祺瑞又接替因对宋教仁被刺案负有责任而称病辞职的国务总理赵秉钧为代理国务总理,显示出袁、段关系的密切程度。但是,在亲密表象的背后,他们二人之间的矛盾也在激化,貌合神离的状态逐渐形成。

---

[1]　胡晓:《段祺瑞年谱》,安徽大学出版社 2007 年版,第 80 页。

袁、段产生裂痕并最终走向分道扬镳的原因,不在于他们当中的某一个人方面,而是双方思想与行为相互碰撞的结果。比较起来,袁世凯要承担的责任多一些。下面,笔者从三个方面做些分析。

第一,袁世凯欲大权独揽,引起了段祺瑞的不满。1913年10月10日,袁世凯就任中华民国第一任大总统后,精力就逐渐分散到外交、财政、政党方面,军事方面付托给北洋系的大将手中。这时,"北洋三杰"的情况是:冯国璋外调南京,主持长江一带的军事;段祺瑞在中央统理全国军事;王士珍却退隐正定。段氏以陆军总长身份,不但对北洋军系独揽大权,即对于全国军事亦有统筹之权。他很倚赖徐树铮,徐树铮很有才气,但他和北洋系的渊源不深。北洋军的新生力量,多数是由段祺瑞培养和提拔的,不过袁世凯对军事上的事情并不放松,所以在总统府内设立军事处以控制全国军事,这就对段祺瑞的军权构成了威胁,引起了段祺瑞的不满。

为了进一步剥夺段祺瑞手里的军权,1914年5月8日袁世凯又将军事处改设为陆军海大元帅统率办事处。根据《中华民国约法》第二十三条的规定,"大总统为陆海军大元帅,统率全国陆海军之规定,于大总统府内设统率办事处"①。办事处内设办事员,以"参谋总长、陆军总长、海军总长、大元帅特派之高级军官、总务厅长"充任②。

陆海军大元帅统率办事处设在总统府内前清军机处旧址,但它比军机处的集权更进了一步。袁世凯任命荫昌(侍从武官长)、王士珍(参谋总长)、段祺瑞(陆军总长)、刘冠雄(海军总长)、萨镇冰(海军司令)、陈宦(参谋次长)六人为办事员。另有参议八人:程璧光、陈仪、蒋方震、姚宝来、姚鸿法、张一爵、谭师范、唐宝潮,他们也都是军事要员。统率办事处下设军政、军令、军械三所,各有主任,主持其事。任唐在礼为总务厅长,总揽总务事宜。陆海军大元帅统率办事处代替了原大总统军事处的职能,却又集陆军、海军、参谋三部的大权于一体,所有命令文件均以大元帅名义发出,使袁世凯

---

① 张侠、孙宝铭、陈长河:《北洋陆军史料(1912—1916)》,天津人民出版社1987年版,第6页。

② 张侠、孙宝铭、陈长河:《北洋陆军史料(1912—1916)》,天津人民出版社1987年版,第5页。

名正言顺地将军权独揽手中,这样更加剧了段祺瑞的不满情绪。

与陆海军大元帅统率办事处并行的另一个揽权机构,是政事堂的设立。1914 年 5 月 1 日,在《中华民国约法》公布的当天,袁世凯下令撤销国务院,在总统府内设立政事堂,派徐世昌为国务卿。政事堂设左右丞各一人,以杨士琦为左丞,以钱能训为右丞。"此两项官吏,在实际上,及行政机关之首领,而由之向总统负责。是以其性质颇为重要"①。政事堂的组织细则规定:国务卿有参与军事之权;对外公事均以政事堂名义行之等,各部除例行公事得自由处理之外,主要的均须国务卿核准,各部总长对国务卿有着从属的关系,国务卿的地位与过去的宰相差不多。另外还规定,外交、内务、交通、财政、陆军五总长,每日由国务卿率领谒见总统。

但是,袁世凯在任命徐世昌为国务卿的过程中,却遇到了不小的麻烦,徐世昌表示不肯接受。于是,袁氏乃派孙宝琦、段祺瑞二人前往劝驾,可徐世昌还是一副遗老的模样,怎么劝也不答应。这一来段祺瑞有点光火了,大声说:"菊老(徐世昌字菊人)老是不肯出山,岂不辜负总统一片苦心,叫我们如何复命?"徐世昌这时才改变了口气,做出很痛苦的表情说:"当然,我不好意思不帮老朋友的忙,好吧,我就暂时出来过过渡。不过,民国官俸我是绝对不能领受的。"②袁世凯派段祺瑞去劝说徐世昌,有没有别的目的,我们不好轻易下判断,但说明对段祺瑞还是有所借重的;而段氏也欣然前往,表明他们二人表面上还是有所顾忌的。然而,几个月后的一件事,使得袁、段公开走向决裂,这就是模范团的成立。

1914 年 10 月 23 日,模范团成立于北京,袁世凯兼任团长,陈光远为团副,王士珍、袁克定、张敬尧为办事员,段祺瑞被彻底排除在外。模范团本来就是袁氏父子为加强个人军事实力而单独成立的"近卫军",目的是排斥以段祺瑞为首的北洋派军人,段祺瑞对此岂能无动于衷?据王楚卿回忆说:"袁世凯计划成立陆军模范团的时候,袁世凯本意叫袁克定当模范团的团长。段说:'俺看他不中吧。'段坚持不同意,谈了半天,没有结果。最后,袁

① 钱端升等:《民国政制史》上册,上海人民出版社 2008 年版,第 82 页。
② 丁中江:《北洋军阀史话》第一集,中国友谊出版公司 1996 年版,第 503 页。

说:'你看俺中不中呢!'这一来,段祺瑞就没话可说了,于是模范团的团长就由袁世凯自兼。段祺瑞口头上虽然说不出什么,心里可在生暗气。别人生气可能不形于色,而段祺瑞一生气,鼻子就歪到一边去了。"①段祺瑞绰号"歪鼻子",一生气鼻子就会气得歪到一边去,他无论如何也不会赞同袁世凯另立"私人武装"的做法,于是他们的分裂势成必然了。

第二,袁克定挑拨其间,造成矛盾的深化。李剑农指出:"袁、段关系虽亲密,因有梁氏和袁大公子浸润其间,便渐渐地不圆满了。"②此言不谬。"梁氏"是指梁士诒,他起初并未参与帝制阴谋,后受胁迫,转而成为劝进最力之人,且其为旧交通系首领,掌管着大量资金,被人称为"梁财神"。但是,在挑拨袁、段关系方面,他起的作用远没有袁克定大。

袁克定

据说,袁克定为实现当"皇太子"的梦,曾遣阮忠枢游说段祺瑞。"一日,阮氏至国务院,乘间从容语段氏,谓清庆王父子数称项城天与人归,力请更张国体,以宁天下。段氏不待词毕,即厉声斥之,戒阮勿妄言。阮知难而退,以告克定。克定衔之,数潜段于乃父之前,由是袁、段渐不相能"③。"庆王父子"即是奕劻、载振,皆与袁世凯有旧。段祺瑞明确表示不支持袁世凯称帝,克定对他的憎恨可想而知。

作为段祺瑞的亲信之一,曾毓隽的回忆更为形象。按照他的说法,袁克定不止是挑拨袁、段关系,还想致段祺瑞于死地。他说:"有一次段对我谈:'我反对帝制,只能用口不用兵。我想袁不至对我有所不利;万一有,那我就坐以待之。'以后有人传说,段当时被软禁。其实软禁确还没有,但是袁的大

① 王楚卿:《段祺瑞公馆见闻》,《文史资料选辑》第 41 辑。

② 李剑农:《中国近百年政治史(1840—1926)》,复旦大学出版社 2007 年版,第 384 页。

③ 沃丘仲子:《段祺瑞》中编,上海广文书局 1920 年版,第 34—35 页。

儿子袁克定对段反对帝制,非常不痛快。因为段在当时是比较有力量的人物,段若是反对帝制,可能对他未来的皇太子直接要受影响。所以这位袁大公子打算用警告恫吓手段,来对付段。这种风声让段的张夫人听见了,就想尽法子,告诉了袁的于夫人(张夫人为于夫人的养女)。于夫人立即告诉了袁,袁当即将袁克定叫来,告诉说:'你姊夫对帝制有意见,他不是以兵而是以口。我听说你在外边对他有不利的行动,应赶快停止。他是我们家里的至亲,现在的事还没定,我们内部就这样,将来更不堪设想了。'这以后,段的安全是比较有了保障。"[1]这并不是空穴来风,以袁克定不择手段的行事风格,这类主意他是想得出来的。

后来,袁世凯为称帝的事又征求徐世昌的意见,徐氏回答说:"段祺瑞从公最久,已首先自有意见,他可弗论矣。"[2]袁世凯听了这话以后,他就更加相信了袁克定诋毁段祺瑞的话语了,此人之常情也。

第三,段祺瑞刚愎自用的作派,不见容于袁世凯。夏寿田谈段祺瑞和袁世凯的关系,有这样的评论:"段祺瑞素性刚愎,有主见,平时对项城不事趋乘。长陆军时,关于军官进退,恒以陆军总长名义行之,不请示;其所识拔者,多半为其学生部属,隐然成一势力,在北洋旧部与段比肩者,此时且将顺不遑。于是项城渐渐感觉段之专擅,而大公子尤忌之,以其怏怏非少主臣也。"[3]对于自己职权范围之内的事情,不加请示而行,倒也没有什么,但这却触动了袁世凯多疑的神经,从反面证明了段祺瑞独断专行的性格和作风。

这不是孤证,唐在礼也说段祺瑞"有主张,不轻于表示,但一经表示,如不采纳,他就不高兴"[4]。唐在礼并举出一个实际的例子来说明段祺瑞不容别人插手陆军部的事务:"购买军火的事,向来是陆军部段和小徐(徐树铮)经手的。袁也在设立军需处时,要把这件事抓过来自己办,也属一宗要务。

---

[1] 曾毓隽:《忆语随笔》,杜春和等编:《北洋军阀史料选辑》上册,中国社会科学出版社 1981 年版,第 269—270 页。

[2] 沃丘仲子:《段祺瑞》中编,上海广文书局 1920 年版,第 41 页。

[3] 张国淦:《北洋述闻》,上海书店出版社 1998 年版,第 81 页。

[4] 唐在礼:《辛亥以后的袁世凯》,杜春和等编:《北洋军阀史料选辑》上册,中国社会科学出版社 1981 年版,第 94 页。

无奈段、徐始终不肯放手,我们又没有内行人,所以事实上无如之何。"①

在北洋系的圈子里,还流传着一段故事,也是讲段祺瑞如何坚持自己的想法的:

> 袁称帝以前,小站旧人早已恢复了跪拜礼,段祺瑞独不肯,他对于其他问题倒无所谓,就反对在民国时代还要曲膝。冯国璋劝他说:"芝泉,你别任性吧,皇帝和终身总统有何区别?跪拜礼和脱帽鞠躬礼又何尝不是一样?"冯拉了段一齐到袁那儿去拜年,自己先跪下去,段见冯下跪,没有办法,只得依样画葫芦了。袁见了这两员大将跪在自己面前,倒有点不好意思,慌忙站起身来,呵着腰说:"不敢当,不敢当!"

> 冯、段坐了一会,再至袁克定处,也行跪拜大礼,心中当然是十二万分委曲,怎知这位大少爷却端坐不动,受之泰然。段一肚子冤气,怒冲冲地跑出来,埋怨冯说:"你看,老头子倒还谦逊不遑,大少爷却架子十足,哪里拿我们当人!我们做了上一辈子的狗,还要做下一辈子的狗!"冯亦连连摇头说:"芝泉,莫说你发怒,我亦忍耐不住,今后我跟着你走,我们不能再当一辈子狗了!"冯、段的不满,后来有人传给克定,埋怨他不该摆架子激怒了北洋的两大将,怎知克定却淡淡地说:"这正是我的安排,这两个人都是老头子养大的,现在他们都有点尾大不掉,我若不折折他们的骄气,将来他们更不得了,难免不爬到我的头上呢!"②

尽管这是一件小事,行不行跪拜礼只是个形式,却也反映出段祺瑞刚直不阿的真性情。

除去这三个方面的表层原因以外,就是袁、段两人在民国政制走向上的根本分歧。按理说,段祺瑞并不是一个纯粹的民主主义者,他为什么反对袁氏帝制呢?对于自己的态度,段祺瑞有如下的自白:"我当年曾发采取共和之电,如今又拥护项城登极,国人其谓我何?且恐二十四史中,亦找不出此等人物!所以,论公,我宁死也不参与;论私,我从此只有退休,绝不多发一

---

① 唐在礼:《辛亥以后的袁世凯》,杜春和等编:《北洋军阀史料选辑》上册,中国社会科学出版社1981年版,第119页。

② 陶菊隐:《北洋军阀统治时期史话》第二册,三联书店1957年版,第102—103页。

言。"①衡之段氏在辛亥年的态度,他确实不能够出尔反尔,那样岂不牺牲掉了自己"一造共和"的美名了么? 这是从私人利益方面的考量,李剑农也是这样分析的,不过他的角度略有不同:"冯、段的心理是,若论地位、资格,称臣原无不可,不过都认为时机太早,且封爵世袭虽属可贵,总不如一国元首位置的尊荣,所以取得封爵的欲望,还不如取得承继总统的欲望的强。"②若从公的一面去考察,段祺瑞不同于袁世凯的地方在于,他受过西方文明的浸润,尽管也是在君主制主宰的德国,但毕竟对西方的民主政治有所了解,也对世界大势略有认识。

据段宏纲记述,段祺瑞反对袁世凯称帝的态度是很坚决的:"我知道有人制造复辟帝制的舆论后,于会见项城时,曾以试探的口气询问,而项城矢口否认,谓你不要听信这些无稽的谣言。后来风声渐紧,我又进言详陈一切,袁虽仍然否认,可是态度神情已可看到其内心。我第三次约定时间往谒,不顾一切痛陈利害,言明此事关系国家安危及袁氏身家性命,万不可做,万不能做。袁态度始而紧张,继而恼羞成怒,厉声地回答我说:这是克定与杨度等讨论的问题,你何必这样大惊小怪地重视呢? 我亦起立大声地说:因为我是受总统数十年的知遇,不敢不直言奉上,此时悬崖勒马尚可挽救,稍纵即逝,悔之晚矣。袁不答,我遂辞出。后两次请见,袁竟以身体不适拒绝,而无法挽救。我苦思几日夜,我受袁氏几十年知遇,如潜出声罪致讨,衡之旧道德,我不能这样做。"③袁世凯拒绝与段祺瑞见面,他们之间的矛盾可见已很尖锐化了。

再有,段祺瑞亲自劝说袁世凯之外,还有鼓动北洋系军人持反对态度。据王楚卿回忆:"段祺瑞反对袁世凯称帝,听说他曾向袁世凯说过:'现在不可能,外面空气太坏。'可是段祺瑞本人就在那里造空气。他和江苏督军冯国璋,都是袁世凯的左膀右臂,他俩就常有电报来往。大概段祺瑞以为,只要我在这儿采取反对态度,外边谁也不敢承认。"④这样一来,就触动了袁世

---

① 徐樱:《先父徐树铮将军事略》,《天津文史资料选辑》第 40 辑。
② 李剑农:《中国近百年政治史(1840—1926)》,复旦大学出版社 2007 年版,第 383—384 页。
③ 段宏纲:《段祺瑞家世琐记》,《安徽文史资料选辑》第 13 辑。
④ 王楚卿:《段祺瑞公馆见闻》,《文史资料选辑》第 41 辑。

凯的根本利益,段祺瑞迅速被边缘化了。

闭门谢客

1914年7月18日,袁世凯公布将军府编制令及将军行署编制令,设立将军府,直隶于大总统,为军事上之最高顾问机关,实际上是安置高级军事闲散人员的机关。"将军在中央任职者,冠以威字,在地方任职者,冠以武字,内外互调,所谓出则膺疆寄,入则总师干也。"[①]冯国璋是宣武上将军,段祺瑞则是建威上将军,即是以任职不同而冠以不同的号。将军府事务由大总统特任上将军一人管理,称为"管理将军府事务"。此时,段祺瑞虽然仍为陆军总长,袁世凯却派他兼管理将军府事务,大概是为下一步的举动预留余地。

在此之前,袁世凯已经为边缘化段祺瑞做了某些努力,据陶菊隐记述:"袁既然决心要排斥段,就感到有借重王的必要。1914年春天,袁派长子袁克定乘专车到正定迎接王进京。王表示无意于再参加政治活动。袁克定极力劝说他,不参加政治活动是一件事,到北京看看他的父亲是另外一件事。如果王一天不起程,他就一天守在正定不回北京。王终于情不可却地随同他来到北京。袁立刻授王为陆军上将,并且派为陆海军大元帅统率办事处坐办。"[②]用王士珍来取代段祺瑞,一是因为王士珍在北洋系的地位与段祺瑞不相上下,可以获得北洋派军人的拥护;二是因为王士珍性格和缓,易于驾驭。袁世凯进一步想让王士珍取代段祺瑞陆军总长的位置,但"王坚不允,故仍用段"[③]。不过,这只是时间早晚的问题了,袁、段矛盾实在无法化解了。

对于袁世凯的意图,段祺瑞也是很清楚的,因而他采取了消极抵制的办法加以对抗。陶菊隐记述段祺瑞消极抵制袁世凯的事例比较详细,兹引两条:

---

① 曹汝霖:《曹汝霖一生之回忆》,中国大百科全书出版社2009年版,第118页。
② 陶菊隐:《北洋军阀统治时期史话》第二册,三联书店1957年版,第71页。
③ 岑学吕编:《三水梁燕荪(士诒)先生年谱》,1946年铅印本,第188页。

自从统率办事处成立以来，段就经常不到部，一切部务交由他的得意学生、陆军次长徐树铮代拆代行。有一天，袁召段进府来查问一件公事，段答以"要到部查明"，袁就满脸不高兴地说："怎么还要查明，你的呈文不是已经送来了吗？"这样一来，使段很难为情。事实上，他根本没有看过这件公文，是次长代他签名送上来的。事后袁向人大发牢骚说："咱们北洋团体还成一个什么样子的团体，华甫（冯）要睡到十二点钟以后才起床，芝泉（段）老不到部！"

陆军部会发生茶役偷置炸弹案，日本报纸指为是袁谋杀段的政治阴谋。从此段绝迹不到部。徐树铮是段最亲信的人，却是袁最讨厌的人。一次袁表示要调动徐，段实在沉不住气了，就大声回答说："很好，请总统先免我的职，随后要怎样办就怎样办！"①

1915 年 1 月 18 日，日本窥探到袁世凯妄图称帝的野心，向中国政府提出"二十一条"要求。2 月 1 日，段祺瑞与冯国璋领衔十九省将军致电政府，谓"有图破坏中国之完全者，必以死力拒之，中国虽弱，然国民将群起殉国"②。公开与袁世凯唱起了反调。3 月 19 日，袁世凯召开对日会议，段祺瑞反对妥协，主张强硬。5 月 2 日，他又与黎元洪、刘冠雄率陆军部、参谋本部、海军部职员赴关岳庙举行宣誓，以示军人忠诚卫国。到了中日谈判最为关键的 5 月 8 日，袁世凯召集国务卿及各部总长开紧急会议，发言者大都迎合袁氏的意思，认为只有接受日本要求之一途，唯独段祺瑞主张动员军队，对日示以强硬。最后，袁世凯以"我国国力未充，目前尚难以兵戎相见"为由③，决定忍辱接受日本最后通牒之要求。

对日屈服以后，袁克定公开向人表示，陆军不能作战，部务无人负责，政府不能贸然决定抵抗日本④。在此种情形下，段祺瑞不得不向袁世凯呈请辞职，赴西山养疴。袁世凯则一再虚意挽留，直到 5 月 31 日才派王士珍署理陆军总长，并发表明令给段祺瑞，给假两月，颁人参四两，医药费 5000 元。

① 陶菊隐：《北洋军阀统治时期史话》第二册，三联书店 1957 年版，第 71—72 页。
② 公孙訇：《冯国璋年谱》，河北人民出版社 1989 年版，第 41 页。
③ 胡晓：《段祺瑞年谱》，安徽大学出版社 2007 年版，第 91 页。
④ 陶菊隐：《北洋军阀统治时期史话》第二册，三联书店 1957 年版，第 72 页。

原令如下：

> 前据陆军总长段祺瑞呈称：自去冬患病，饮食顿减，夜不成寐。迄至今春，遂致咯血，多方诊治，时轻时重，医言血亏气郁，脾弱肺热，亟当静养服药，方能有效。迄今四月有余，方值国家多故，未敢言病，现大局稍就平定，拟请开去差缺，俾得安心调理，冀获速痊等情。当传谕少给假期调养。兹据续请开去各项差缺，俾得安心调养，庶获就痊等语。查自辛亥改革以来，该总长勋劳卓著，艰险备尝，民国初建，忧患迭乘，数年经营，多资臂助，因而积勤致病，血衰气弱，形容羸削。迭于会议之时，面谕该总长酌于一星期抽两三日，赴西山等处清静地方调养休息，以期气体复强。而该总长以国事为重，仍不肯稍就暇逸，尽瘁事国，殊堪嘉敬。兹据呈请开缺，情词肫挚。本大总统为国家爱惜人才，未便听其过劳，致增病势。特著给假两个月，并颁给人参四两，医药费五千元，以资摄卫。该总长务以时局多艰为念，善自珍重，并慎延名医，详察病源，多方施治，切望早日就痊，立即销假。其在期内，如有军务重要事件，仍著随时入内会议，以抒嘉谟，而裨国计。此令。[①]

而一直等到 8 月 29 日，袁世凯才明令解除段祺瑞的陆军总长职务，正式派王士珍继任。在此期间，袁世凯对段祺瑞表现出非常热情的关心，王楚卿回忆说："在段祺瑞最初称病请假的时候，袁世凯倒是不断派人往公馆里送东西。什么鸡汁呀、参汤呀，差不多见天就有人送过来。段的病假是请一回，续一回。袁世凯的吃食是送一次，又一次。可是大家都知道老袁的手段毒辣，国务总理赵秉钧就死得不清不楚，不晓得他这些鸡汁、参汤是不是下了毒，所以段祺瑞当然不敢吃，公馆里也没有人敢吃，只有倒掉完事。当时又没有经过化验，其中是否下了毒，那就无从知道了。"[②]

但是，袁世凯并不真正放心段祺瑞，还要派人监视段祺瑞。唐在礼就回忆道："袁对段祺瑞很用心思，在段左右上下安排了很多人。有不少人讲段酷爱围棋，固然这不失为事实，但他也有难言之隐，当时不免有些借棋隐身

---

① 吴廷燮：《段祺瑞年谱》，中华书局 2007 年版，第 28 页。
② 王楚卿：《段祺瑞公馆见闻》，《文史资料选辑》第 41 辑。

的做作。"①两人的关系僵化到这种地步,双方的来往也就几乎断绝了。"起先张夫人和于夫人还不断通电话,后来连电话也不通了,两方面的关系几乎断绝了。最后段祺瑞还搬到团河养病去了。"②可段祺瑞"有话还是要说,他是公开反对帝制的"③。真是直人直性格,无论环境多险恶,还是坚持自己的主张。

外界对段祺瑞的处境却免不了产生各种各样的猜测,于是在 1915 年 8 月 3 日段祺瑞发表了一通辟谣电报,文曰:

> 二十年前,大总统在小站练兵时,祺瑞以武备学生充下级武秩,与大总统素无关系,乃承采及虚声,立委为炮队统带,升任统制;及大总统东山再起,祺瑞复见任湖广总督、陆军总长等职。以大总统知祺瑞之深,信祺瑞之坚,遇祺瑞之厚,殆无可加,是以感恩知己,数十年如一日,分虽部下,情逾骨肉。近数年来,祺瑞因吐血失眠,吁请息肩。乃包藏祸心之某国报纸,以挑拨离间之诡计,直欲诬祺瑞为忘恩负义之徒,甚至伪造被人行刺之谣,更属毫无影响。不得不略表心迹,以息讹言。④

虽然言之凿凿,但他们之间不可化解的矛盾却始终存在。袁世凯举行登基大典那天,黎元洪、段祺瑞都没有参加⑤。这已经不是简单地表示个人态度的问题了,而是原则分歧的公开化。

调和西南

就在袁世凯帝制自为紧锣密鼓进行之时,梁启超发表了题为《异哉所谓国体问题者》的雄文,阐述了反对变更共和政体的观点,对袁氏意欲复辟帝

---

① 唐在礼:《辛亥以后的袁世凯》,杜春和等编:《北洋军阀史料选辑》上册,中国社会科学出版社 1981 年版,第 114 页。
② 王楚卿:《段祺瑞公馆见闻》,《文史资料选辑》第 41 辑。
③ 唐在礼:《辛亥以后的袁世凯》,杜春和等编:《北洋军阀史料选辑》上册,中国社会科学出版社 1981 年版,第 108—109 页。
④ 陶菊隐:《北洋军阀统治时期史话》第二册,三联书店 1957 年版,第 72—73 页。
⑤ 唐在礼:《辛亥以后的袁世凯》,杜春和等编:《北洋军阀史料选辑》上册,中国社会科学出版社 1981 年版,第 130 页。

制的行径进行了猛烈抨击。梁启超在当时，人们常说他的文字像利刃一样可以杀人，他的文章确是荡气回肠，令人百读不厌。该文在 1915 年 8 月 20 日出版的《大中华》杂志上发表后，自 8 月 31 日起，京津各报竞相转载，震动中外，传诵一时，为护国战争的发动做了积极的舆论准备。

蔡锷

1915 年 12 月 25 日，唐继尧、蔡锷等人通电全国，反对帝制，宣布云南独立。随后，成立护国军政府，大家决定仿照辛亥革命时的武昌军政府形式，推举一位都督，又推举一位总司令，那时候黎元洪是都督，黄兴是总司令。而云南护国军政府蔡、唐二公则互相推让，最后由于蔡锷的坚持，终于推举唐继尧为都督，蔡锷为护国军第一军总司令。以云南一地之力独抗北洋军，本来是很难取胜的，但不久贵州、广西、广东、浙江先后宣布独立，于是力量对比大为改观。到 1916 年 2 月底，袁世凯在西南地区的战事屡战屡败，尚未独立的北洋系各省消极抵制，均不肯派兵支援。在内外交困、走投无路的情形下，袁世凯只得请徐世昌出面帮忙收场，徐世昌劝其取消帝制，并表示必须与段祺瑞共同商办，才能够成功。3 月 18 日，三人在总统府见面。张国淦回忆当时的情景是这样的：

袁对段言："我老且病，悔不听你言，致有今日纠纷。若取消帝制，还需要你帮忙。"段祺瑞答："容与相国熟计之，当竭吾力相助。"①

不论袁世凯的道歉是否真心，但他敦请段祺瑞出面收拾残局的意思却是表达得很透彻了。作为多年的部下，又曾受袁氏厚恩，段祺瑞答应帮忙亦属情理之中。为什么徐世昌坚持要段祺瑞出山呢？这里面有这样几个

---

① 张国淦：《北洋述闻》，上海书店出版社 1998 年版，第 137 页。

原因：

第一，袁世凯在北洋系军人集团中已失去绝对权威，由段祺瑞出面可起到固结团体的作用。沃丘仲子分析袁世凯军事上失败的原因时，特意指出了这一点："袁氏以极盛之兵力规复滇黔，调动军队至十余万之众，用去兵费至六千万之巨，其力可谓雄厚，而卒不能成功者，其中有一大阻力焉，即段祺瑞是已。段氏虽下野，而对一般统兵将帅威信犹存，且其反对帝制之决心尤为诸人所共谅。"①那些对袁世凯离心离德的北洋系将领当中，有不少是忠于段祺瑞的，张敬尧就是其中最具代表性的一个，他甚至在前敌电请起复段祺瑞。因而，沃丘仲子评论道："国人咸知帝制之取消由于南方之反动，而不知内幕之倾轧实段氏之力居多。此中消息皆袁氏所不及料也。"②为了团结北洋系的军人，袁世凯只有重新起用段祺瑞之一途。

第二，段祺瑞与西南军人有比较密切的关系，且有梁启超在从中牵线。王楚卿回忆说："蔡锷离开北京的时候，是见过段才走的。陈宦到四川，临行时也来见过段。他俩后来宣布独立，反对帝制，都可能和段有关系。"③蔡锷是梁启超的学生，梁启超与段祺瑞的私交不错，他与段祺瑞见面是很有可能的。另外，段祺瑞反对帝制的坚决态度，也使西南军人对之保持着一定程度的敬意。以段祺瑞为袁世凯与西南军人的"中介"，会有利于事情的化解。

第三，段祺瑞虽然反对帝制，但对袁世凯还是取维护态度的。在北洋系内部，段祺瑞和冯国璋虽公开反对袁氏称帝，但他们采用的方式有着很大的区别。冯国璋是地方实力派，想造成一种中间势力，取袁世凯而代之。3月21日，冯国璋联络江西将军李纯、长江巡阅使张勋、山东将军靳云鹏、浙江将军朱瑞密电袁世凯，"要求撤销帝制，以平滇黔之气"④。这就是著名的"五将军密电"。段祺瑞从维护袁世凯的立场考虑问题，至少他比冯国璋来得策略些。

3月23日，袁世凯令段祺瑞接任参谋总长，寄希望于段氏能够为其解

① 沃丘仲子：《段祺瑞》中编，上海广文书局1920年版，第47页。
② 沃丘仲子：《段祺瑞》中编，上海广文书局1920年版，第49页。
③ 王楚卿：《段祺瑞公馆见闻》，《文史资料选辑》第41辑。
④ 公孙訇：《冯国璋年谱》，河北人民出版社1989年版，第49页。

决难题。前一天,袁世凯已令徐世昌重任国务卿,并发表申令,撤销承认帝制案。令文如下:

政事堂奉申令:民国肇建,变故纷乘,薄德如予,躬膺艰巨,忧国之士,怵于祸至之无日,多主恢复帝制,以绝争端,而策久安。癸丑以来,言不绝耳。予屡加呵斥,至为严峻。自上年时异势殊,几不可遏,佥谓中国国体,非实行君主立宪,决不足以图存,倘有墨、葡之争,必为越、缅之续,遂有多数人主张帝制,言之成理,将吏士庶,同此悃忱,文电纷陈,迫切呼吁。

予以原有之地位,应有维持国体之责,一再宣言,人不之谅。嗣经代行立法院议定由国民代表大会解决国体,各省区国民代表一致赞成君主立宪,并合词推戴。

中国主权本于国民全体,既经国民代表大会全体表决,予更无讨论之余地。然终以骤跻大位,背弃誓词,道德信义,无以自解,摒诚辞让,以表素怀。乃该院坚谓元首誓词,根于地位,当随民意为从违,责备弥严,已至无可诿避,始终筹备为词,借塞众望,并未实行。及滇、黔变故,明令决计从缓,凡劝进之文,均不许呈递。旋即提前召集立法院,以期早日开会,征求意见,以便转圜。

予忧患余生,无心问世,遁迹洹上,理乱不知,辛亥事起,谬为众论所推,勉出维持,力支危局,但知救国,不知其他。中国数千年来史册所载,帝王子孙之祸,历历可征,予独何心,贪恋高位?乃国民代表既不谅其辞让之诚,而一部分之人心,又疑为权利思想,性情隔阂,酿为厉阶。诚不足以感人,明不足以烛物,予实不德,于人何尤?苦我生灵,劳我将士,以致群情惶惑,商业凋零,抚衷内省,良用罍然,屈己从人,予何惜焉。代行立法院转陈推戴事件,予仍认为不合事宜,着将上年十二月十一日承认帝位之案,即行撤销,由政事堂将各省区推戴书,一律发还参政院代行立法院,转发销毁。所有筹备事宜,立即停止,庶希古人罪己之诚,以洽上天好生之德,洗心涤虑,息事宁人。

盖在主张帝制者,本图巩固国基,然爱国非其道,转足以害国;其反对帝制者,亦为发抒政见,然断不至矫枉过正,危及国家,务各激发天良,捐除意见,同心协力,共济时艰,使我神州华裔,免同室操戈之祸,化乖庚为祥和。总之,万方有罪,在予一人!

今承认之案,业已撤销。如有扰乱地方,自贻口实,则祸福皆由自召,本大总统本有统治全国之责,亦不能坐视沦胥而不顾也。方今闾阎困苦,纲纪凌夷,吏治不修,真才未进,言念及此,中夜以忧。长此因循,将何以国? 嗣后文武百官,务当痛除积习,黾尽图功,凡应兴应革诸大端,各尽职守,实力进行,毋托空言,毋存私见,予惟以综核名实,信赏必罚,为制治之大纲,我将吏军民当共体兹意! 此令。①

这份申令把帝制的责任推得一干二净,甚至声称实行帝制是时代的要求、国民推戴的结果,反映出袁世凯掩盖其违反共和政制法律规范的意图。这份申令还传达出袁世凯意欲保留大总统的企图,他要做的仅仅是取消帝制而已,当然不会得到各方面的同意。

首先,北洋系内部就有强烈的反对声音,以冯国璋为最。4 月 1 日,冯国璋致电徐世昌、段祺瑞、王士珍:"南军希望甚奢,仅仅取消帝制,实不足以服其心,就国璋观察,政府方面须于取消帝制而外,从速为根本解决……立即再进一步,以救危局。"②"根本解决"的意思,实际上就是要袁世凯退位。4 月 28 日,冯国璋又致独立各省电,力主袁世凯退位:"国璋于日前电请黎、徐、段、王四公代陈大总统,请敝屣尊荣,早作退计。"③这一次说得很清楚了,其他北洋系军人也有类似的表示。

其次,是西南实力派的坚决态度。5 月 4 日,梁启超致电段祺瑞,云:"今日之有公,犹辛亥之有项城,清室不让,虽项城不能解辛亥之危,项城不退,虽公不能挽今日之局。"④梁启超把此时段祺瑞的处境跟辛亥年的袁世凯相比,别有一番意味。

5 月 12 日,梁启超致电冯国璋,要求袁世凯退位,而以黎元洪代之。电曰:"约法者,民国之生命也,项城毁之,国人争之,国人以爱护约法,故不惜

① 《大中华》杂志,第 2 卷第 4 期。
② 公孙訇:《冯国璋年谱》,河北人民出版社 1989 年版,第 50 页。
③ 李希泌、曾业英、徐辉琪编:《护国运动资料选编》下册,中华书局 1984 年版,第 649 页。
④ 李剑农:《中国近百年政治史(1840—1926)》,复旦大学出版社 2007 年版,第 412 页。

摩顶踵以为之殉。项城虽自绝
于约法,而约法未尝因此而损其
毫末也。项城所以失去总统资
格,全因其犯约法上之谋叛罪,
并非约法消灭,总统名义消灭,
而彼之资格随而消灭也。约法
岿然存在,副总统名义谁得而消
灭之?项城犯罪缺位,黄陂当然
继任,此与美国前总统韦坚尼遇
害缺位,副总统罗斯福当然继
任,事同一律,何议何疑?"①这通
电报是针对某些人否定《临时约
法》、否定黎元洪副总统资格的
言论而发的,反映了梁启超尊重
法律权威的精神。这里提醒大

梁启超

家一点,梁启超、蔡锷等人发动护国运动,并不是与袁世凯争权夺利,而有着
维护和延续法统的深层思虑。

为了调和西南方面,段祺瑞做了很大努力。3月23日,段祺瑞与黎元洪、
徐世昌共同发出劝电,略云:"帝制取消,公等目的已达,务望先戢干戈,共图善
后。"②但是,蔡锷等人并不同意,4月1日复电云:"以法理言,项城承认帝位
时,已有辞退总统之明令,是国会选举之效力已无存在,此时继续旧职,直无
依据,世岂有未经选举之总统?此而囫囵吞过,尚复成何国家?"③他们所争的
依然是法理上的依据,与梁启超如出一辙,段祺瑞在此面前又复有何言!

在举国上下几乎一致的舆论压力下,袁世凯只得赋予段祺瑞更大的权
力,于4月21日下令恢复内阁责任制,以段祺瑞接替徐世昌任国务卿,内阁

---

① 李希泌、曾业英、徐辉琪编:《护国运动资料选编》下册,中华书局1984年版,第515—516
页。
② 张国淦:《北洋述闻》,上海书店出版社1998年版,第138页。
③ 张国淦:《北洋述闻》,上海书店出版社1998年版,第138页。

成员为:陆军总长由段自兼,外交总长陆征祥,内务总长王揖唐,财政总长孙宝琦,海军总长刘冠雄,交通总长曹汝霖,教育总长张国淦,农商总长金邦平,司法总长章宗祥。到5月8日又正式取消政事堂,恢复国务院和国务总理名称,至此,除袁世凯仍恋栈总统职位以外,帝制的痕迹基本上被清除干净了。即便如此,西南方面还是不依不饶,于5月8日在广东肇庆成立护国军军务院,唐继尧任抚军长,岑春煊任副抚军长,梁启超任抚军兼政务委员。

　　军务院是个什么样的机关呢? 根据《军务院组织条例》的规定:"军务院直属大总统,统一筹办全国军机,指挥军事,并筹办善后一切政务。大总统不能亲临军务院所在地时,一切军政、民政以及对内、对外事项,均用军务院名义代行。"①其实,军务院就是特殊时期的全国最高军政、民政机关,遥奉合法大总统,代行国务院和陆海军大元帅的职权。虽然军务院在法律上没有直接的依据,但在精神上力求符合《临时约法》的意旨,因而它所"遥奉"的合法大总统便是黎元洪,而不是袁世凯。

　　被逼迫至极的袁世凯又萌生了与南方军人决战的想法,并得到了某些北洋系将领的支持。处此情形下,段祺瑞认为与他"和平解决之初意相背,面请辞职"。袁世凯虽未准其请,但"以段于合议无功,颇欲置段而倚冯,而南京会议即于此兆其机矣"②。南京会议是冯国璋发起的,从5月18日开到5月30日,参加者有十八个省区的代表共二十余人。会议上,大多数代表主张袁世凯退位,这使得逼袁退位的声势更加壮大,同时也加剧了袁世凯心理和生理上的负担,其时他的身体已经很虚弱了。

　　5月22日,四川将军陈宧发出通电,劝袁世凯退位,并宣布"与袁个人断绝关系",这是迫袁致死的最重要一份电报。5月22日,湖南宣布独立,湖南将军汤芗铭尽管在独立通电中对袁还称为"我公",还说"感知遇之私",但还是对袁世凯捅上了重重的一刀。6月6日清晨,袁世凯命丧北京中南海。当时流传有"送命二陈汤"的说法,"二陈"是指陈宧和陈树藩(陈树藩以陕西护国军都督名义于5月18日发出独立通电),"汤"即是指汤芗铭,"二陈汤"是中国的

---

①　钱实甫:《北洋政府时期的政治制度》下册,中华书局1984年版,第447页。
②　董方奎:《梁启超与护国战争》,华中师范大学出版社2012年版,第195页。

药名。这虽系形象的滑稽语言,倒也反映出袁世凯众叛亲离的悲惨处境,逆历史潮流而动者是不会有好下场的,接下来便是如何善后的问题了。

努力善后

袁世凯去世,退位与否的问题已不复存在。可由于袁世凯去世而产生的权力真空如何填补,就成为了当时最大的政治问题,这个问题能否得到圆满解决,是关系到国内和平能否实现的关键。

袁世凯在弥留之际,曾招昔日的亲信部下当面做了嘱托,段祺瑞是受托人之一。下面摘录三段不同的回忆或转述,以求还原当时的真实情景。

先来看王楚卿的回忆:"袁世凯在病危的时候,又把段祺瑞找去了。那一天,张夫人也去了。我跟着张夫人坐马车进福华门到福兴居去见于夫人,段祺瑞则坐汽车到怀仁堂去见袁世凯。随后我又跟张夫人到了怀仁堂。段的汽车搁在怀仁堂东边,一排还放着几辆汽车,记得是徐世昌、王士珍、段芝贵等人,其余的人就记不起来了。"①王楚卿是亲眼所见,当不会有错。

再来看张国淦的回忆:"到 6 月 6 日(旧历五月端午)病况转入危险地步,午后便电请徐世昌到总统府,向徐表示:'现在病重了,恐怕一时难好,一切后事,需要记一下。北洋军队在中国是有名的,不要因为我一个人的死,丢掉这个名誉。北京和北京附近地区的秩序,需要好好维持。'徐世昌告诉他说:'现在有段祺瑞和王士珍在这里,北洋军队一定会维持得很好,总统请好好养病吧!'"②徐世昌把团结北洋军队的重任卸在了段祺瑞和王士珍的身上,表明他对袁世凯去世后的人事安排有了周密的考虑。后来,徐世昌又问由什么人来接办剩下的事情,袁世凯只说了"约法"两个字③。"约法"这两个字的含义太模糊了,以致引起了不小的政潮,后面再详叙。

最后是温世霖的转述:"袁世凯弥留之际,招段祺瑞、徐世昌、王士珍三人至病榻前面谕之曰:吾承李文忠之后,惨淡经营行二十年,始有今日北洋

---

① 王楚卿:《段祺瑞公馆见闻》,《文史资料选辑》第 41 辑。

② 张国淦:《北洋述闻》,上海书店出版社 1998 年版,第 207 页。

③ 张国淦:《北洋述闻》,上海书店出版社 1998 年版,第 208 页。

之局面。我死后，诸君宜同心同德，永保勿替，勿为他派所乘。此后实行责任内阁制，由芝泉为总理，实握政权；黎宋卿柔懦易与，可迎其就职为名义上之总统。三人涕泣受命。袁殂，徐世昌即开军事会议，宣布袁氏遗言。段祺瑞本素蓄劫夺大位之阴谋，不肯遽迎黎元洪就任。经徐世昌、王士珍苦口力劝，彼始迎黎于邸第。"①温世霖是段祺瑞的政敌，他的转述有很多不实之处，更像事后猜测的结果，而不是当时真实情景的记述。但是，他所说的迎黎元洪为总统，却被后来的形势发展所证实。

关于黎元洪继任总统的决策过程，有多种说法。笔者觉得还是张国淦的回忆比较可靠。据张国淦自己说，他曾就当时的详细情形问过徐世昌，可信度是比较高的，兹引述于下：

徐世昌

在袁死后，徐、段等到春藕斋时，提出谁来担任总统的问题，当时徐表示："最好是请黎副总统出来，他的声望在对南北的统一等问题上，做总统比较合适。"继而一想，他自己是个局外人，这问题应该由负责的段总理表示意见才好，因此又向段说："这是我个人的意见，应该怎么办，还是看总理的意见。"这话说过后，段停了二三分钟后说："相国这样说，就这样办吧！"②

袁世凯死后，段祺瑞可以说是国内威望最高、实权最大的一个人，然而，经他裁定的由黎元洪继任总统的消息一传出，还是引起了北洋系军人的强烈不满。段祺瑞费了很多口舌，才将他们说服，然后通知了黎元洪。黎元洪正为时局不明而为难，听到段祺瑞推举他继任大总统的承诺，当即表示一切照办，实行责任内阁制。6月7日，黎元洪正式以副总统资格就任中华民国大总统。但在前一天段祺瑞以国务院名义通电全国，却引起了轩然大波。

① 温世霖：《段氏卖国记》，中华书局 2007 年版，第 221 页。
② 张国淦：《北洋述闻》，上海书店出版社 1998 年版，第 211 页。

电文如下：

> 袁大总统于本月六日正因病薨逝，业经遗令依约法第二十九条，宣告以副总统黎元洪代行中华民国大总统之职务，各省地方紧要，务望以国家为重，共维秩序，力保治安，是为至要。①

这通电报的"症结"在于"约法"一词指代不清楚，因为约法有两个，一是1912年3月8日南京临时参议院议决通过的《中华民国临时约法》，俗称"民元约法"；另一个是1914年5月1日公布的由约法会议通过的《中华民国约法》，俗称"民三约法"。"民三约法"是袁世凯炮制出来的，实际上是对《临时约法》的篡改和否定，也遭到了西南各省和国民党人的强烈反对。段祺瑞没有明确指出，黎元洪继任总统究竟依据的是哪一个约法，使得西南方面十分不满。在上海的国会议员谷钟秀等人首先联名通电，对段祺瑞的通电提出了质疑：

> 自袁逆叛国，依民国大总统选举法第五条应由副总统继任，业经起义各都督、国会议员、军务院先后通告在案，今袁逆已伏诛，当然由副总统继任，并非依袁逆自造之新约法第二十九条由副总统代行大总统之职权。乃伪据国务院通电，竟称奉袁逆遗令依约法第二十九条由副总统代行大总统之职权云云。一似元首地位，可私相授受，置吾全体国民主权于何地！且据袁逆自造约法，置吾国会制定之大总统选举法于何！国宪攸关，万难迁就。②

6月10日，护国军军务院抚军长唐继尧致电大总统黎元洪，提出了解决时局的四项办法：1.恢复民国元年公布之约法；2.召集民国二年解散之国会；3.抵制护国军之军队，应撤回原驻地，以避免冲突；4.召集军事会议，筹商善后问题③。唐继尧的主张代表了西南各省的一致意见，并特别把恢复"民元约法"放在了首位，说明维护法统是当时争论的焦点。

与此同时，北洋系内部也有人发出了恢复"民元约法"和召集旧国会的

---

① 《中华新报》，1916年6月8日。
② 《中华新报》，1916年6月9日。
③ 李希泌、曾业英、徐辉琪编：《护国运动资料选编》下册，中华书局1984年版，第696—697页。

呼声。江苏将军冯国璋和江苏省长齐耀琳在致黎元洪、段祺瑞的电报中就说:"国家根本大法,不可无一,不能有二"。"现在舍临时约法外,别无根本之法;舍恢复临时约法外,既别无可以造法之道,此节已无待再计。"①

为了应对各派势力的逼迫,段祺瑞也进行了解释。6 月 22 日,他通电各省,内云:

> 黄陂继任,元首得人。半月以来,举国上下所一致辩争者,约法而已。然就约法而论,多人主张遵行元年约法,政府初无成见,则今日一致辩争者,又惟如何复行之办法而已。此项办法愿命令宣布以期迅捷者,在政府则期期以为不可。盖命令变法律为各派法理学说所不容,贸然行之,后患不可胜言;是以迟回审顾未敢附和也。
>
> 或谓三年约法不得以法律论,纵以命令废之而无足议。此不可也。三年约法履行已久,历经依据以为行政之掖,一语抹杀,则中国一切法令皆将因而动摇,不惟国际条约关系至重,不容不再三审慎,而内国公债以及法庭判决得无不可一翻前案,为之何其可也!
>
> 或又谓三年约法出自约法会议;约法会议出自政治会议,与议人士皆政府命令所派,与民议不同,故此时以命令复行元年约法,只为命令变更命令,不得以变更法律论。此又不可也。三年约法所以不餍人望者,谓其起法之本根于命令耳。而何以元年约法独不嫌以命令复之乎?且三年约法之为世诟病,佥以其创法之始不合法理,邻于纵恣自为耳。然尚经几许咨谋,经几许转折,然后始议修改。而今兹所望于政府者奈何欲其毅然一令以复修改以前之法律乎?此事既一误于前,今又何可再误于后?知其不可而欲尤而效之,诚不知其可也。又况法律不妨以命令复也,则亦不妨以命令废矣。今日命令复之,明日命令废之,将等法律为何物?且甲氏命令复之,乙氏又何不可命令废之?可施之于约法者,又何不可施之于宪法?如是则元首每有更代,法律随为转移,人民将何所遵循乎?
>
> 或谓国人之于元年约法,愿见之诚几不可终日,故以命令宣布为

---

① 《政府公报》,第 167 号。

速。抑知法律之良否不在迟速,法而良者也稍迟何害?而不良也,则愈速恐无以系天下之心,天下将蜂起而议其后矣!纵令人切望治,退无后言,犹不能不虑后世争乱之源,或且苟法为奸,授我以资为先例,是千秋万世犹为国史增一污痕,决非政府所敢出之。总之,复行元年约法,政府初无成见,所审度者,复行之办法耳。诸君子有何良策,切祈无吝教言,俾资考镜。①

平心而论,段祺瑞的这通电文确有法理不通之处,"民三约法"既以非法手段制造出来,怎能说它符合修改程序呢?"经几许咨诹,经几许转折,然后始议修改",这样的手续就是合法的了?况且,根据"民三约法"的规定,段祺瑞是无法出任国务总理的,因为该法压根就没有国务院这么一个机关。唐绍仪、梁启超、伍廷芳等人的复电明确指出了这一点:

> 我公今所长之机关为国务院,国务院者,元年约法上之机关,三年约法所未尝有也。三年约法若为法,元年约法定非法,公所长之院何由成立?今发布院令而中外共许为合法者,无他焉,以三年约法之不成为法也。②

电报战、舆论战尽管声势很大,却难以解决实际问题,恰在此刻发生了一件大事,猛地改变了时局。6月25日,驻沪海军总司令李鼎新、第一舰队司令林葆怿、练习舰队司令曾兆麟发表联合宣言,因拥护"民元约法"而宣告独立,电曰:

> 自辛亥举义,海上将士,拥护共和,天下共见。癸丑之役,以民国初基,不堪动摇,遂决定拥护中央。然保守共和之至诚,仍后先一辙,想亦天下所共谅。洎乎帝制发生,滇南首义,筹安黑幕,一朝揭破,天下咸晓然于所谓民意者,皆由伪造,所谓推戴者,皆由势迫。人心愤激,全国扰,南北相持,解决无日。战祸迫于眉睫,国家濒于危亡。海上诸将士,金以丁此奇变,不宜拘守常法,徒博服从美名,无补于大局,当与护国军军务院联络一致行动,冀挽危局。正在进行,袁氏已殒。今黎大总统虽已就职,北京政府仍根据袁氏擅改之《约法》,以遗令宣布,又岂能取信

---

① 李希泌、曾业英、徐辉琪编:《护国运动资料选编》下册,中华书局1984年版,第684—685页。

② 李希泌、曾业英、徐辉琪编:《护国运动资料选编》下册,中华书局1984年版,第687页。

天下,厥服人心? 其为帝党从中挟持,不问可知。我大总统陷于孤立,不克自由发表意见,即此可以类推。是则大难未已,后患方殷。今率海军将士于六月二十五日加入护国军,以拥护今大总统,保障共和为目的,非俟恢复元年约法,国会开会,正式内阁成立后,北京海军部之命令,断不承受。誓为一劳永逸之图,勿贻姑息养奸之祸,庶几海内一家,相接以诚,相守以法,共循正轨而臻治安矣。[①]

上海海军的独立,使段祺瑞感到了事态的严重,意识到自身已陷于孤立地位。当时中国海军共有三个舰队,第一舰队是海军的主力。这次海军公然独立,不仅严重地威胁北洋系势力下的沿海各省区,同时还可以帮助护国军运兵北上。段祺瑞这才不再坚持要行"民三约法",同时由于林长民、张国淦的奔走,乃于 6 月 29 日由黎元洪正式申令,仍遵行民国元年公布之《临时约法》。申令文曰:

> 共和国体,首尊民意。民意所寄,厥惟宪法。宪法之成,专恃国会。我中华民国国会自民国三年一月十日停止以后,时月两载,迄未召复,以至开国五年,宪法未定,大本不立,庶政无由进行。亟应召集国会,速定宪法,以协民志而固国本。宪法未定以前,仍遵行中华民国元年三月十一日公布之《临时约法》,至宪法成立为止。其二年十月五日宣布之大总统选举法,系宪法之一部,仍应有效。[②]

既然段祺瑞已宣布遵行《临时约法》,南方军务院继续存在的理由也随着消失了。7 月 14 日,军务院通电撤销,至此南北实现了统一。军务院宣告撤销的电文如下:

> 帝制祸兴,滇、黔守义,公理所趋,舆情一致。桂、粤、浙、秦、湘、蜀,相继仗义。其时,战祸迁延,未知所届,独立各省前敌各军,不可无统一机关,爰暂设军务院为对内对外之合议团体。其组织条例第十条规定:本院俟国务院依法成立时撤废之等语。屡次宣言布告,一再声明。今约法、国会次第恢复,大总统依法继任,与独立各省最初之宣言,适相符

---

① 丁中江:《北洋军阀史话》第二集,中国友谊出版公司 1996 年版,第 283 页。
② 《大中华》杂志,第 2 卷第 8 期。

合。虽国务员之任命尚未经国会同意,然当此闭会时,元首先任命,以俟追认,实为约法所不禁。本军务院为力求统一起见,谨于本日宣告撤废,其抚军及政务委员长、外交专使、军事代表,均一并解除,国家一切政务,静听元首、政府、国会主持。为此布告天下,咸使闻知。①

这个电文也充分体现了尊重国家根本法的精神。同日,黎元洪下令惩治帝制祸首杨度、孙毓筠、顾鳌、梁士诒、夏寿田、朱启钤、周自齐、薛大可等八人,余悉从宽免究,算是给那些助纣为虐之人以最低程度的惩戒。有人指责惩办帝制祸首不够力度,许多鼓吹帝制之人由于各方面说情而逍遥法外,但段祺瑞的说法还是很有道理的:"国务总理段将军在内阁会议上笑着说,如果真的要惩办帝制运动的拥护者的话,那么政府中几乎没有什么人能够幸免。"②此系实情,在袁世凯的政治高压之下,又有几个人能够独善其身呢?

对于段祺瑞在反对洪宪帝制中的功绩,很早以前就有研究者给予了肯定,如丁贤俊做过这样的评论:"尽管他的共和观只不过是既不要皇帝又反对革命党,但他能冲破二十年来与袁世凯结下的长僚关系和亲密私交,弃官冒死维护共和,毅然反对洪宪帝制,对于一个在忠孝节义封建道德熏陶下成长起来的将领来说,确实难能可贵。"③总体来看,这个评价是正面的,但仍有很大程度的保留。不论段祺瑞的共和观究竟是什么样子,他反对袁世凯称帝态度之坚决、调和西南之努力、收拾残局之圆满、维护国家统一之毅力,还是需要肯定的。

至于以往常说的袁世凯帝制自为失败的原因在于全国人民的反对,倒是大可商榷的。李剑农曾指出过所谓民心的不可恃:"民国二年时并不是'民心'对于袁氏有如何的好感,不过是误认革命党喜欢闹乱子,希望把这班乱党除去,他们方可安居乐业的意思。"④大多数生活在社会底层的普通民众,他们关心的只是社会安定与秩序良好,何来多少意识形态上的倾向性呢?因而,借口人民群众不答应而否定段祺瑞等人在反对帝制、维护共和方

---

① 李希泌、曾业英、徐辉琪编:《护国运动资料选编》下册,中华书局 1984 年版,第 746 页。

② 【美】芮恩施著,李抱宏、盛震溯译:《一个美国外交官使华记》,文化艺术出版社 2010 年版,第 185 页。

③ 丁贤俊:《论段祺瑞三定共和》,《历史档案》1988 年第 3 期。

④ 李剑农:《中国近百年政治史(1840—1926)》,复旦大学出版社 2007 年版,第 381 页。

面的功绩,是不符合事实的。

最后顺便交代一下袁世凯个人的身后事。袁世凯死后,袁家自是一片混乱,产生混乱的原因,是对外界态度的难以捉摸。袁静雪回忆当时的情形,可以窥见袁家的恐慌程度:"就在这个时候,忽然传来了一个惊人的消息;说是段祺瑞要带兵围困总统府,杀死我们全家。大家一听,非常恐慌。大哥、二哥赶紧一同去问个究竟。段祺瑞为了保证他绝无此意,就让他的太太张氏带着他们的女儿前来守灵,并且让他们住在府里,以示无他。段祺瑞本人也天天来看望和照料,只是不在府里住罢了。"①其实,这种担心是很没有必要的,段祺瑞不但帮助袁家料理丧事,还主持国务会议通过决议,由政府指拨银币 50 万元充作丧葬经费。

袁世凯的灵柩运回洹上村,却因殡葬费用不敷,无法完成陵墓工程。主持袁世凯墓营造的河南巡按使田文烈商请于徐世昌,乃得众人捐助,工程乃竣。1918 年 12月,田文烈在专门报告中说:"……丧礼及营葬经费,前经国务会议议决,由政府指拨银币五十万元,至此已动用

袁世凯墓(在河南省安阳市)

泰半。其茔圹内外全部建筑工程以及祭礼、种植诸端,斟酌时宜,权衡体制,再四审核,不敷尚巨。适今大总统隐居辉县,文烈乃往复商承,以袁公遗产不丰,未忍轻动;而库帑奇绌,难再请求。爰与段君祺瑞、王君士珍、张君镇芳、雷君震春、袁君乃宽、阮君忠枢公同筹议,发起征资,萃袍泽三十年之谊,竟山陵一篑之功,群策群力,先后集捐款银币二十五万之有奇。"②段祺瑞还参与了捐款,怎可说他不念旧情呢?

① 袁静雪:《我的父亲袁世凯》,《文史资料选辑》第 74 辑。
② 田文烈:《袁公林墓工报告序述》,转引自侯宜杰:《袁世凯传》,百花文艺出版社 2003 年版,第 499 页。

第七章 实行责任内阁制

袁世凯帝制自为的失败,给段祺瑞创造了一个上台执政的良好机会。段祺瑞携"再造共和"的美誉,扶助黎元洪继任大总统,同时也实现了组织责任内阁的愿望。但是,由于法律规制上的固有缺陷,责任内阁制的推行遇到了极大困难,府院之争最终演变成了政治危机。

责任内阁

1916年6月29日,大总统黎元洪任段祺瑞为国务总理,废国务卿称谓,组织责任内阁,撤销袁世凯时期的立法院、国民会议、参政院等机构[①]。其阁员如下:

外交唐绍仪(未到任前陈锦涛兼)　　　　教育孙洪伊

内务许世英　　　　　　　　　　　　　农商张国淦

财政陈锦涛　　　　　　　　　　　　　交通汪大燮

陆军段祺瑞(自兼)　　　　　　　　　　海军程璧光

---

① 吴廷燮:《段祺瑞年谱》,中华书局2007年版,第31页。

司法张耀曾（未到任前，以张国淦兼）

关于段祺瑞组阁的详情，张国淦这样回忆：

此次组阁，段任总理，开具阁员名单，单内外交汪大燮、内务许世英、财政陈锦涛、陆军自兼、海军刘冠雄、司法章宗祥、教育范源濂、农商张国淦、交通曹汝霖，亲自到府，面呈黎总统（段祺瑞在袁世凯时代不轻易到府，此次特表示恭顺）。数日未交下。时我任府秘书长，段言内阁当从速组织，已将名单面呈总统，托我催黎。我见黎转至段言，黎乃将段亲笔写的名单示我，我言："总统有无意见，请酌定交下。"黎言："我别无意见，但有

黎元洪

两人须加入，唐绍仪、孙洪伊；有三人不可用，刘冠雄、章宗祥、曹汝霖。"我据以复段，段言："即遵总统意旨，加入唐、孙，更换刘、章、曹可也。"段又言："海军难得其人。汤芗铭法国海军出身，总统要反对帝制之人，此次彼在湖南独立，又是总统同乡，其人何如？"于是段提笔按部开写：外交唐绍仪（段言，此人未必来），内务许世英，财政陈锦涛（自兼），海军（缺，段言汤芗铭，请总统酌量），司法（段拟董康，我言何不用几个新人，因举王宠惠、张耀曾）段写张耀曾，教育孙洪伊（我言孙哪肯做教育，段言此人捣乱，仅是敷衍总统），农商张国淦（我言，此时任府秘书长，两者未便兼，可另觅他人。段笑言，你想总统方面，能长久共事否），交通汪大燮。我持此单交黎，黎颇满意。当电汤议长到府，商洽汤芗铭海军事。汤议长言："可电子笏（胡瑞霖）来，共同商酌。"胡到，力言湖南势力不可放弃。黎言湖南本地，听说有问题。汤议长主胡议。黎即在海军下写程璧光。我持以复段，即于六月三十日发表。①

---

①　张国淦：《北洋述闻》，上海书店出版社 1998 年版，第 142 页。

从张国淦的回忆中可以看出,段祺瑞对黎元洪保持了一定程度的尊重,而黎元洪也对段祺瑞表示了很大程度的信任和支持。在黎元洪方面,事实上已经承认了要实行责任内阁制,他在7月21日嘉奖唐继尧等人的令文中明确表示:"本大总统继任于危疑震撼之际,遵行元年约法,召集国会,组织责任政府,力崇民意,勉任艰虞。"[①]责任内阁制是"民元约法"的规定,有着法律上的理据,也得到了国内各个政治派别的认同。黎元洪既然表示遵行"民元约法",当然就要实行责任内阁制。其实,实行责任内阁制是自清末宪政改革过程中一直被强调的重点,反映出国人对西方式民主的追随与把握。

清光绪三十三年(1907年)夏,梁启超和蒋智由、陈景仁等人在日本东京着手建立立宪党的组织——政闻社,发表了一篇政闻社宣言。其所揭示的政闻社"四大纲"为:1. 实行国会制度,建设责任政府;2. 厘订法律,巩固司法权之独立;3. 确立地方自治,正中央地方之权限;4. 慎重外交,保持对等权利[②]。召集国会与建设责任政府,是立宪党人开出的救国良方,慢慢地也被清政府高层官员所接受。

清宣统二年(1910年),吉林巡抚陈昭常上奏,力主推行责任内阁制:"军机处虽握有行政之实权,而因无责任之规定,故其所行而善故无功之可言,所行而不善亦无过之可指。且因责任之政府不立,纵有利民之政,亦莫能见信于人民。政府忧劳于上,人民怨咨于下。在政府固不必求助于人民,而人民亦实不谅夫政府。上下之隔阂,国是之纷纭,诚今日天下之大患也。今欲更张百度,咸与维新,莫如裁撤军机处,设立责任内阁,以各部大臣组织之,其上置一总理大臣,以统一各部。苟有失政,则全内阁之大臣连带以负责任,庶功过皆有所归,而庶绩自以日理。综其利益,厥有数端:政务之系统可以分明也,施政之方针可以确定也,政务之执行可以敏捷也。"[③]他所列举的责任内阁制的诸端好处,也是后来清政府推行责任内阁制的一个依据。

武昌起义爆发,清政府要袁世凯出山收拾残局,袁世凯提出了六项条

---

① 吴廷燮:《段祺瑞年谱》,中华书局2007年版,第33页。

② 李剑农:《中国近百年政治史(1840—1926)》,复旦大学出版社2007年版,第227页。

③ 《吉林巡抚陈昭常奏设责任内阁折》,中国第二历史档案馆:《中华民国史档案资料汇编》第一辑,江苏人民出版社1979年版,第121—124页。

件,其中第二项是组织责任内阁。李剑农指出:"所谓组织责任内阁,就是要把亲贵内阁废止,要把皇族的族权削去,并且要使载沣的监国摄政王地位归于无用,这个条件一办到,非徒他个人的夙愤可以发泄,并且环顾当时的人物和内外的舆望,内阁总理大臣的椅子,除了他自己,没有人敢坐。无论革命党受妥协不受妥协,清皇位能维持不能维持,大权总是揽在他自己手里了。所以这一个条件,在他是认为有极大作用的,与平常立宪党人要求责任内阁的意思大不相同。"①尽管袁世凯的要求与立宪党人组织责任内阁的意思"大不相同",却使责任内阁制的精神渗透到清朝贵胄和北洋军系内部,为责任内阁制的推行造成了坚实的基础。

1912 年 3 月 11 日颁布的《临时约法》规定中华民国内阁的正式名称为国务院,国务员是指国务总理和各部总长。同年 6 月 26 日公布的《国务院官制》具体说明了国务院由国务总理和国务员构成。《临时约法》第四十四条规定:"国务员辅佐临时大总统负其责任";第四十五条规定:"国务员对于临时大总统提出法律案、公布法律及发布命令时,须副署之。"②这两条规定很可以体现出责任内阁制的精神,即由国务员负实际政治责任,对参议院(国会)负其责任。

国务总理虽为国务员之一,但其权力与地位一般国务员有着若干不同之处,兹述之如次:

第一,国务总理为国务员首领,保持行政统一,对于各部总长之命令或其处分,认为有碍行政之统一时,得先中止之,然后再取决于国务会议。

第二,临时大总统公布法律,发布教令,及其他国务之文书,无论关系各部全体者,或关系一部或数部者,以及仅关于国务总理所属者,均须由国务总理副署;其他国务员则仅在有关系其本身时,才与副署。

第三,国务总理为国务会议之主席,遇有事故时,始呈明大总统,以其他国务员代理。③

如此看来,国务总理实在责任内阁制中处于中心地位,是对处理国家事

---

① 李剑农:《中国近百年政治史(1840—1926)》,复旦大学出版社 2007 年版,第 277 页。
② 钱实甫:《北洋政府时期的政治制度》上册,中华书局 1984 年版,第 84 页。
③ 钱端升等:《民国政制史》上册,上海人民出版社 2008 年版,第 26 页。

务负有最大责任之人，这样就涉及与总统和国会的关系问题了。

《临时约法》

民国肇建，孙中山组织临时政府于南京，采总统制，临时大总统既是国家元首又是行政首脑，各部部长对总统负责。1912 年 2 月初，南北和议渐趋成熟，于是有《临时约法》之制定，并为限制袁世凯的权力需要，决定改总统制为内阁制，这是《临时约法》的最大特征。而且，《临时约法》还规定，大总统任命国务员要得参议院的同意（第三十四条）；国务员受参议院弹劾后，大总统应免其职（第三十四条）[①]。这些规定保证了国务员对参议院负责的原则，体现出立法限制行政的作用，但也存在着某些缺陷。

根据《临时约法》的规定，大总统只是一个不负实际政治责任的元首，"当时之所以如此规定者，与其谓制度上之选择，无宁认为基于人事之考虑"[②]。《临时约法》既然规定政府为内阁制，又规定国务员的任命须经参议院同意，很有画蛇添足的嫌疑。而且，《临时约法》又不赋予行政机关解散国会的权力，"虽以保全国会为目的，但其结果，则实使整个政治制度，失其调整之机能，而徒增运用上之若干阻碍而已"[③]。

对于民国初年法律规制上的缺陷所造成的恶果，有研究者做出了如下评价："《中华民国临时约法》既有责任内阁制的精神，又有总统制的显著特点，可以说是杂糅了美国式总统制和法国式责任内阁制的产物。按照约法的规定，总统不但统率全国海陆军，而且'总揽政务'；总理等国务员虽然对总统在诸要政上有副署的牵制权，但是整体上所负责任居于'辅佐'总统的位置。这种权力规制上的矛盾，导致民国前期总统与总理、总统府与国务院权争不断。"[④]

与英法等国的责任内阁制相比较，就可以看出《临时约法》所规定的责

① 钱实甫：《北洋政府时期的政治制度》上册，中华书局 1984 年版，第 84 页。
② 钱端升等：《民国政制史》上册，上海人民出版社 2008 年版，第 16 页。
③ 钱端升等：《民国政制史》上册，上海人民出版社 2008 年版，第 17 页。
④ 董洪亮：《民国前期总统制度研究(1912—1928)》，大象出版社 2012 年版，第 39 页。

任内阁制有何不足了。英法等国的责任内阁制是以内阁总理取得国会多数的信任为条件,总理以外的国务员全由总理择人组织;《临时约法》上的责任内阁、一切国务员,都要先行正式提交参议院征得它的同意,方可任命,实在是"变本加厉"了。这种拘于一时环境的立法精神,是所谓"对人立法"的精神;"对人立法,在理论上是不能赞许的;因为真正的大枭雄,不肯把法律放在眼里,徒使公正的政治家,失去政治运用应有的活动(后来越发的屡遭破毁,半由于袁氏和北洋军阀的跋扈,亦半由于约法本身的不良)"①。到袁世凯就任中华民国正式大总统,于1914年5月1日公布其御用的《中华民国约法》即"民三约法"时,便取消了责任内阁制,代之以集权的乃至独裁的总统制,《临时约法》的精神荡然无存。

及至袁世凯帝制自为失败,临去世前并曾留下遗令,竟指定总统继承人,复何有民主共和精神稍存? 遗令原文如下:

> 民国成立,五载于兹。本大总统忝膺国民付托之重,徒以德薄能鲜,心余力拙,于救国救民之素愿,愧未能发摅万一。溯自就任以来,昼作夜息,殚勤擘画,虽国基未固,民困未苏,应革应兴,万端待理;而赖我官吏将士之力,得使各省秩序,粗就安宁,列强邦交,克臻辑治,抚衷稍慰,怀疚仍多。方期及时引退,得以休养林泉,遂我初服;不意感疾,寖之弥留。顾念国事至重,寄托必须得人,依《约法》第二十九条,大总统因故去职,或不能视事时,副总统代行其职权。本大总统遵照《约法》,宣告以副总统黎元洪代行中华民国大总统职权。副总统忠厚仁明,必能宏济时艰,奠安大局,以补本大总统阙失,而慰全国人民之望。所有京外文武官吏,以及军警士民,尤当共念国步艰难,维持秩序,力保治安,专以国家为重。昔人有言:"惟生者能自强,则死者为不死。"本大总统犹此志也。②

不论这个遗令是真是假,据此而推定黎元洪继任大总统,都有违共和政体精神。因而,当时产生了究竟是以"民元约法"还是以"民三约法"为依据

---

① 李剑农:《中国近百年政治史(1840—1926)》,复旦大学出版社2007年版,第310页。
② 白蕉:《袁世凯与中华民国》,中华书局2007年版,第290—291页。

承认黎元洪继任大总统的争论,实际上还是政治权力的斗争,与法律精神离得更远一些。对此,钱端升分析得很深刻:"段祺瑞支配下之北政府,主依新约法,然而依据新约法下之总统选举法,则副总统代行大总统职务,只有三天,当时何以不开所谓'金匮石室'?临时选举会又何以不开?是就新约法而言,其本身亦已违法,当时段辈实亦无法自圆其说,其所以如此者,殆谋利用黎氏为傀儡而集大权于段氏个人,如果应行临时约法,则国会恢复,国务院须听命于国会,为段氏之所不愿,至于南方,恢复旧约法,固为合理,拥护旧国会,亦未必尽然,南方之出此,一则谋一举推翻袁氏旧制,再则惧国会果真选举,南方亦未必有利,双方之争执,以'法'为名,实则皆以'权'为目的也。"①

但也有研究者对袁死黎继之平稳过渡,就持不同的观点,认为这不止是各方面政治势力取得均衡的结果,也有对法律的尊重因素在内。如董洪亮就指出:"袁世凯、黎元洪之间总统大位的传承,无论说法多么纷繁,基本事实是副总统黎元洪顺利成为国家元首,握有武力的段祺瑞、冯国璋等人比较尊重约法精神,没有刀光剑影、没有血腥事件。这固然有社会民主进程客观大势的要求使其不得不然,同时,也证明北洋一些要人具有一定的近代民主意识。"②此话也有一定道理,毕竟像袁世凯那样根本蔑视民初法律规制作用的人在民国时期是很少见的。

《临时约法》本身存在的缺陷影响深远,以至于到 1925 年段祺瑞出任临时执政时,宪法起草委员会还在因为总统制和内阁制的争论,导致数度流会。以施愚为代表的一派主张总统制,以旧国会议员沙彦楷为代表的一派主张内阁制符合世界潮流,各省代表多附和内阁制主张。段祺瑞不得不嘱咐林长民、汤漪、姚震等到北京绒线胡同 68 号宪草俱乐部进行沟通、协商③。此是后话,但反映出民国前期在政制问题上的认识混乱状态,这又注定了政治上不稳定局面的一再重现,府院之争是最初的表现。

---

① 钱端升等:《民国政制史》上册,上海人民出版社 2008 年版,第 125 页。
② 董洪亮:《民国前期总统制度研究(1912—1928)》,大象出版社 2012 年版,第 53 页。
③ 《总统制与内阁制之争执》,天津《大公报》1925 年 9 月 14 日。

府院之争

对于民国前期的北京政治，汪朝光认为内阁主导是常态，而府院相争则属于异态，他并指出："作为北京政治掌门人的国务总理，段祺瑞本有较大的挥洒空间处理国政，但出其所料的是，在责任内阁制下权力本受限制的大总统黎元洪，却与他在许多问题上发生了激烈的矛盾冲突，形成以黎元洪为代表的总统府和以段祺瑞为代表的国务院互为对立面的府院之争，并一度成为北京政治的主要矛盾关系。"[①]那么，为何会出现府院相争的局面呢？

对于府院之争的起因，颜惠庆的解释是归结为两个人性格的差异："二人性格、作风、思想迥异，对待国内外事务的处理方法各执一端，不能协调一致，终因对德参战一事而水火不容，导致决裂。"[②]具体来说，颜惠庆认为，黎元洪"忠厚爱国，诚实正直，不过才智平庸，缺乏管理国家的能力，军方和文官集团亦不真心相助，因此，他不能成功地治理这样一个幅员辽阔、人口众多的国家"[③]。段祺瑞则"是典型的军人，朴素、勇敢，处事果断，作风强硬，对其心腹常常偏袒，不问是非，一贯迷信武力，不相信议会讨论对国家管理的作用"[④]。

除去两个人性格上的差异这个因素以外，段祺瑞内心里对黎元洪的轻视也是一个很重要的因素。段祺瑞的等级观念很深，他觉得自己在清末曾做到护理湖广总督，当时黎元洪不过是湖北的一个协统。至于辛亥革命元勋，黎元洪也只是被人从床下面拉出来顶名字的，谈革命功勋也勉强得很。因此，段祺瑞根本不把黎放在眼里，这就注定了日后的许多纠纷。

引发府院之争的另一个重要因素，就是徐树铮从中作梗而致黎、段二人屡起龃龉。起初，黎元洪与段祺瑞的关系是不错的，因段祺瑞拥黎元洪为大

---

① 汪朝光：《北京政治的常态与异态——关于黎元洪与段祺瑞府院之争的研究》，《近代史研究》2007 年第 3 期。

② 颜惠庆：《颜惠庆自传——一位民国元老的历史记忆》，商务印书馆 2003 年版，第 141—142页。

③ 颜惠庆：《颜惠庆自传——一位民国元老的历史记忆》，商务印书馆 2003 年版，第 141 页。

④ 颜惠庆：《颜惠庆自传——一位民国元老的历史记忆》，商务印书馆 2003 年版，第 141 页。

总统,在黎元洪"就职之初,意见甚融"①。1916 年国庆节的阅兵式上,黎元洪与段祺瑞同乘一辆汽车而至,"两人并肩而立,且行且语,态度颇为亲密"②。但是,徐树铮长期追随段祺瑞左右,是段祺瑞最亲信的谋臣,曾赞其"性刚正,志忠纯,重职责,慎交游"③。段祺瑞组阁时,拟任徐树铮为国务院秘书长,但却因徐树铮为人跋扈而为黎元洪所坚拒。黎元洪曾对人称:"我不能与徐树铮共事";"不但不能共事,且怕见他。我见了他,真芒刺在背。"因徐盛气凌人,且事不赞成则声色俱厉,加以种种威胁,故黎元洪甚而称:"我总统可以不做,徐树铮绝对不能与他共事。"④但段祺瑞用徐树铮做院秘书长的意志甚是坚决,且搬出北洋元老徐世昌说项,黎元洪直言告诉徐世昌:"请你告诉总理,一万件事我都依从他,只有这一件办不到。"而徐世昌则回以:"我以为一万件事都可以不依从他,只有这一件必须办到。"⑤于此亦可见段祺瑞对徐树铮信任之专。最后黎元洪被逼无奈,只能同意任用徐树铮为国务院秘书长,但双方恶感已然生成,故徐树铮上任后,对黎元洪更没有好脸色。

徐树铮

1916 年 7 月,徐树铮刚刚就任,即为段祺瑞搞出了《国务院权限节略》,声明"现既采用责任内阁制度,元首居于不负责任地位,国务院为凡百政令所从出,国务总理领袖阁员,负综揽政务、统一政策之责。故共和各国通

① 曾毓隽:《黎段矛盾与府院冲突》,杜春和等编:《北洋军阀史料选辑》上册,中国社会科学出版社 1981 年版,第 261 页。

② 金满楼:《北洋野史》,中国友谊出版公司 2010 年版,第 245 页。

③ 段祺瑞:《徐树铮神道碑》,中国科学院近代史研究所近代史资料编辑组:《徐树铮电稿》,中华书局 1962 年版,第 382 页。

④ 张国淦:《北洋述闻》,上海书店出版社 1998 年版,第 143 页。

⑤ 张国淦:《北洋述闻》,上海书店出版社 1998 年版,第 143 页。

例,元首命令必须国务总理及该管部长副署,否则无效,即所以明其责任之所在也。"《节略》将大总统的有关职权,如公布法律、预算,缔结条约,人事任免,等等,划为应由国务院办发者或由国务院及该管部具案提交国务会议议决施行者、请示办理者、核议施行者;规定"凡呈报大总统事件,除别有规例者外,一切须经国务院或国务院会同该管之部分别核办,盖不如是,则总理不能负其责";而选定内阁阁员、主持施政大计及统一行政步骤等皆总理之职权。因此,"凡京内外各部署应由国务总理直以文书指挥,而京内外各部署有须请示于政府或与政府商酌者,即应直陈国务院。如各官署有以属于总理或各部该管事件而迳呈大总统者,大总统应即发交国务院及该管之部酌夺办理";"前此公府与院部权限不明,如应由院部核办事件,径由公府办理,或应由院部主办事件,径由公府办理,而交稿于院部,但得于事后查照者,纷横淆杂,不合法理。今当建阁之初,亟宜厘然划清,以慎其始。他如人民或各官署对于行政事件,应向院部有所陈诉者或呈报而违例迳呈大总统,或无庸陈报而例外分呈者,皆不合法,悉应革除"[①]。此项《节略》将府院之间的权责关系具体化,虽然打着实行责任内阁制精神的旗号,但对希望在总统任上有所作为的黎元洪却不能不是很大的刺激。

徐树铮的专横态度很快就在黎元洪面前表现出来。有一天,徐树铮拿了三个人事命令到总统府请黎元洪盖印,黎元洪偶然问到这三人的出身和历史,徐树铮就很不耐烦地说:"总统不必多问,请快点盖印,我的事情很忙得。"黎元洪听了这话真是气得头上要冒出火来,他脸上发青地对手下人说:"我本来不要做总统,而他们也就公然目无总统!"[②]当面给总统难堪,简直是欺人太甚,黎元洪的脾气再好,也是难以忍受的。

徐树铮的专横使得总统府秘书长张国淦很为难,张竟于8月1日辞职,由丁世峄继任。丁世峄有感于前车之鉴,对徐树铮采取不让步的态度,并提出府院办事手续草案,建议大总统得出席阁议发表意见,但不得参加表决;大总统对国务自由行使其职权。如用人不同意,得拒绝盖印。阁员应随时

---

① 《财政部总务厅机要科转送国务院权限节略致泉币司移》,中国第二历史档案馆编:《中华民国史档案资料汇编》第三辑·政治(二),江苏古籍出版社1991年版,第1133—1134页。
② 陶菊隐:《北洋军阀统治时期史话》第三册,三联书店1957年版,第54页。

向总统面商要政,国务会议前须将议事日程陈报,会议后须将议事纪录呈阅①。但是,府院之间的摩擦还在加重,原因是院秘书长有时也不亲自到府,而是委托他人前去盖印。府院之间摩擦的加重,弄得段祺瑞也不安于心,于是8月26日段祺瑞手谕徐树铮:"本院呈请大总统核阅文件,应责成该秘书长躬自递呈,阅印后赍回,无论风雨黑夜不得假手他人,以昭慎重,而免歧误。"②同日,段祺瑞向黎元洪具文陈明,文曰:"为陈明事:查国务院呈请阅核文件,关系重要,逐日由祺瑞指示办法,交由秘书长徐树铮躬自呈递,于奉阅核印后,仍自赍回,未便假手他人,致生歧误。除训令该员禀遵办理外,理合呈报大总统鉴核。再该员戆直自爱,不屑妄语,其于面对时凡有声明为祺瑞之言者,祺瑞概负全责。合并陈明,伏候垂察,谨呈。"③

对有关府院权限的问题,段祺瑞坚持总统不列席国务会议,议定折衷办法如下:1. 关于国务会议,事前呈阅议事日程,事后呈阅议事纪录;2. 会议后由国务员公推一人入府报告议决事项;3. 每逢星期五,国务员齐集总统府会商政务,举行聚餐;4. 总统对议决之案,如认为不合,得命总理及主管部阁员说明理由,如仍认为不合,得交复议一次;5. 未经国务会议议决之命令,总统得拒绝盖印④。府院职权因此明确划分,稍微缓和了双方的冲突。

但是,徐树铮不只和总统府秘书长对立,在国务会议中也引起了极大的麻烦。在第一次阁议中,内务总长孙洪伊就和徐树铮吵了起来。照法理讲,国务院秘书长只能列席内阁会议,并无发言权,那次阁议中,讨论到广东李烈钧和龙济光的纠纷,徐树铮主张电令闽、粤、湘、赣四省会剿李烈钧,孙洪伊主张去电和解,其他阁员皆赞成孙的主张。不过为了照顾段祺瑞的面子,没有制止徐树铮发言,哪料徐树铮竟于阁议后,将会剿李烈钧的电报拍发,待四省复电国务院,阁员们才知其事。孙洪伊遂在阁议席上指责徐树铮,徐树铮也反唇相讥,两人几乎拍桌吵闹,而段祺瑞却有左袒徐树铮的意思。

① 陶菊隐:《北洋军阀统治时期史话》第三册,三联书店1957年版,第55页。

② 《段祺瑞关于国务院秘书长亲自递送文件训令》,中国第二历史档案馆编:《中华民国史档案资料汇编》第三辑·政治(二),江苏古籍出版社1991年版,第1135—1136页。

③ 《政府公报》,第235号。

④ 陶菊隐:《北洋军阀统治时期史话》第三册,三联书店1957年版,第56页。

总统府和国务院职权划分后，国务院大权几全集中于徐树铮之手，不止孙洪伊不满，其他阁员也不满意，不久发生了任命郭宗熙为吉林省长和查办福建省长胡瑞霖案，遂使内阁的火药气氛接近爆炸。这两案都是徐树铮擅行决定，得段祺瑞的同意办理，既未经阁议审查，又没有主管内务总长副署，徐树铮即以国务院名义径行咨复国会。孙洪伊认为徐树铮眼中完全没有内务总长，乃当面质问段祺瑞：凡与各省民政长及有关的问题，内务总长是否无权过问？院秘书长是否有权擅自处理？段祺瑞无言回答，

孙洪伊

只说了一句："又铮荒唐。"吩咐把胡瑞霖一案的咨文追回，可是国会已经印发了出去，无法追回，孙洪伊乃于 8 月 30 日愤而辞职。段祺瑞一面派许世英致意慰留，一面调整内阁办事程序五点：1. 凡答复议会之质问书，须由主管部起草；2. 颁布命令须由国务员副署；3. 院令须经国务会议通过；4. 阁议通过者，秘书不得擅改；5. 各项法令非经总理及主管部总长副署，不得发出①。黎元洪闻知此事，乃于 10 月 1 日召见孙洪伊，面予恳留。

不久之后，孙洪伊因裁汰内务部员司，为被汰人员祝书元等 28 人借口不合文官任免休职条件，控拆于平政院，平政院决定受理，并限孙洪伊五日内提出答复。孙洪伊认为平政院是袁世凯帝制自为时所设，其本身地位有问题，因而置之不理。10 月 7 日，平政院认为内务部非法，任免令一律取消，由院呈请大总统下令执行。孙洪伊则力斥平政院非法设立，不在"民元约法"条款之内。双方争执甚为激烈，孙洪伊认为这是徐树铮幕后策划出来的。孙洪伊与丁世峄同属国会中的"韬园系"，系同党，这样府院之争又加入了内阁内部派系之争的因素，愈趋复杂化，进而影响到了北京政府的正常运

---

① 丁中江：《北洋军阀史话》第二集，中国友谊出版公司 1996 年版，第 320—321 页。

行。最后,经北洋大佬徐世昌的调停,11 月 20 日以黎元洪下令同时免徐树铮和孙洪伊职的方式,暂时缓解了府院之争。

经过此番争斗,黎元洪与段祺瑞结怨甚深,彼此间更无好感。"黎接任总统后,对当前的重大问题由不问而要问,由要问而多问。他认为小事可以不问,大事必须过问。段本已苦于有一个国会使他对一切问题不能独断专行,现在再加上一个总统遇事掣他的肘,如何受得了。他有时向他的党徒发火说:'我是叫他来签字盖印的,不是叫他压在我的头上的!'"①府院双方均各自拉拢、争取其支持者,以壮大己方的声势,于是又引起了国会中不同派系之间的争斗。

国会问题

1916 年 6 月 29 日,大总统黎元洪下令:兹依临时约法第五十三条,续行召集国会,定于本年八月一日,继续开会,此令②。为什么会有"续行召集国会"的问题呢?这是因为国会被袁世凯非法解散过。为了说清楚国会问题的来龙去脉,我们还是从头说起吧。

《临时约法》规定,在约法施行后限十个月内,由临时大总统召集国会,由国会制定中华民国宪法。1912 年 5 月 6 日,北京临时参议院提出"国会组织及选举法大纲"列为第一议案。经全院委员会审议与大会多次讨论,7 月 9 日一致通过了《国会组织法大纲》和《国会选举大纲》。接着,以此为基础,起草了《中华民国国会组织法》与《参议院议员选举法》、《众议院议员选举法》,经 8 月 2 日、3 日三读会多数议决通过,10 日正式颁布。

根据这些法律和 1913 年 9 月 27 日公布的《议院法》的规定,国会由参议院和众议院两院组成。参议院不取"地方代表主义",议员由各省议会产生,各省不论大小每省选 10 名,蒙古选 27 名,西藏选 10 名,青海选 3 名,中央学会选 8 名,华侨选 6 名(后五类皆由中央选举会圈定),总计 274 名③。

---

① 陶菊隐:《北洋军阀统治时期史话》第三册,三联书店 1957 年版,第 53—54 页。
② 钱端升等:《民国政制史》上册,上海人民出版社 2008 年版,第 125 页。
③ 钱实甫:《北洋政府时期的政治制度》上册,中华书局 1984 年版,第 13 页。

参议院代表各省而非国民。

众议院议员由各省国民选举,其名额各省取"人口比例主义",每八十万人选议员一名(人口不满八百万,得选议员 10 名);蒙古、西藏、青海同参议员额数,总计为 596 名①。众议员的当选资格为有中国国籍的男子,年满 21 岁,在选区内居住满两年以上,且具有下列资格之一——年纳直接税两元以上;有价值五百元以上的不动产,当蒙、藏、青得以动产计算;小学以上毕业;有与小学以上毕业的相当资格②。

参议员任期六年,两年改选三分之一;众议员任期三年,期满全体改选。两院各选正副议长一名,参议院两议长任期二年,众议院两议长任期三年。

两院皆设全院委员会、常任委员会、特种委员会,一切决议皆需两院一致通过始得成立。一般议案皆需三读而后表决,紧急状态下,政府、议长或十人以上议员联署可提议直接表决,经全院议员同意该提议后,可省略三读会,直接进入表决程序。两院每年例会四月,必要时得延长之。常任委员会则永不休会。从这些规定中可以看出,第一届国会两院权利相当,有两院制之名而有一院制之实。且常任委员会永不休会,"亦宪法史一创举,强化已有行政依附性不遗余力"③。

1913 年 4 月 8 日,第一届国会在北京召开。参议院选举张继、王正廷为正副议长,众议院选举汤化龙、陈国祥为正副议长。在第一届国会中,国民党共占有 392 个议席,在参议院的 274 个席位中占 123 席,在众议院的 596 个席位中占 269 席。国民党虽占优势,但未过半数。袁世凯在国会选举后,才知道民主政治的特性,是一切决定于选民。国民党大胜后,他忧心忡忡,悄悄告诉杨度说:"我不怕国民党用暴力来夺取政权,我只怕他们以合法手段赢得政权!"④这就埋下了日后解散国会的伏笔。

1913 年 7 月 12 日,国会成立宪法起草委员会,但袁世凯已经等不及宪法的出台了。在袁世凯的胁迫下,国会议员于 10 月 6 日选举他为正式大总

① 钱实甫:《北洋政府时期的政治制度》上册,中华书局 1984 年版,第 13 页。
② 钱实甫:《北洋政府时期的政治制度》上册,中华书局 1984 年版,第 14 页。
③ 刘仲敬:《民国纪事本末(1911—1949)》,广西师范大学出版社 2013 年版,第 72 页。
④ 丁中江:《北洋军阀史话》第一集,中国友谊出版公司 1996 年版,第 397 页。

众议院旧址（在今北京市西城区佟麟阁路）

统。11 月 4 日，袁世凯借"二次革命"为名，下令解散国民党，并将国民党议员资格剥夺，追缴证书、会章，被追缴者共 438 人。这样，国会就在法定人数不足的情形下无法开会，1914 年 1 月 10 日袁世凯下令解散国会。饱受摧残的国会议员们纷纷南下，聚集上海者不下 200 人，护国运动开始后，旅沪的国会议员也为之声援呼应。迨袁死后黎继总统，《临时约法》得以恢复，国会重行召开，原来南下的议员们遂纷纷回京。

1916 年 8 月 1 日，国会在北京举行第二次常会开幕典礼，参议院议员到会 138 人，众议院议员到会 318 人。参议院仍由王家襄、王正廷为正副议长，众议院仍由汤化龙、陈国祥为正副议长，临时公推王家襄为主席。大总统黎元洪及国务总理兼陆军总长段祺瑞、财政总长兼外交总长陈锦涛、交通总长兼内务总长许世英、教育总长范源濂、农商总长张国淦、海军总长程璧光同时莅会，黎元洪依照 1913 年公布的《大总统选举法》第四条，郑重宣誓，完成了法律手续。

国会虽然复会了，但是危机依然存在。段祺瑞曾对芮恩施说过："我并不期望从恢复国会中得到很多好处，党派斗争和与政府作梗的情况将会层出不穷。但是，至于这种通过清谈进行治理的古怪的现代方法，我基本上看不出它有什么优点,但我还是愿意让它得到一种公正的试验。"①随着府院之争的再度激烈化,国会存废危险又一次降临。

---

① 【美】芮恩施著,李抱宏、盛震溯译:《一个美国外交官使华记》,文化艺术出版社 2010 年版,第 185—186 页。

第八章　努力实现对德宣战

对德宣战,是段祺瑞政治人生中的一大亮点。为了实现对德宣战,段祺瑞承受了政治上的巨大压力,也付出了极大的代价。从战后世界新秩序重构的过程来看,中国加入协约国集团,是一个正确的选择。有学者指出,"这一外交举措与实践,标志着中国政府主动地参与国际事务、争取民族认同和加入国际体系的开始,具有重大的历史意义"[①]。

局外中立

1914 年 7 月 28 日,第一次世界大战爆发,国内民众极为关注政府的动向。当时正担任陆军总长的段祺瑞是主张参加对德作战的,据后来担任国务院秘书长的张国淦回忆,他曾访问过段祺瑞,探寻其对"一战"的态度。其时,段祺瑞在总统府居仁堂西首一座小山的小楼里,正在潜心研究有关的军事问题。段祺瑞对张国淦说:"我是主张宣战,所以在此僻静处做些战事准备,奈一般军人,都不赞成。德国曾提议交还青岛,为日本所遏,而日本又将

---

① 李志学:《"一战"对德外交与中国加入国际体系》,《学习与探索》2013 年第 8 期。

援日英同盟,进攻青岛"①。果不其然,8 月 23 日,日本即联合英国对德宣战,并派兵由山东龙口上岸,占领了青岛②。段祺瑞的担心变成了现实。

段祺瑞所说"一般军人都不赞成"的情形或许是当时军界的真实舆情,再加上袁世凯欲帝制自为,因此中国政府采取了"局外中立"的外交政策。1914 年 8 月 6 日,袁世凯以大总统令的形式颁布了《局外中立条规》,以法律的形式固定了"局外中立"的外交政策。当时的政界、舆论界以及后来的学术界对此皆以锁国的"孤立主义"外交视之,实则"中立"并不完全等同于"孤立",更不可视为锁国外交。《局外中立条规》是以 1907 年世界各国在海牙所画押之《陆战中立条约》和《海战中立条约》为依据的,这表明中国政府已经开始将自身置于国际公法与国际团体之中。"政府即颁中立条规,宣告中国对于此次战争,恪守中立。对于德奥方面与联军方面,毫无偏袒。一切事宜,均按国际公法办理"③。

从《局外中立条规》的内容上分析,其目的是鉴于西方主要列强与中国存在着错综复杂的殖民利益关系,如租界、租借地及势力范围等,其"中立"政策就是为了防止因此种关系而导致欧战之火蔓延到中国。《局外中立条规》中较为重要的规定分别是第一条:"各交战国在中国领土、领海内,不得有占据及交战行为。凡中国海陆各处,均不得倚之为根据地,以攻敌人。"④第二条:"各交战国之军队、军械及辎重品,均不得由中国领土、领海经过。其有违背前项规定者,应听中国官员卸去武装,并约束、扣留至战事完毕时为止。"⑤第十一条:"各交战国在中国领土、领海内,不得编成战斗军队、舰队或设立募兵事务所,不得设立捕获、审判所,并不得封锁中国海岸。"⑥这

　　① 张国淦:《北洋述闻》,上海书店出版社 1998 年版,第 83—84 页。

　　② 1898 年 3 月,德国逼迫清政府签订《胶澳租借条约》,强租了胶州湾,而日本早就看中了这个战略要地。

　　③ 岑学吕编:《三水梁燕孙(士诒)先生年谱》上册,1946 年铅印本,第 442 页。

　　④ 中国第二历史档案馆:《中华民国史档案资料汇编》第三辑・政治(一),江苏古籍出版社 1991 年版,第 321—322 页。

　　⑤ 中国第二历史档案馆:《中华民国史档案资料汇编》第三辑・政治(一),江苏古籍出版社 1991 年版,第 322 页。

　　⑥ 中国第二历史档案馆:《中华民国史档案资料汇编》第三辑・政治(一),江苏古籍出版社 1991 年版,第 323 页。

些说明中国政府开始主动地利用国际公法作为护身符来维护国家领土与主权不受交战国的侵犯。虽然后来发生了日本侵占山东的事件，"局外中立"的外交政策所发挥的实际作用是有限的，但仅就参与国际事务的实践而言，也足以标志着中国社会从此开始步入国际化的舞台。

为了维护战争期内居住在交战国的中国侨民的权益，《局外中立条规》第十三条规定："中国人民寄居各交战国境内者，该国不得夺其资财，不得勒充兵役，在必要时，中国得派军舰前往保护或接载出口。"①此项声明，凸显民国政府代表一个主权国家在国际社会中决心维护自己的国民权益不被侵犯的严正诉求。

国际关系

目前，国内学术界的主流观点依然是在对德宣战问题上，当时的执政者明显受到外国势力的影响。大总统黎元洪受美国势力的支配，国务总理段祺瑞受日本势力的支配；而且，他们都试图借助外国势力增强自己的实力。对德宣战问题确实是府院之争的一个焦点，牵扯到的国际关系也是比较复杂的。但是，无论是大总统黎元洪，还是国务总理段祺瑞，都不是全然做外国人的应声虫。因此，我们要想弄清楚中国对德宣战过程中的复杂关系，首先需要弄清楚围绕对德宣战问题发生的国际关系。

现在看来，围绕对德宣战问题发生的国际关系，表现在四个方面：一是与美国的关系，因为美国是最早实质性劝说中国对德抗议、绝交的国家；二是与日本的关系，这是最关键的一环；三是与协约国的关系，这也是影响中国对德外交政策的一个重要因素；四是与德国的关系，主要是德国对中国国内各派政治势力的影响。下面就分别厘清这四个方面的关系，首先从与美国的关系开始。

美国劝说中国对德宣战是在 1917 年 2 月 2 日德国正式宣布实行无限

---

① 中国第二历史档案馆：《中华民国史档案资料汇编》第三辑·政治（一），江苏古籍出版社1991 年版，第 323 页。

制的潜水艇战争政策以后,美国以侵害其海外商业利益为名于2月3日宣布对德绝交。2月4日,美国驻华公使芮恩施(Paul S. Reinsch)接到美国国务院的电令,告知美国已经对德国断交,希望所有中立国家都能同美国采取一致步骤,并令他将这一情况通知中国政府。芮恩施据此向中国上层人物进行游说,但是当时中国国内的主流舆论都不倾向于与德国断绝外交关系。一是因为那些年德国对华颇表好感,中国采取行动不如美国自然;二是日本早已对德国在山东的侵略权益虎视眈眈,中国政府特别担心日本趁中国参战之机控制中国的军事和行政。对此,芮恩施代表美国政府于2月8日向北京政府保证:"我们将会提出适当的手段使中国能够尽它由于与美国政府采取联合行动而具有的责任,而对于中国的国家独立以及中国对它的军队的控制和一般行政管理无任何损害。"①在芮恩施看来,对德绝交关系到战后和会上中国的地位,这一点对黎元洪和段祺瑞都产生了很大的触动。"国务总理在一定程度上对此确实感到满意,但在总统看来前景并不那么乐观。"②芮恩施的观察还是比较细致的,因为他感受到了黎元洪与段祺瑞之间存在的矛盾,而这一点又会影响到中国对德外交政策的最终走向。好在,芮恩施的游说取得了明显的效果,他并且承诺对华实施援助③,中国政府最后接受了美国的建议,对德抗议、绝交。但是,当日本取积极怂恿中国对德绝交、宣战的态度以后,美国却来了一个一百八十度的大转弯,开始反对起中国对德绝交、宣战了。美国态度的转变,也间接影响到了大总统黎元洪的态度,处处与段祺瑞做对,引发了空前的政潮。

　　日本开始并不希望中国参战,甚至反对中国对德国提抗议,它想独吞德国在山东的侵略权益。但日本看到美国怂恿中国参战并保证中国免受日本的侵略和干涉后,立即改变了态度,不但不反对中国对德国提抗议,而且极力鼓励中国对德国绝交④。这是因为:第一,如果中国对德绝交,进而对德

　　① 【美】芮恩施著,李抱宏、盛震溯译:《一个美国外交官使华记》,文化艺术出版社2010年版,第224页。
　　② 【美】芮恩施著,李抱宏、盛震溯译:《一个美国外交官使华记》,文化艺术出版社2010年版,第221页。
　　③ 刘仲敬:《民国纪事本末(1911—1949)》,广西师范大学出版社2013年版,第120页。
　　④ 王芸生:《六十年来中国与日本》第七卷,三联书店2005年版,第79页。

宣战,日本就可以逐步加强对中国各方面的控制,以树立日本在中国的绝对优势地位。第二,1917年2月—1917年3月间,日本先后同英、法、俄、意四国分别达成了秘密谅解,日本以维护四国在华权益及促成中国参战为条件,换取了四国政府对日本继承德国在山东和太平洋上赤道以北岛屿权益的保证①。第三,图谋把促成中国参战权掌握在自己的手里,防止中国倒向美国。

1917年2月13日,日本外相本野一郎派西原龟三第三次访问中国,劝说中国参战。西原氏和曹汝霖、梁启超、陆征祥、汪大燮等多人会谈,并访晤了段祺瑞。他记录下的谈话内容如下:

段祺瑞问我:"你认为这次战争到底是哪一方面将获胜利?"我答称:"此事你是专家我是外行。但我不像一般人所推测的那样认为德国的经济即将破产。如果撇开国际关系仅就国内的战时经济而言,就像一个人端着面盆酒水一样,德国可以按照自己的需要任意处理它的国内经济,它可以伸手到巴尔干半岛或土耳其去攫取一些资源,增强自己的经济;而且德国的战力较强,或许能够取得胜利也未可知。"

"既然如此,为什么还要劝中国参加协约国呢?"

"我认为即使德国取得某些胜利,若不能强渡多维尔海峡(英吉利海峡最窄处),制英国于死命,是不可能取得最终胜利的。关于这一点,我倒希望听听你这位专家的意见。"我反问了这末一句。

段氏答称:"多维尔海峡,连当年的拿破仑都未能渡过。英国陆军虽弱而海军强大,德国要想击败英国海军,渡过海峡,看来是没有可能的。"

"既然德国无法取胜,那就勿须耽心德国势力会在六七年内闯进亚洲。因此,参加协约国对德国宣战,与日本推诚合作,利用这六七年的时间整顿国政,充实国力,提高国际地位,摆脱多年来欧美列强的压迫,日中两国同心合力确立东亚的永久和平,此乃千载一时之良机,万不可失之交臂。寺内首相对此十分关注,希望能够实现。"

---

① 王芸生:《六十年来中国与日本》第七卷,三联书店2005年版,第71—74页。

此话未经翻译刘崇杰先生译完，段氏即用双手击股，猛然站立起来，显示出武人的姿态，用一种几乎带有几分颤抖的语调说："明白了，我也深有此感，一定照此进行。"①

段祺瑞全身照

这段记述的真实程度不好判定。但是，西原龟三既然携使命而来，肯定要对段祺瑞做一番劝说工作。他说服段祺瑞的理由，是希望中国与日本合作，"充实国力，提高国际地位，摆脱多年来欧美列强的压迫"，这或许是打动段祺瑞的最好说辞。西原龟三的记述也从一个侧面证明了段祺瑞对德宣战的出发点不仅仅是为了加强个人的权力和地位。当然，日本政府推动中国加入战营，自有它的利益考量在内。

围绕是否对德宣战问题产生的第三个方面的国际关系，是中国与协约国的关系。第一次世界大战分为两大阵营，一方是以德国、奥匈帝国为主的同盟国阵营，另一方是以英国、法国、俄国和意大利为主的协约国阵营，后来日本也加入协约国方面。其实，早在1915年10月，英、法、俄三国就谋求中国加入协约国，目的是利用中国丰富的人力物力资源来支持战争。中国政府就此提出三项条件：1.协约各国须垫款三百万镑，为中国整顿兵工厂之费用，并聘请英、法专家协助中国生产军火，以供应协约国；2.列强未得中国同意，或不请中国参与，不得再订关于中国之条款；3.上海租界不得藏匿

① 王芸生：《六十年来中国与日本》第七卷，三联书店2005年版，第202—203页。

中国罪犯或谋推倒政府之政治党人①。但是，由于日本的坚决反对，英、法、俄谋求中国对德绝交、参战的意图未能实现。及至 1917 年德国宣布实行无限制潜艇战后，法国驻华公使康悌（Alexandre R. Conty）于 2 月 24 日代表协约国通知中国外交部，若能与德国绝交，可议重订关税、减免庚子赔款②。3 月 19 日，英、法、意、日、俄、比、葡等七个协约国公使致觉书于外交部，劝中国加入协约国③。协约国力图满足中国提出的各种优惠条件，是促成中国对德宣战的一个重要因素。

围绕是否对德宣战问题产生的第四个方面的国际关系，是与德国的关系。为了阻止中国倒向协约国，德国驻华公使辛慈（Paul Von Hintze）曾四处奔走，采用"银弹攻势"即贿赂中国政府要人做法，试图使中国继续保持中立。德国方面想到的首要贿赂对象是掌握实权的段祺瑞，傅明夷（段祺瑞的外孙女，系段祺瑞六女儿段式荃之女）回忆说："我父亲生前曾告诉我，外公曾亲口跟他说过，第一次世界大战时，德国人拿了很多钱来贿赂他，叫他不要对德宣战。外公没有要，坚持了对德宣战的立场。"④据另一位当事人的后代回忆，辛慈雇用了一位名叫雍剑秋的商人做说客，试图用 400 万交际费来疏通段祺瑞，请求他将中国对德宣战的日期至少推迟六个月，遭到了段祺瑞的断然拒绝⑤。从历史事实方面也可以看出这一点，3 月 11 日，辛慈将德国政府就中国抗议问题的复牒送交中国外交部，除了模棱两可的让步外，仍声称："德国拟难取消其封锁战略。"⑥鉴于德国依然故我，段祺瑞于 3 月 14 日以中国政府的名义，正式照会德国公使辛慈说："贵公使……既声明碍难取消封锁战略，即与本国抗议之宗旨不符，本国政府视为抗议无效，深为惋惜。兹不得已，与贵国政府断绝现有之外交关系。"⑦从此，中德两国进入战争状态。由此可见，不管出于何种目的，段祺瑞很清楚在维护国家权益的

---

① 章伯锋：《皖系军阀与日本》，四川人民出版社 1988 年版，第 58—59 页。
② 刘仲敬：《民国纪事本末（1911—1949）》，广西师范大学出版社 2013 年版，第 120 页。
③ 刘仲敬：《民国纪事本末（1911—1949）》，广西师范大学出版社 2013 年版，第 121 页。
④ 宋路霞：《段祺瑞家族访谈录（下）》，《江淮文史》2006 年第 4 期。
⑤ 雍鼎臣：《军火买办雍剑秋的一生》，《文史资料选辑》第 53 辑。
⑥ 张忠绂：《中华民国外交史》，上海正中书局 1945 年版，第 213 页。
⑦ 中国第二历史档案馆：《外交文牍·参战案》。

问题上是毫不动摇的。

　　德国还对地方军阀进行了拉拢。德国驻华公使辛慈直到回国前夕，"至徐州访问张勋，无偿地给予枪一万支，炮三尊，并约定德华银行资金供其使用"，"武器约在 4 月间由天津运至徐州"①。为了阻止中国对德宣战，可谓不遗余力。德国人的这些活动，对中国对德宣战产生了不小的影响，至少是加剧了中国国内的混乱局面。

国内矛盾

"一战"华工纪念章，中间为英国国王乔治五世头像

　　根据外交程序，中国政府对德宣战要经过抗议、绝交和宣战三个阶段。段祺瑞及其领导下的内阁，在对德抗议、绝交阶段还算顺利过关，但在宣战阶段却遭受到了重重阻力。因为对德宣战问题在国内引发了不小的矛盾冲突，以下分别叙述。

　　第一个方面的阻力来自大总统黎元洪。早在美国照会刚刚被送到中国之后的两天内，从内政的角度考虑这样一个外交问题就已经萦绕在大总统黎元洪的脑海之中。黎元洪并非不关心中国在国际上的利益，但是他向来访的美国公使芮恩施表达了一种隐忧："采取一项积极主动的对外政策，尤其是万一导致战争，那岂不会加强军方的势力吗？"芮恩施对此持有一种很乐观的看法："依我看，这样一件非常的大事肯定会加强中央政府的权力，使它能够把军队置于它作为一个国家机构的适当地位，并防止从袁世凯那里继承下来的拟封建主义的进一步发展。"②

---

　　① 蒋恭晟：《中德外交史》，上海中华书局 1929 年版，第 51 页。

　　② 【美】芮恩施著，李抱宏、盛震溯译：《一个美国外交官使华记》，文化艺术出版社 2010 年版，第 220 页。

除去黎元洪个人的担忧以外,他身边的谋士也起到了一定作用,这些人乘机献策:"段若参战即大功告成,必先倒段。段去,仍由后任者实行参战,则成功自我也。"①张国淦进一步指出:"府方幕中主持者,有哈汉章、金永炎、蒋作宾、黎澍等,院方目之为四凶,则日以倒段为事,而于外交问题亦未闻详细研究以赞助总统也。"②这真是国家的悲哀,在如此重大的外交问题面前,居然还在逞个人意气,毫不以国家利益为重,段祺瑞面临的困难怎会不多呢?

由于受到这些谋士的包围,面对参战会给中国带来的好处,黎元洪并没有理会,而是处处为段祺瑞设限。这样做的后果,是造成了一次非常严重的府院冲突。1917年3月4日,段祺瑞偕内阁成员到公府谒见黎元洪,请求他在前一天内阁会议上通过的对德绝交案上用印。但黎元洪认为,对德断交是宣战的先声,而宣战是要经过全国人民同意的,因此绝交案必须经过国会表决通过才能签发;同时,宣战、媾和是大总统的特权,总统在这个问题上有发言权。因为谈话

范源濂

间"声音略重",段祺瑞与黎元洪发生了争执。段祺瑞及其阁员范源濂,以责任内阁不需要总统负责为由,对总统大发脾气。僵持之下,段祺瑞等人悻悻

---

① 张国淦:《北洋述闻》,上海书店出版社 1998 年版,第 97 页。
② 张国淦:《北洋述闻》,上海书店出版社 1998 年版,第 93 页。

离开公府。当天下午,段祺瑞负气出走天津,并打算辞去国务总理的职位①。虽然后来黎元洪做出了让步,段祺瑞于 3 月 6 日晚 10 点 30 分由津返京,但府院之间的矛盾冲突却为社会各界所知,从而引发了社会上对对德宣战问题的广泛关注,更加剧了这一问题的复杂程度。

第二个方面的阻力来自国会。黎元洪坚持将宣战问题提前转到国会进行表决,在无形中他就与国会形成了联盟。这样一来,"府院之争"就发展为了"院会之争"。而国会的主要政治力量是如何组成的呢? 张国淦列举出这样几个派别:1. 国民党,以吴景濂为领袖,消极地持反对态度;2. 进步党,以汤化龙为领袖(国会以外是梁启超),积极地赞成参战;3. 政学会,有杨永泰等人,以同系阁员谷钟秀、张耀曾等人的意见为意见;4. 宪政讨论会,从国民党分化出来而又不愿意改属他党之人,由江天铎主持,倾向于政府的主张②。

此时,虽然国民党已经四分五裂,但是,他们在很多问题上仍然采取同样的立场,因为总体上来讲,他们与南方军阀和革命势力有一定的联系。而以汤化龙、梁启超为首的进步党系此时采取了积极支持现内阁来实现自己政治抱负的战略,但是他们在国会中并不是第一大党。这样一来,南北军阀的利益在一定程度上就反映在了国会中。为了制约段祺瑞所代表的北洋系的势力,南方军阀往往会通过国会给现内阁制造一定的麻烦。

1917 年 2 月 9 日,段祺瑞政府刚刚对德进行抗议以后,章炳麟、谭人凤两位革命元老就通电北京,反对中国加入战团。2 月 21 日,孙中山开始授意亲信朱执信着手写作《中国存亡问题》一书,专门讨论参战对中国将会产生的影响,指出参战一定会亡国。2 月 28 日,国民党议员马君武召集三百人通电反对政府对德绝交、宣战。3 月 9 日,孙中山致电参众两院,反对中国加入协约国集团;同日,他还致电英国首相劳合·乔治(David Lloyd George),阻止其继续引诱中国加入协约国。3 月 10 日,章炳麟、唐绍仪等通电参众两院主张严守中立。5 月 16 日,孙中山致电旧国民党系若干国会

① 伍朝枢:《伍朝枢日记》,《近代史资料》总 69 号。
② 张国淦:《北洋述闻》,上海书店出版社 1998 年版,第 93 页。

议员,促其迅速否决对德宣战案。5 月 20 日,孙中山联合岑春煊再度致电段祺瑞及两院议员,促从速解决参战问题。以孙中山为首的旧国民党在野人士如此频繁地向北京表示自己的意见,甚至不惜违反外交规则以普通公民身份直接致电英国首相,这样不容妥协的态度是以什么立场为依据的呢?在所有有关参战案的文字中,孙中山等国民党人都表达了一个观点:中国加入协约国后,必然会引起两种危险,"一为排外之盲动","一为回教徒之离叛",其理由是"华人排外性根久伏,遇隙必发。一旦开战,则必有国内敌人损伤及我之事,图报复者,将不辨国籍,恣行杀戮。第二之团匪,弹指可见。回教徒在中国势力不可侮,若与土战,彼必循其宗教之狂热,起而反抗。中国从此大乱,危亡指日可见"①。

实际情形是这样的么?近年有研究者一针见血地指出,以孙中山为首的革命党人坚决反对对德宣战的理由却是"在内政而非外交"②。因而,当北京政府正式对德宣战以后,以孙中山为首的广州军政府也于 9 月 26 日宣布对德宣战,以至于有时论批评说:"吾人观民国六年段氏对德宣战,国民系议员尽皆反对,而一跑至广东,又复举其双手,表示赞成者,可以知之矣。"③作为当事人之一的张国淦分析得更为深刻:"国会中研究国际法者正不乏其人,但不从此案利害悉心研讨,上焉者以政治为转移,次焉者以感情为向背,此则不能为国会讳也。"④"以政治为转移",这是国会议员牺牲国家利益、纯以本团体利益为重的绝佳概括,也是对德宣战案在国会难以通过的根本原因。

第三个方面的阻力来自国内地方军政长官。地方军政长官中除西南实力派坚决反对对德宣战以外,属于北洋系的一些地方军政长官也有持反对态度的,以冯国璋和张勋两人为代表。1917 年 2 月 10 日,冯国璋致电大总统黎元洪,"主严守中立态度"⑤;2 月 14 日,又派亲信胡嗣瑗入京,代表陈述

---

① 《孙中山致北京参议院众议院电》(1917 年 3 月 9 日),《孙中山全集》第 4 卷,中华书局 1985 年版,第 18 页。
② 金光耀、王建朗主编:《北洋时期的中国外交》,复旦大学出版社 2006 年版,第 18 页。
③ 本炎:《评革命党及研究系》,《孤军》第 2 卷第 5、6 期,1924 年 10 月。
④ 张国淦:《北洋述闻》,上海书店出版社 1998 年版,第 93 页。
⑤ 公孙訇:《冯国璋年谱》,河北人民出版社 1989 年版,第 78 页。

时局主张,反对加入战团。2 月 23 日,冯国璋进京调解府院冲突,与段祺瑞多次交换意见后,转为赞成国务院的外交方略,并答应与段祺瑞一起说服黎元洪。但是,到了 4 月 8 日,冯国璋却致电政府,反对加入协约国。对此,公孙訇的解释是:"在京赞成绝交,系调停府院之争,非出本心。"①与段祺瑞有着密切关系的冯国璋,都不支持对德宣战,他又是副总统,可见难度有多大。张勋的情况与冯国璋不同,他是想通过离间黎、段而达到拥清废帝复辟的目的。至于其他的地方军阀反对参战,是因为害怕一旦参战后,势必要抛弃了地盘、权位、财富和娇妻美妾,还要率兵远赴欧洲打仗,对手又是最能打仗的德国陆军,所以多和段祺瑞唱了反调。

　　第四个方面的阻力来自国内民众的舆论。反对参战的国内舆论的形成,始作俑者乃是一个名叫"外交商榷会"的组织。外交商榷会是由国会中反对参战的国民党议员组成的,1917 年 2 月 18 日正式成立,中坚分子为唐宝锷、马君武等人。2 月 25 日,唐宝锷等人提交了一份"万言书",严厉质问段祺瑞对德抗议,并限段氏于五日内答复。由于段祺瑞对这份"万言书"置之不理,外交商榷会遂于 3 月初两次通电全国,借以对段祺瑞的外交决策施加舆论压力。3 月下旬,梁启超从天津致书国际政务评议会,他在这封名为《绝交后之紧急问题》的附件中建议政府应当尽早参战。可是,梁启超的这封信立即在国内媒体上引起一场有关参战政策的公开辩论,反战论逐渐占据了主流地位,给段祺瑞政府的参战政策造成了巨大的舆论压力。

　　另外,段祺瑞的幕僚中也有不支持对德宣战的。曾毓隽回忆说:"徐树铮事事占先,独于对德宣战抱消极态度。因徐素日崇拜德国,谓民族优秀,科学进步,无战败之理,屡次上书段祺瑞主张不可参战,应守中立。有一次徐树铮为参战事,又上书段氏,段当面将上书弃之于地。以后又发现徐树铮暗中与安徽督军倪嗣冲、湖北督军王占元示意,嘱其电请中央维持中立。及段电召各省督军来京议政,各督军皆拥护宣战政策。据倪、王并称:前此有电请维持中立者,系徐树铮示意,今日来京方知参战之必要。徐树铮遇事与

---

① 公孙訇:《冯国璋年谱》,河北人民出版社 1989 年版,第 83—84 页。

总统为难,独于参战与黎看法相同。"①都说徐树铮是段祺瑞的化身,段对他言听计从,可这次段却丝毫不受徐的影响。为避免徐树铮的背后捣乱,段祺瑞派他到国外考察。从这件事上可以看出,段祺瑞是很有原则性的,他认准的事情一定要干到底。

克服阻力

尽管面临着国内外的重重阻力,段祺瑞不言放弃,而是勇往直前,最终实现了对德宣战的目的。有研究者这样指出:"由于段祺瑞是一个原则性极强的政治人物,为了推行参战政策,面对强大的反战力量,也用尽浑身解数,甚至不惜动用武力,孤注一掷。"②

面对总统与国会结成的松散同盟,段祺瑞先是采取沟通和解释的办法进行疏通,后来才发展到短兵相接的面对面冲突。丁中江将这种现象称为"私愤介入国策",倒是蛮形象的。他说:"中国人最坏的一种观念,常把对外问题牵连到对内恩怨上。段听说黎和国会也主张对德绝交,他便力争先发,不愿在黎之后,而黎听说段主张对德绝交,乃反过来变成反对对德绝交。这时黎恨段达于极点,段的政策在黎看来,无一是处,段东黎则西,段是黎则非。"③外交问题牵扯到内政,事情就复杂得多了,于是段祺瑞的说服工作也便难上加难了。

起初在对德抗议的事情上,黎、段二人的态度基本趋于一致。1917年2月9日,黎、段共同主持国务员联席会议,决定对德国潜艇封锁海面政策提出抗议,并将抗议书面交德国公使辛慈,又以外交部名义答复美国2月3日照会,声明中国已向德国提出抗议,将与美国采取同一行动④。但到了2月28日,段祺瑞率领全体国务员谒见黎元洪,说明对德外交方针,由绝交而宣

① 曾毓隽:《黎段矛盾与府院冲突》,杜春和等编:《北洋军阀史料选辑》上册,中国社会科学出版社1981年版,第264页。
② 马建标:《民初国家认同的困境》,载王建朗、栾景河主编:《近代中国:政治与外交》上卷,社会科学文献出版社2012年版,第480页。
③ 丁中江:《北洋军阀史话》第二集,中国友谊出版公司1996年版,第345页。
④ 胡晓:《段祺瑞年谱》,安徽大学出版社2007年版,第111页。

战,再行加入协约国,黎元洪主张先征求国会同意,冲突开始显现。3 月 1
日,又率全体阁员前往总统府举行最高国务会议,讨论对德绝交问题,黎元
洪认为应交国会复议。其实,这也是"很中肯的意见,就黎来说也是避免和
段闹僵的一个回旋"①。第二天,段祺瑞以国务总理身份邀请参众两院议长
和国会中各政党领袖举行座谈,说明对德绝交的必要,出席者都没有表示不
同意见。

　　然而,3 月 4 日,当段祺瑞率全体阁员(外交部长伍廷芳未去,他已递交
辞呈)前往总统府请黎元洪用印时,矛盾顷刻爆发,已如前述,段祺瑞出走天
津。段祺瑞的负气出走吓掉了黎元洪的威风,3 月 5 日,黎请求副总统冯国
璋专程赴津,请段回京,并答应了冯开出的三个条件:"一、此次国务会议决
定之外交方针,总统不加反对;二、国务院拟发之命令,总统不拒盖印;三、致
各省及驻各国公使之训电,总统不提异议。"②3 月 10 日,众议院通过对德绝
交案;11 日,参议院通过对德绝交案。至此,对德绝交的所有法律手续全部
完成。3 月 14 日,北京政府正式公布对德国断绝外交关系,照会全文如下:

　　　　关于德国施行潜水艇新计画一事,本国政府,本注重世界和平,及
　　尊重国际公法之宗旨,曾于二月九日,照达贵公使提出抗议,并经声明
　　万一出于中国愿望之外,抗议无效,迫于必不得已,将与贵国断绝现有
　　之外交关系等语在案,乃自一月以来,贵国潜艇行动,置中国政府之抗
　　议于不顾,且因而致多丧中国人民之生命。至三月十日,始准贵公使照
　　复,虽据称贵政府仍愿议商保护中国人民生命财产办法,惟既声明碍难
　　取消封销战略,即与本国政府抗议之宗旨不符,本国政府视为抗议无
　　效,深为可惜。兹不得已,与贵国政府断绝现有之外交关系,因此备具
　　贵公使并贵馆馆员暨各眷属离去中国领土所需之护照一件,照送贵公
　　使,请烦查收为荷。至贵国驻中国各领事,已由本部令知各交涉员一律
　　发给出境护照矣。须至照会者。③

　　同日,大总统黎元洪发表对德绝交布告:

---

① 丁中江:《北洋军阀史话》第二集,中国友谊出版公司 1996 年版,第 348 页。
② 胡晓:《段祺瑞年谱》,安徽大学出版社 2007 年版,第 112—113 页。
③ 丁中江:《北洋军阀史话》第二集,中国友谊出版公司 1996 年版,第 365 页。

此次欧战发生,我国严守中立,不意接本年二月二日德国政府照会:德国新定之封锁计划,使中立国商船从是日起在限定禁线内行驶,诸多危险等语。当以德国前此所行攻击商船之方法,损害我国人民生命财产已属不少。今兹潜艇作战之计划,危害必更剧烈。我国因尊崇公法,保护人民生命财产起见,遂向德国提出严重抗议,并声明如德国不撤销其政策,我国迫不得已将与德国断绝现有之外交关系。在我国深望德国或不至坚持其政策,仍保持向来之睦谊。不幸抗议已逾一月,德国之潜艇攻击政策并未撤销,各国商船多被击沉,我国人民因此致死者已有数起。昨十一日,接德国正式答复,难取消其封销战略,实出我愿望之外。兹为尊崇公法保护人民财产计,自今日始与德国断绝现有之外交关系。特此布告。①

完成了对德绝交的手续,黎元洪松了一口气,他认为对德的一篇文章已经做完了。可是在段祺瑞看来,这个问题只走完了一半的路,还有另一半宣战问题没有做。所以黎、段两人的恶化关系,并未因对德绝交而缓和,反而因此更为恶化。段祺瑞是个性格刚毅的人,或者说他刚愎自用也可以,反正他是要将对德宣战这件事进行到底,无论总统、国会和社会舆论有多大的反对声音。

段祺瑞也不是没有强有力的支持者,梁启超就是舆论界的有力人物。1917年3月3日,国民外交后援会在北京成立,鼓吹对德宣战。梁启超在会上发表了演说:"加入之后,我国受其影响甚巨,不能不现有条件之磋商,如赔款问题、关税问题,及修改辛丑条约等事,为我国希望已久而未达目的者。今即有此机会,自未可轻易放过耳。总之,此次加入,就消极言之,宜预定义务范围,免除困难;就积极言之,当为我中华民国国际上开一新纪元。"②

在与黎元洪的正面交锋中,梁启超也毫无掩饰地支持段祺瑞。有一天,段祺瑞邀请徐世昌、梁启超、王士珍等同到公府向黎讨论对德宣战的利害关

---

① 中国第二历史档案馆:《中华民国史档案资料汇编》第三辑·政治(二),江苏古籍出版社1991年版,第1163—1164页。

② 《梁启超关于外交之演说》,《中华新报》1917年3月9日。

系,并且请黎宣示其反对宣战的理由,黎说:"我对这个问题是没有成见的,但是我认为少数应服从多数,现在舆论界都反对宣战,我们不能不予以重视。"平日素以舆论权威自命的梁启超接着说:"舆论?什么舆论?我就是舆论界之一人,但我就是坚决主张宣战的。"黎把眼光望住了王士珍说:"军界也不赞成。聘老就是一个。"王士珍被黎抵得毫无闪躲的余地,只得含糊其辞:"德国陆军世界第一,如果德国战胜,事情就难办了。"①

为了实现预定的目标,段祺瑞还成立了两个临时性的机构辅助他做出决策,当然也起到了与各派力量进行沟通的作用。这两个临时性的机构分别是:1. 国务院外交委员会,以陆征祥、汪大燮、魏宸组、伍朝枢、曹汝霖、梁启超、张嘉森等人组成。他们定期到国务院西花厅,搜集欧战前后外交资料以及新发生的事件,以资研究。段祺瑞也改在国务院吃饭,并检阅有关欧战文电,对于来访人员,也"殷殷询及外事"②。2. 临时国际政务评议会,主要成员包括段祺瑞、伍廷芳、陆征祥、王士珍、熊希龄、孙宝琦、汪精卫、王宠惠、汪大燮、曹汝霖、周善培、魏宸组、陆宗舆、夏诒霆、刘崇杰、丁士源、伍朝枢、张国淦、张嘉森(或梁启超),共 19 人。这是一个调和各派系(北洋系、外交派、研究系和旧国民系)外交意见的非正式组织,段祺瑞、伍廷芳分任正副会长。每周一、三、五举行会议,如果议有所得,段祺瑞次日即报告国务会议。评议会的任务包括以下几项:1. 处置国内德侨;2. 对协约国应提出的条约;3. 华工招募;4. 物料供给;5. 关税改正;6. 巴黎经济同盟条文;7. 议和大会中的各项问题③。

为了使参战案能够在国会获得通过,同时也是为了给黎元洪施加压力,4 月中旬,段祺瑞用急电召集各省督军进京讨论外交问题,并且说如果不能亲自来京,请派全权代表参加会议,这就是"督军团"的来历。本来段祺瑞打算召集全国军事会议,讨论裁兵节饷的问题,并决定这个会议与讨论外交问题的会议合并举行。众议院议员黄攻素质问政府为什么要召集军事会议解决外交问题,于是段祺瑞决定对外乃不用军事会议之名,可实质上仍然还是

① 陶菊隐:《北洋军阀统治时期史话》第三册,三联书店 1957 年版,第 104 页。
② 张国淦:《北洋述闻》,上海书店出版社 1998 年版,第 86 页。
③ 钱实甫:《北洋政府时期的政治制度》上册,中华书局 1984 年版,第 87 页。

军事会议。

第一个进京的是安徽省长倪嗣冲，随后应召到京的有山西督军阎锡山、河南督军赵倜、山东督军张怀芝、江西督军李纯、湖北督军王占元、福建督军李厚基、吉林督军孟恩远、直隶督军曹锟、察哈尔都统田中玉、绥远都统蒋雁行等，其余北方和西南各省督军都派代表列席。4月25日，军事会议开幕，出席和列席的督军、督军代表二十余人，海军总长程璧光和陆军训练总监张绍曾也都被邀参加。段祺瑞亲自主持，说明召集这次会议是为了讨论军制和外交问题。为了防止督军反对参战案，段祺瑞向这些军阀许诺，参战后绝对不会将他们的军队派到欧洲战场。于是，4月28日，督军团一致主张对德宣战①，并且采用半强制的方式使得国务会议也通过对德宣战案。当他们希望再次采取同样的办法催促黎元洪也就范的时候，遭到了后者的怒斥，黎氏称"由国会解决"②，府院之间的矛盾冲突进一步加深。

在段祺瑞的心目中，是瞧不起国会的。但为了确保国会顺利通过宣战案，段祺瑞开始积极地疏通国会议员，主要方式是"私人沟通"、"举行茶会"或向议员发表演说，等等。5月3日，段祺瑞亲自在外交大楼举行茶话会，热情招待国会议员；5月8日，段祺瑞率全体阁员到众议院，他并亲自解释宣战案，要求国会同意，取得的结果是提交全院委员会审查。同时，段祺瑞还设法消除社会舆论的不利影响。5月6日，段祺瑞请王宠惠赴上海会见孙中山、唐绍仪，疏通政府对德宣战案，被二人拒绝③。他还授意亲信在上海、甘肃等地组织民众团体，然后以这些民众团体的名义发表通电，拥护北京政府的参战政策④。但是，这些假借民意的举动非但没能起到作用，反而成为了反战派攻击的把柄，使得段祺瑞政府的处境更为困难。

更不幸的事情还在后头。5月10日，众议院开会审查对德宣战案，却发生了"公民团"围攻众议院、殴打议员、强行通过参战案的丑闻。事后得

---

① 伍朝枢：《伍朝枢日记》，《近代史资料》总69号。
② 伍朝枢：《伍朝枢日记》，《近代史资料》总69号。
③ 《孙中山先生复段总理书》，《民国日报》1917年5月12日。
④ 《时评三：外交研究会》，《民国日报》1917年5月5日；《西北国民外交后援会成立》，《晨钟报》1917年5月22日。

知,所谓"公民团"是受傅良佐雇佣和指使的,段祺瑞虽然事前并不知情,但他作为傅良佐的上司自然难逃其咎。"公民团"事件的直接后果是大大损害了段祺瑞政府的威信,间接后果则是导致了宣战案的被搁置。5月19日,众议院决议缓议宣战案,段祺瑞的对德外交政策走入了死胡同。所以,时论认为:"段的自杀政策,一是督军团,一是公民团。"①以后的事情大家都知道了,严重激化的府院矛盾在此之后趋于白热化,黎元洪引张勋以自助,结果闹了个复辟丑剧。段祺瑞凭借"三造共和"之功,很轻易地使宣战案于8月4日提交国务会议通过,14日以总统命令正式公布,令云:

> 我中华民国政府,前以德国施行潜水艇计划,违背国际公法,危害中立国人民生命财产,曾于本年二月九日向德政府提出抗议,并声明万一抗议无效,不得已将与德国断绝外交关系等语。不意抗议之后,其潜水艇计划曾不少变,中立国之船只,交战国之商船横被轰毁,日增其数,我国人民之被害,亦复甚众。我国政府不能不视抗议之无效,虽欲忍痛偷安。非惟无以对尚义知耻之国人,亦且无以谢当仁不让之与国。中外共愤,询谋佥同,遂于三月十四日,向德政府宣告断绝外交关系,并将经过情形宣示中外。我中华民国政府所希冀者和平,所尊重者公法,所保护者我本国人民之生命财产。初非有仇于德国,设令德政府有悔祸之心,怵于公愤,改其战略,实我政府之所祷企,不忍遽视为公敌者也。乃自绝交以后,历时五月,潜艇之攻击如故。非特德国而已,即与德国取同一政策之奥国,亦始终未改其度。既背公法,复伤害吾人民,我政府责善之深心至是实已绝望。爰自中华民国六年八月十四日上午十时起,对德国、奥国宣告立于战争地位,所有以前我国与德奥两国订立之条约、合同、协约及其他国际条款、国际协议,属于中德、中奥间之关系者,悉依据国际公法及惯例一律废止。我中华民国政府仍遵守海牙和平会条约,及其他国际条约。关于战时文明行动之条款罔敢逾越,宣战主旨在乎阻遏战祸,促进和局。凡我国民宜喻此意,当此国变初平,疮

---

① 张国淦:《中华民国内阁篇》,杜春和等编:《北洋军阀史料选辑》上册,中国社会科学出版社1981年版,第207页。

痍未复,遭逢不幸,有此衅端。本大总统眷念民生,能无心恻,非当万无苟免之机,决不为是一息争存之举,公法之庄严不能自我失之,国际之地位不能自我绝之,世界友邦之平和幸福更不能自我而迟悟之。所愿举国人民,奋发淬厉,同履艰贞,为我中华民国保此悠久无疆之国命而光大之,以立于国际团体之中,共享其乐利也。布告遐迩,咸使闻知!①

通过回顾对德宣战的整个过程,我们发现,尽管段祺瑞使用了不太光彩的手段,比如,引"督军团"进京开启了地方军人干预中央政治的先例。即便是段祺瑞这样的政治强人也无法循着正常的政治途径完成有利于国家前途的外交大业。

反复算计

这里还要澄清一个问题,即对德宣战不是段祺瑞的一时心血来潮,也不是与黎元洪的意气之争,而是经历了一个反复算计的过程。

早在 1915 年 11 月 1 日,北京政府外籍顾问莫理循(George E. Morrison)在写给袁世凯的信件中,就劝说中国政府参加对德作战,并着重阐述了中国参战的几条理由:

1. 中国要为被压迫者的事业,和提高她在各国中的地位而奋斗。

2. 她将扭转将来再有可能受到侵略的危险,因为谁也不能侵略自己的盟友。

3. 她将同今后行将主宰世界的各大强国结成联盟。

4. 这些强国当中,英、俄、法、日是环绕中国的国家。无论发生什么事,他们都将照顾到在战争高潮中出面援助他们的友好邻邦,使得针对中国的侵略行动不再发生。

5. 中国将在确定媾和条件的会议上得到一个席位,如果她像现在这样始终保持中立,她的话将永不能在任何议和会议上受到听取。

---

① 中国第二历史档案馆:《中华民国史档案资料汇编》第三辑·政治(二),江苏古籍出版社1991年版,第 1197—1198 页。

6. 中国将以其资源为盟国服务,这些资源可以成为物质上的援助,尤其是对于俄国和日本。她的兵工厂能够为战争生产军火,她能够供应庞大数量的军用物资。钱财将源源不绝地流入中国像现在流入日本一样。中国将能够摆脱她的财政困难。大连将代替现在的海参崴成为转运送往俄国的大量军用物资的进口港。

7. 中国将在承认她的帝制政体这件事上,能够有把握地获得同她结成联盟的各大强国的支持。

8. 中国将能有把握地期待同她结成联盟的各方强国,赞助中国增加关税,解决西藏问题,并安排好许多有关改善人民生活问题的办法。

9. 中国将能收回天津的德、奥租界及汉口的德国租界。难道还能相信同盟国会容许德国依然保持租界?

10. 中国将能永远停付对德国的义和团赔款,按目前汇率计算这笔尚待支付的钱,高达 155,250,000 元以上。

11. 中国驱逐德国公使馆和所有德国领事馆,强迫德国人退出沙面,每次都给予德国人以安全出境权利,乘日本船前往美洲。①

这些理由是很诱人的,但当时中国取的是中立政策,再加上日本的反对,袁世凯又忙于筹备复辟帝制,故而无法就对德外交政策进行详细研究。段祺瑞掌握中央政府实权后,面对复杂的国际形势,曾对人言:"我秉国钧,长此贫弱,终于误国。今有机可乘,所希之利益,寡多分量,虽不敢必,而友邦表示亲谊,予我援助,确有佐证,必委而去之,以求苟安,而整理庶政、扩张国力,一一无可为资,此后更有何术,以图振作。……惟吾断行吾之所信,以效国而已。"②正是看到了对中国有利的国际形势,段祺瑞才希图借助对德宣战而谋求扩张国力。担任国务院秘书长的张国淦并写就了一篇《对德国潜水艇封锁案节略》,提出了中国参战的步骤、可以履行的义务和需要取得的权利,这说明段祺瑞及其幕僚做好了充分的准备。再有一个因素,从德

---

① 【澳】骆惠敏编、刘桂梁等译:《清末民初政情内幕》下卷,知识出版社 1986 年版,第 501—502 页。

② 中国第二历史档案馆:《中华民国史档案资料汇编》第三辑·政治(二),江苏古籍出版社1991 年版,第 1174 页。

国宣布实施无限制潜艇攻击始,"旬日以来,据各驻使报告,英、美、法、荷各船屡遭沉毁。英船华人失踪者三名,法邮船所载华工九百人,死者五百四十三人"①。中国公民已经受到德国无限制潜艇战的伤害了,如果连一点表示也没有,何能立足于世界民族之林呢?为国威计,中国也不可置身事外,再守中立。

段祺瑞还巧妙地利用西方列强相互厮杀的机会,希望收回更多的国家权益,并把希望主要寄托在美国身上。鉴于美国政府已保证中国的独立自主,所以段祺瑞于1917年2月28日派陆征祥以国务总理代表的身份,向协约国各国的驻华公使提出中国参战三条希望条约:第一,逐步提高中国的关税至值百抽七点五;第二,废止《辛丑和约》附属文件中有碍中国防范德人行动有关军事部分的条款;第三,将偿付庚子赔款时限延后十年,不另加利息。在这些条件的基础上,中国政府答应以原料及劳工供给协约国的方式参战②。中国参加协约国集团,却用不着出兵,只是派遣劳工和提供某些原料,参战的代价并不高。须知,这些优惠条件并不是协约国赐予中国的,而是北京政府努力争取的结果。

人们习惯上倾向于认为,段祺瑞是受到日本的影响,才极力坚持对德宣战的。那我们就来看一看段祺瑞政府是如何处理对日关系的。1917年3月8日,北京政府外交部致日本政府节略一件,内有中国方面提出的条件:第一,庚子赔款,德奥方面永远撤销;协约国方面之赔款,希望以援助中国之好意,十年内展缓偿还,十年后仍照原有金额按年递付,不另加利息。第二,中国政府希望以援助中国财政之好意,承认中国即时将进口关税额增加五成,并由中国政府陆续改正关税价表,改正后即按实价值百抽七五征收,至中国财政将厘金裁撤后,即实行光绪二十八年、二十九年、三十年与日英诸国所定商约,将关税加至实价值百抽十二五。其复进口之子口半税,亦即于正税加至十二五之时废止。第三,辛丑条约及附属文书中,有妨害中国防范德人行动之处,如天津周围二十里内中国军队不能驻扎,又使馆与沿铁路各

---

① 李志学:《"一战"对德外交与中国加入国际体系》,《学习与探索》2013年第8期。
② 王芸生:《六十年来中国与日本》第七卷,三联书店2005年版,第88页。

军队等类,希望解除,至中国对协约国应负之义务,至下列两端为止:一、原料之资助,二、劳工之援助①。

莫理循 1917 年 5 月 9 日写信给戴乐尔,内中谈到日本欺骗中国的事情:"2 月 9 日,中国向美国和德国分别提出一份照会。几天以后,她向协约国的公使们打听,他们是否赞成把关税提高到值百抽五。林权助男爵去了日本。芳泽谦吉在负责。2 月 14 日寺内正毅派了一个名叫西原龟三的密使来到北京。西原龟三使中国人相信,日本答应运用她对盟国的影响取得他们的同意,受了这些诺言的欺骗,段祺瑞于 3 月 8 日向国会宣布,一旦中国参战,各大国就同意提高关税,延期十年偿付义和团赔款,并撤出各国驻扎在北京和铁路线上的卫队。

这位总理 3 月 8 日在国会所作协约国驻华使节业已答应中国所提条件的声明,是协约国驻华使节从未知道,此时才第一次听到的消息。口头诺言既经提出,中国已经傻乎乎地信了。段祺瑞这时发觉因为日本赖掉西原龟三许下的诺言,自己已在无意中陷入欺骗国会的地位。不仅如此,日本非但反对把关税提高到值百抽五以上,甚至连值百抽五,也是处在强大的日本政府所不肯答应的。"②从莫理循信件的内容分析,即使段祺瑞听从了日本人的劝告,也有受欺骗的嫌疑。

再来看一看久为国人诟病的西原借款的实际情形。西原借款是指 1917 年至 1918 年间段祺瑞政府和日本签订的一系列公开和秘密借款的总称,前后总共八次,总额为 1.45 亿日元,因居间介绍人为西原龟三,故称"西原借款"。段祺瑞政府为什么要向日本大借款呢? 一个原因是 1917 年,特别是张勋复辟事件发生后,"政府事实上是靠发行纸币过日子"③,政府财政几乎到了崩溃的边缘。因此,只有靠借外债才能得以生存,除此别无生路。另一个借款的原因是筹措参战经费。段祺瑞政府最初并不想向日本借款,而是把举借外债的对象放在美国和协约国身上。事实上,协约国因身陷战争漩涡而无暇自顾,然而美国又令中国人大跌眼镜,不但没能在中国急需帮助的时候伸出援手,反而送来的是出卖中国的《蓝辛—石井协定》。在日本却出现了另一番景象,日本寺内首相一改大隈内阁时期的对华政策,由明火执仗的侵略变为"日华亲善"的经济渗透,对向中国提供借款援助异常热心,并许以十分优厚的借款条件。对于被窘迫的财政弄得难以度日的段祺瑞政府而言,向日本借款便成了唯一的选择。关于"西原借款"的条件,时任驻日公使章宗祥回忆道:西原借款"以无折扣为主义,轻其担保,破除向来之借款之苛例,又以实业为名,不涉内政,是以当局者坦然进行,毫无顾虑"[1]。

八次"西原借款"都没有可靠的担保,据当时在朝的张一麐回忆:"曹汝霖长财部,迷信段总理两月削平西南之说,所借外债已在一万万以上。余与曹君本有雅,故一日访诸其寓,婉讽之曰:'欧战将停,君以日本外交名于世,余观美国威尔逊之演说,将来不免西风压倒东风,君盍稍变方针,毋偏重一方乎?'曹君以余为咎其借款,答余曰:'人皆以借日款咎余,实则余所抵押者,如东三省之森林在其势力范围之内,一如无抵押而借巨大之款,尚不便宜乎?'"[2]正是没有可靠的抵押物,日后才可以赖掉这笔巨额巨款不还,这笔买卖做得超值。关于对日借款更值得一提的一件事是:"西原借款,除第一次交通银行借款还清外,其余七笔款项,计14000万元(本金),中国政府均一律未还。"[3]段祺瑞在家里多次说过:"咱们对日本,也就是利用一时。这些借款,谁打算还他呀!到时候,一瞪眼完了。"[4]"西原贷款"无回扣、担保空洞、无监督等条款,其实正是日本人的高明之处。段祺瑞未必不能识破,他之所以对日本转恨为亲,主要是为了解决经济困难寻找出路。

人们对"西原借款"的动机存有疑问,一直认为段祺瑞是为了训练自己的"私人"武力——参战军而为,目的是为对内作战而不是用于对外作战。对于这一说法,已有研究者做出了解释:"从八次西原借款的签约时间看,除了日本试探性向中国'示好'的第一次,交通银行借款,是在中国向德奥宣战

---

① 章宗祥:《东京之三年》,《近代史资料》总38号。
② 张一麐:《古红梅阁笔记》,上海书店出版社1998年版,第60页。
③ 陈剑敏:《段祺瑞力主中国参加一战缘由初探》,《安徽史学》2001年第4期。
④ 王楚卿:《段祺瑞公馆见闻》,《文史资料选辑》第41辑。

之前外,其余的七次借款都发生在其后,同时又是在南北分裂、内战爆发之后,这是否能够说明上述的结论纯粹是当时的反对派和后来的历史学者臆造的呢?难道段祺瑞能预料到1917年7月以后一定会有内战爆发吗?同时正因为这七次大借款都发生在中国宣战之后而不是之前,就足以说明段政府的大借款最初不是为了打内战,而纯粹是为了渡此财政危机之难关和参加'一战'所为。"①但是,"西原借款"最后多数用于训练参战军和对内战争,段祺瑞因而落得了亲日的名声,这也是不争的事实。

这里再交代一个细节,中国选择在8月14日对德奥宣战,也是有深意的。17年前(1900年)的8月14日,有德奥两国参加的、而后以德国伯爵瓦德西(Alfred Graf Von Waldersee)为总司令的八国联军打进北京城。那一年的6月2日,德国驻华公使克林德(Clemens Freiherr von Ketteler)前往总理各国事务衙门的途中,被清军士兵开枪打死,故《辛丑条约》中有要求清政府在克林德被击毙处修建克林德碑以作纪念的条款。大战结束后,克林德碑被改为"公理战胜"牌坊,移入现在的中山公园(当时叫中央公园)内。曹汝霖回忆说:"迨第一次战胜德国,我国亦参战国之一,始将该牌坊移置中央公园,改题公理战胜四字,由段合肥亲自奠基,以为参战之纪念,使游园之人,一进园门,皆可望见,从此国耻碑,变为战胜碑矣!"②段祺瑞亲自为"公理战胜"牌坊奠基,不亦能看出他的内心世界嘛!

现实利益

对德宣战给中国带来的好处可分为两个方面,一是即时兑现的现实利益,一是提升了中国的国际地位。

在现实利益方面,3月14日以大总统令宣布与德国断绝外交关系时,中德间的现行条约不因此而废止,仍保护在华德国人生命财产的权利,令主管机关依据国际公法规则,拟具保护德国侨民章程。但对德国政府的特殊

---

① 李志学:《"一战"对德外交与中国加入国际体系》,《学习与探索》2013年第8期。
② 曹汝霖:《曹汝霖一生之回忆》,中国大百科全书出版社2009年版,第44页。

政治权利,则加以收回。德国撤回驻华领事,委托荷兰公使代为照顾在华利益,德国在华领事裁判权遂发生问题。15 日,北京政府颁布《审理德人刑事诉讼章程》,除关于刑律所载一部分之刑事诉讼,及关于治安事件,应由中国法院审理外;所有德国人民民刑诉讼事件,向由德国驻华领事审理者,暂许代理德国利益之荷兰领事审理。荷兰公使虽提出抗议,但仅保留了有限度的领事裁判权。北京政府还收回德国在天津、汉口的租界。3 月 28 日,内务部公布《管理津、汉德国租界暂行章程》,改设特别区。

中国政府在收回天津和汉口德国租界的同时,解除了中国境内的德军武装,中国政府应该归还德国的赔款,以及欠款就都停止交付,把这些钱提存中国银行。荷兰驻华公使公然送来了一个照会,声称他受德国政府的委托,代管德国在中国的利益,中德并未宣战,中国政府不能适用对待敌国的办法,没收德国的利益和财产;英、法两国的驻华公使则要求将上述款项提存外国银行。但是,中国政府一概未予允准。此外,德国人在中国海港内停泊的商船均被没收,禁止悬挂德国旗帜的船只在中国内河中航行,德国驾驶员之执照亦被撤销。德国在南京江面的两艘炮舰,亦被南京当局羁留①。

8 月 14 日中国对德、奥宣战后,因为"所有以前我国与德、奥两国订立之条约,及其他国际条款协议属于中德、中奥之关系者,奚依据国际公法及惯例,一律废止"②。同日,大总统令各官署查照现行国际公法惯例,办理对德、奥宣战后一切事宜。在废除德、奥治外法权方面,内务部公布《处置敌国人民条规》十条,及《处置敌国人民条规施行办法》十二条;外交部依据参战后颁布管理敌侨办法,对无约国侨民收回领事裁判权,公布《审理敌国人民民刑诉讼暂行章程》五条,规定:"敌国人民之民刑诉讼,在战争期间,均由中国法院审判,其敌国人民与外国人民之民事诉讼,依据条约应归该外国领事审理者(及有约国人为被告之案件),不在此限。"③并照会荷兰公使:中国法院此后对于绝交以来由荷兰公堂受理的涉及德国人民各案件,行使其完全法权。荷兰公使迭次反对,经北京政府据理驳复,遂收回德、奥在华之治外

---

① 蒋恭晟:《中德外交史》,上海中华书局 1929 年版,第 54 页。
② 《政府公报》第 567 号。
③ 《东方杂志》第 14 卷第 9 号,1917 年 10 月 10 日。

法权。同时,收回天津奥租界,改为特别区。

除去收回丧失于予德、奥的不平等利权外,从协约国方面也得到了不少好处。9月8日,协约国方面照会中国外交部,表示:其一,同意庚子赔款暂缓五年偿还,不另加利息,俄国只允暂缓一部分,永远撤销对德奥的赔款;其二,增加5％关税的原则,具体办法设一专门委员会来研究;其三,天津周围20里内中国军队可以暂时驻扎,以防范德奥两国侨民的行动①。交涉了很长一段时间的增税、缓付赔款等等,都因对德、奥宣战而得以实现。

12月25日,财政部、农商部及税务处拟具《国定关税条例》八条,呈准公布。这个条例原只为对德、奥而设,战后部处审订税目则例,对无约国商民一体适用,以无约国之货物,适用国定税率;有约各国之货物,仍依据条约的协定。这也是中国加入协约国方面作战的另一个收获。《国定关税条例》的实施,是收回关税自主权的第一步。

国际影响

对德宣战给中国带来的第二个好处,是极大地提升了中国的国际地位。唐启华总结说:"北京政府对德绝交,及对德、奥宣战后,虽得自协约国方面之利益极为有限,但中国却逐步解除德、奥在华之一切特权,实开中国摆脱条约束缚之先声。"②自1840年鸦片战争以来,中国慢慢陷入了半殖民地状态,一个个不平等条约就如同一把把沉重的枷锁套在中国人民的脖子上。

凭借着战胜国的地位,北京政府试图逐步修订不平等条约,争取成为国际大家庭中平等的一员。曹汝霖是这样回忆决定出席巴黎和会外交方针的那次会议的情形的:"出发前,总统召集会议,商定应付方针,有关当局与段参战督办均列席,余亦列席。合肥发言,以此次参战,宣布过迟,有名无实,不应多提要求。除收回德奥租界,并取消在中国之权益法权外,拟提议撤销庚子条约驻兵一条,及修订海关税则。至青岛问题,日本一再宣言交还中

---

① 沈云龙:《近代中国史料丛刊·外交文牍》,(台北)文海出版社1973年版,第62—63页。
② 唐启华:《被"废除不平等条约"遮蔽的北洋修约史(1912—1928)》,社会科学文献出版社2010年版,第65页。

巴黎和会三巨头,右一为美国总统威尔逊,左二为英国
首相劳合·乔治,左三为法国总理克里孟梭

国,谅不至食言,且看日本有无提议,随机应付,没有确定。众无异议,就此
决定。"①作为重要当事人之一,曹汝霖的回忆是靠得住的,段祺瑞所持态度
还算是公允的。

1919 年 1 月 18 日,巴黎和会开幕,26 个战胜国派代表出席,商议战后
如何重建和平。3 月 8 日,中国代表团向大会提出《德、奥和约中应列条件
说帖》,这是近代中国第一次以战胜国身份对战败国提出要求。说帖强调:
"中国政府之意愿,大要在使从前用威吓手段或用实在武力,而向中国获得
之领土与权利产业,仍归还中国,并除去其政治、经济、自由发展之各种限
制。"②具体条件共有九款:1. 废止战前各约章,收回胶澳租界地及山东路矿
权;并声明:为推行工商业机会均等主义,拟将青岛及鲁省他处开放;2. 缔

① 曹汝霖:《曹汝霖一生之回忆》,中国大百科全书出版社 2009 年版,第 198 页。
② 唐启华:《被"废除不平等条约"遮蔽的北洋修约史(1912—1928)》,社会科学文献出版社
2010 年版,第 67 页。

结平等商约,绝除最惠国条款;3. 脱离《辛丑条约》;4. 在中国境内之官产无条件让渡;5. 赔偿中国与人民之损失;6. 中国政府保留权利得照大会将来议决办法提出赔偿战费之要求;7. 偿还收养俘虏费;8. 归还辛丑年掠去之中国钦天监仪器及他项美术物品;9. 批准禁烟公约[①]。这些要求多为大会所接受。但是,由于日本的阻挠,中国代表提出的合理要求没有得到满足,国内又爆发了大规模的学生运动即五四运动,最终中国代表没有在对德和约上签字。

中国代表拒签对德和约,产生了两个问题,一是如何加入国际联盟,一是如何结束对德奥战争状态。根据国联盟约第一条的规定:"国际联盟之创始会员国,为本盟约附件所列之签字国。"中国代表只要签字于对奥和约,即可取得国联创始会员国资格。因此,中国代表向和会提出了五项对奥议和条件:1. 取消义和团事件奥国所得之一切权利和赔款;2. 奥国租界由中国无条件收回;3. 战时被遣送之奥侨及被处分之财产,奥国政府不得过问;4. 中奥未定新约以前,奥国人民在中国者,照无约国人民看待;5. 从前中奥两国所有一切条约,因宣战俱归无效,将来亦不生任何效力[②]。奥国政府提出要对这些条件进行修改,未获和会批准。1919 年 9 月 10 日,对奥《圣日尔曼和约》签字,中奥遂处于平等的无约国状态,同时也自动成为国际联盟的创始会员国。这是中国第一次以平等身份加入国际组织。

1919 年 9 月 15 日,大总统明令布告终止对德战争状态,中德遂也处于平等的无约国状态。但强调:在宣战后颁布关于德奥人民之章程与条例,除经正式取消或修改者外,仍归有效。10 月 3 日,又下一令:废止在战时颁布的《审理敌国人民民刑诉讼暂行章程》临时办法,嗣后关于德、奥两国人民之诉讼,均照《审理无约国人民民刑诉讼章程》办理。在此基础上,中德很快展开谈判,1921 年 5 月 20 日《中德协约》在北京签订,这是中国外交史上的第一个平等新约。关于《中德协约》的协议声明和公函要点如下:

(一)德国向中国政府的声明文件:德意志共和国政府愿基于完全

---

① 唐启华:《被"废除不平等条约"遮蔽的北洋修约史(1912—1928)》,社会科学文献出版社 2010 年版,第 67—68 页。

② 刘彦:《中国外交史》,(台北)三民书局 1979 年版,第 582 页。

平等及真切相互之主义,合于普通国际法之规条者,以恢复中德之友谊及通商关系。惟德国因战争局势,势不得已将1898年3月6日与中国所订之条约及其他关于山东文件所获得之一切权利特权,于《凡尔赛和约》已抛弃之,失去将以上各种权利特权归还中国之能力,兹特向中国政府声明以下数项:

(1)德国承认取消在华之领事裁判权;

(2)德国抛弃驻北京使署所属练兵场之全部权力;

(3)德国偿还中国各处收容德军之费用。

(二)中德协约:

(1)两国互派正式外交代表,互享国际公法所承认之一切权利;

(2)两国得互派领事等官,互享他国官员之优礼待遇;

(3)两国人民互有游历、居住及经营工商业之权利……其生命财产均在所在地法庭管辖之下,而遵守所在国之法律;

(4)两国有关税自主权;

(5)(6)(略)。

(三)德代表致中国外长函:

(1)华货在德之关税……并不妨碍中国引用《凡尔赛和约》第264条所予之利益(指赔偿中国损失);

(2)德国声明文件所称偿还中国收容费一节,系谓德国照《凡尔赛和约》赔偿中国损失外,仍愿偿还收容费……

(3)在德之华人财产,于本约批准后,完全偿还;

(4)在德之中国学生,德政府极愿帮助……

(四)中国外长致德代表函:

(1)中国政府允予德侨以完全保护,除按国际法原则及中国法律外,不再查封其财产;德对华侨已同样办理。

(2)(3)在华德侨诉讼案,"由新式法庭以新法律审理",德侨被告案也设法"使各方面均得其平"。

(4)《中国对敌通商条例》于条约批准之日起,失其效力……

(5)自签字日起,停止清理德人财产,自收到德国赔款及批准协约后,将清理处所得各款及被没收之产业归还原主①。

《中德协约》是第一个明文规范无最惠国待遇、领事裁判权、协定关税各款的平等新约。而且,德国为了赎回侨民产业,承诺支付战事赔偿及俘虏收容费。几经谈判,1924 年 6 月换文解决自宣战以来的财务问题,德国支付中国现金、铁路债息票、善后大借款到期息票、代还中国政府所欠德侨德商债务等项,总数约 8400 万元②。

之后,经过多次反复谈判,《中奥通商条约》也于 1925 年 10 月 19 日在维也纳签订。23 日,外交部在发给中国驻奥地利公使的电文有这样的词句:"中奥商约为中外缔约以来最平等详备之条约,经执事商妥签订,深为嘉慰……"③1926 年 1 月 25 日,任中华民国临时执政的段祺瑞批准奥约。

通过梳理第一次世界大战时期中国对德外交的过程,有学者给予了较高评价:"'一战'对德外交,是北洋政府外交的辉煌成就。中国跻身于世界民族之林始于此,中国加入国际体系始于此,中国政府参与国际事务始于此,中国此后的废约运动,并且最终摆脱半殖民地地位而达至完全之民族独立亦始于此。"④这样的评价似乎也不为过,尽管有些超出了我们习常的正统观点。1919 年 7 月 15 日,大总统徐世昌令授段祺瑞大勋位。1920 年 1 月 1 日,在颁发的奖励参战有功人员的大总统令文中,又对段祺瑞的功绩特加表彰:"参战一役,关系国家大计。建威上将军段祺瑞,决疑定策,用底于成,厥功甚伟。"⑤诚哉斯言,段祺瑞力排众议,促成参战,客观来讲是符合当时国家利益的。

---

① 刘彦:《中国外交史》,(台北)三民书局 1979 年版,第 673—676 页。
② 唐启华:《被"废除不平等条约"遮蔽的北洋修约史(1912—1928)》,社会科学文献出版社 2010 年版,第 546 页。
③ 唐启华:《被"废除不平等条约"遮蔽的北洋修约史(1912—1928)》,社会科学文献出版社 2010 年版,第 151 页。
④ 李志学:《"一战"对德外交与中国加入国际体系》,《学习与探索》2013 年第 8 期。
⑤ 吴廷燮:《段祺瑞年谱》,中华书局 2007 年版,第 74 页。

参战督办

在对德宣战以后,段祺瑞还担任了一个专门为对德、奥作战而设立的机构,即督办参战事务处。1917 年 12 月 18 日,代理大总统冯国璋特任段祺瑞督办参战事务。1918 年 2 月 25 日,《督办参战事务处组织令》颁布,规定督办参战事务(参战督办)直隶于大总统,综理一切国际参战事务。督办参战事务处下设参谋长一人,并酌设参赞、参议,均由督办分别聘委。分置参谋、外事、军备、机要四处,各设处长一人(参谋处即由参谋长兼领)处员若干人;副官长一人,副官若干人;统由督办遴派①。督办参战事务处于同年 3 月 1 日成立,段祺瑞随即派靳云鹏为参谋处处长,张志潭为机要处处长,罗开榜为军备处处长,陈篆为外事处处长,卫兴武为副官处处长,聘各部部长为参赞,次长为参议②。

督办参战事务处是一个很特殊的机构,因为:1. 所有参战事务均交督办办理,不必呈送府院,这就等于在总统府和国务院之外由增加了一个平级的机构;2. 聘各部部长为参赞,各部次长为参议,阁员就成了督办的属员,事务处简直成了政府的"太上"机构。如此一来,段祺瑞虽然不再担任国务总理,实际权力却比总理还要大。督办参战事务处都做了哪些事情呢? 主要有三项:

第一,督练参战军。1918 年 8 月,督办参战事务处下设参战军训练处,设参战督练,由当时的国务总理兼陆军总长靳云鹏兼任③,参战军正式开始编练。到 1919 年 3 月,参战军共编成三个师、一个独立团,总兵力在 35000人左右④。参战军编练的目的最初是为了派赴欧洲作战,但真正练成之日,第一次世界大战已经结束。有人认定,参战军是段祺瑞的"私兵",是段氏用

---

① 钱实甫:《北洋政府时期的政治制度》上册,中华书局 1984 年版,第 203 页。

② 吴廷燮:《段祺瑞年谱》,中华书局 2007 年版,第 66 页。

③ 韩世儒:《参战军与直皖战争概述》,杜春和等编:《北洋军阀史料选辑》下册,中国社会科学出版社 1981 年版,第 66 页。

④ 韩基奭:《北洋时期参战军(边防军)、西北边防军研究》,《安徽史学》2012 年第 3 期。

于内战的基本武力。从直皖战争中的表现来看,参战军确实是段祺瑞用于对抗直系的武装力量,但在编练之初,却实在是带有国家色彩的军队,而且段祺瑞也打算将之投入到欧洲战场。因此,我们不能完全否定段祺瑞编练参战军的最初目的。美国驻华公使芮恩施也曾提起过:"我对他(段祺瑞)个人的品德和他想让中国参战的诚意是信任的。……在我同他和他的同僚们的谈话中,他们谈到要成立一个筹备战事的专门机构的想法,结果设置了一个参战处,由段氏任督办,制定开发战争所需的资源和训练赴欧部队的建设性计划。"[1]

第二,筹划派遣中国远征军赴欧作战。段祺瑞为说服各地军阀支持对德宣战,曾许诺只派遣劳工去欧洲战场,而不派出一兵一卒。但段祺瑞当时确实曾经想派遣军队参战,1917 年 9 月 14 日,中国政府正式宣布愿意派兵到法国参战。在此之前的 9 月初,中国政府还打算出动两艘巡洋舰和三艘驱逐舰在东方海域巡逻。美国驻华公使芮恩施 1917 年 10 月 2 日写给美国国务卿的信中报告说:段祺瑞"暗地里让他的陆军次长(徐树铮)与我就派兵赴欧问题进行长谈。他认为宣布一个大规模的派兵计划是不合适的,因为这会导致同盟国的外交抗议,但是他同意立即派遣 10 到 50 个师,每师12000 人。"[2]由此看来,段祺瑞准备派往欧洲战场的士兵数量是不小的。可是,由于缺乏足够的军费,向美国申请贷款又未成功,段祺瑞将军队人数降到了 4 万,但却仍然没有谈成。

迫不得已,段祺瑞只好在 1917 年底先向西线的欧洲战场派出了以唐在礼中将为首的中国远征军先遣队,并跟法国政府展开了运送中国军队上前线的谈判。这是一位美国记者当时拍摄的照片,他在报道中说:

上面这张照片显示的是西线中国远征军的先遣队。中国政府已经向协约国军的前线派遣了十万名劳工。唐在礼中将已在巴黎建立了他的司令部,并为向法国运送四万军队而展开了谈判。中国的军队曾饱受嘲讽,但是中国人的个人军事素质则受到过很多人的称赞,其中包括

---

① 【美】芮恩施著,李抱宏、盛震溯译:《一个美国外交官使华记》,文化艺术出版社 2010 年版,第 277 页。

② 【美】徐国琦著、马建标译:《中国与大战》,上海三联书店 2008 年版,第 196 页。

中国远征军先遣队军官

一位在威海卫率领过华人军团的英国人。只有在最好的指挥官率领下，中国人才能发挥出他们强健体魄，以及在某些情况下奋不顾身，将生死置之度外的能力。刚建立民国的中华民族现在有一个极好的机会，可以抓住一个世界大战的机会来打败敌人和依靠协约国军的力量来组织自己的军队。①

作为中国远征军司令官、已经来到欧洲的唐在礼将军转向法国政府，希望能从后者那儿获得财政和运输上的支持，但这一努力也终究归于失败，最终拟议中的中国远征军没能派出，但是在 1919 年 7 月 19 日举行的伦敦和平日胜利大阅兵上，中国军人还是向世界展示了自己的风采。参加该次阅兵的国家有十八个协约国组织的成员：塞尔维亚、法国、比利时、英国、爱尔兰、澳大利亚、加拿大、印度、新西兰、英属纽芬兰、南非、日本、意大利、圣马力诺、罗马尼亚、美国、希腊、门的内哥罗王国、葡萄牙；此外还有十八个宣布支援协约国组织的国家：中华民国、安道尔公国、亚美尼亚、玻利维亚、巴西、哥斯达黎加、古巴、捷克斯洛伐克、厄瓜多尔、利比里亚、海地、洪都拉斯、尼

① 沈弘：《伦敦一战胜利大阅兵中的中国军事代表团》，《南方周末》2013 年 11 月 29 日。

加拉瓜、巴拿马、秘鲁、暹罗、乌拉圭。这三十六个国家基本上都派出了各自的军事代表团参加阅兵,其中东道国英国军队有数千人,阵容最为强大,而一些小国的军事代表团只有象征性的寥寥数人。

阅兵式中,唐在礼中将率领的中华民国军事代表团表现非常突出。代表团虽然只有七位军官,但他们全都骑着战马,军容严整,英姿勃发。从这张老照片上可以看到,"唐在礼领头,胸前挂满了战功勋章,手持马刀,目光坚毅,颇有大将风度。紧跟在他身后的一名副官手持民国初年的五色国旗,身旁有手持马刀的另外两名军官护卫。在后面的一名副官手持陆军军旗,也有两位军官护卫。这七位军事代表团成员全都燕颔虎颈,气宇轩昂,一看就是经过严格训练和选拔的精英。他们在行进时始终保持着整齐的队形,就连身下的坐骑也都是大小相仿,步调一致。在挤满人群和众目睽睽的伦敦大街上,这不愧为是代表新中国形象的一次惊艳亮相"①。

"一战"胜利大阅兵中的中国军事代表团

中国军事代表团之所以能够在伦敦和平日胜利大阅兵中亮相,是与中国对第一次世界大战做出的贡献分不开的。从 1916 年 5 月(袁世凯时期)

---

① 沈弘:《伦敦一战胜利大阅兵中的中国军事代表团》,《南方周末》2013 年 11 月 29 日。

派出第一批劳工开始,到战争结束的 1918 年 11 月,大约 14 万华工在法国战区服役①,他们从事装运和卸载工作、建筑铁路、维修公路,还冒着枪林弹雨在前线修筑了数百英里的战壕,所做出的贡献不亚于同样数量的士兵。而且,他们还付出了巨大的牺牲,据统计,整个第一次世界大战期间约有4000 名华工死在欧洲战场②。除去华工的贡献以外,中国政府更在军火方面予以协约国以援助。据梁士诒回忆说,援助协约国的枪支早在 1915 年11 月就准备好了;1916 年 1 月,中国海军派两艘船将这些枪支运到香港,秘密交给英国,总数是 24000 支步枪以及数量不详的不同类型的大炮③。

第三,负责组织军队出兵西伯利亚。1917 年俄国爆发十月革命,新政府宣布退出欧洲战争,随后引发了协约国的武装干涉。1918 年上半年,日、美、英、法等国开始出兵干涉苏俄,日本还积极拉拢中国政府共同出兵。8月 22 日,中国政府根据中日军事协定并征得美、英等国同意后发布《中国出兵海参崴宣言》,随后出兵海参崴。中国参与协约国对苏俄的武装干涉,有着自己的动机:一是有收回旧俄政府从中国夺取的部分主权与利权的动机。十月革命后,旧俄政府对东北的控制渐趋瓦解。1917 年 12 月,哈尔滨中东铁路路区发生了布尔什维克领导的工兵代表苏维埃武装夺权事件,中国派吉、黑两省军队解除了工兵武装,恢复了哈尔滨的秩序,任命郭宗熙为中东铁路督办;并趁出兵之机,逐渐收回了中东铁路的部分管理权与监督权,保护了旅居俄国远东的中国侨民的生命财产安全,在一定程度上抵制了交战对中国东北及外蒙地区秩序的破坏。二是含有防止日本趁机占领北满的初衷④。日本出兵苏俄远东地区,明显有侵占中东铁路和西伯利亚的意图,中国参与共同行动就是为了防止日本势力侵入北满。尽管这一目的未能达成,毕竟初衷是良好的。

第一次世界大战结束后,督办参战事务处和参战军失去了存在的理由。1919 年 7 月 20 日,督办参战事务处裁撤,改为督办边防事务处,段祺瑞仍

① 【美】徐国琦著、马建标译:《中国与大战》,上海三联书店 2008 年版,第 136 页。
② 【美】徐国琦著、马建标译:《中国与大战》,上海三联书店 2008 年版,第 151 页。
③ 【美】徐国琦著、马建标译:《中国与大战》"注释 134",上海三联书店 2008 年版,第 119 页。
④ 应俊:《1918 年中国参与武装干涉苏俄》,《鞍山师范学院学报》2010 年第 1 期。

为督办。改设督办边防事务处的理由是"沿边一带,地方不靖,时虞激党滋扰,绥疆固圉,著即改设督办边防事务处,特置大员,居中策应,以资控驭,而赴事机。"①参战军先改为国防军,后又改为边防军。督办边防事务处所做的对国家有利的事情只有一件,就是使外蒙撤销自治,重新回归中国版图。

外蒙独立是旧俄策动的,1911 年底,外蒙的哲布尊丹巴受旧俄的怂恿在库伦(今天蒙古共和国首都乌兰巴托)登基,号称"大蒙古国",宣布外蒙独立。1912 年 11 月,中国政府与旧俄政府就此事进行谈判。1913 年 11 月22 日,双方以换文的方式互换了《中俄声明文件》,中国承认外蒙古的自治权,俄国承认中国在外蒙古的宗主权。1915 年 6 月,中、俄代表和外蒙地方代表签署了《中俄蒙协约》,规定外蒙使用民国年历兼用蒙古干支纪年,外蒙哲布尊丹巴呼图克图汗号由民国大总统册封,外蒙取消独立,名义上留在中国版图内,而旧俄获得相当多的实际控制权。1917 年俄国内乱,失掉了对外蒙古的控制,逐渐引起了日本的垂涎。这时,外蒙古的许多王公鉴于独立的失算,又怕日本乘机侵占,所以酝酿重新归属中国。

1919 年 6 月 13 日,徐树铮被任命为西北筹边使,6 月 24 日又命他兼任西北边防军总司令。10 月 22 日,俄兵进犯唐努乌梁海,库伦办事大员②陈毅来电,要求筹边使派兵增援。徐树铮令西北边防军第三混成旅旅长褚其祥率部随其入蒙,11 月抵达库伦,以一混成旅为武力后盾,积极交涉,成功完成外蒙撤治。11 月 17 日外蒙古将取消自治的呈文交给徐树铮,18 日徐树铮电告中央,并且附上呈文内容,22 日徐世昌发布大总统令正式接受外蒙撤治③,外蒙古的主权再一次回归祖国。徐树铮所率领的西北边防军原是参战军的一部分,而后来徐树铮也接替靳云鹏担任了督办参战事务处的参谋长,因而外蒙撤治完全可以看作是督办边防事务处的一大功劳。

1920 年直皖战争中皖系战败,段祺瑞被免去督办边防事务处督办职务

①　吴廷燮:《段祺瑞年谱》,中华书局 2007 年版,第 73 页。

②　库伦办事大员设立于 1915 年,直属大总统,职权是"总监视外蒙古自治官府及其属吏之行为"。

③　《大总统令》(1919 年 11 月 20 日),李毓澍编:《中俄关系史料外蒙古中华民国六年至八年》,台北中研院近代史研究所 1960 年版,第 601 页。

和管理将军府事务,督办边防事务处也被裁撤。

对于督办参战事务处(督办边防事务处)的设置,当时的反战派归结为"段内阁试图通过参战,假外援以制异己而巩固其地位"。针对这种说法,陈独秀指出:"夫现内阁之地位,未见其有若何危险,愚诚不解说者以何情由谓其必假外援始克巩固其地位。反之,段氏以毅然决定加入协约之故,或招一部分军人及一部分议员之反对,使其地位稍形动摇。且不可知彼若悍然不顾而出此,则先国后己之德,正自可钦,奈何疑其假外交以自固也,段氏在旧势力人物中,尚属最廉正者。"①确实,段祺瑞辞去国务总理而担任参战督办,不完全是因派系斗争的尔虞我诈。

---

① 《新青年》第3卷,第1号。

第九章 击破张勋复辟闹剧

　　1917年年中的张勋复辟事件虽然是黎元洪与段祺瑞之间权力斗争的副产品，却对新生的中华民国造成了不小的危害。对于张勋复辟，段祺瑞的态度是非常鲜明的，而且他还及时举起讨逆大旗，击破了张勋复辟的闹剧，因而时论称赞其是"三造共和"的功臣。自此以后，民主共和观念更加深入人心，公开的政治上的复辟行为再也没有发生过。

光杆总理

　　追溯张勋复辟的渊源，首先是张勋及一帮复辟狂热分子的兴风作浪，其次是因府院之争而出现的中央政治"真空"状态给张勋创造了机会。但是，府院之争涉及的还只是政府内部的问题，国会内部不同派别议员为了维护自身利益而牺牲掉国家的利益，从而使得府院之争发展到了无法调和的地步，地方实力派解散国会的呼声与国会内研究系议员的主张相遥制，造成了民国前期非常严重的一次宪政危机，这才是导致张勋复辟发生的真正原因。

　　国会内，支持政府的议员组成宪法研究会，俗称研究系，是从原先的进步党转化而来的，以梁启超、汤化龙为首领；原国民党和中华革命党议员组建的宪政商榷会，通称商榷系，对政府基本上持批判态度，内部派别多，统称为民党。不久宪法商榷会又分化为三个派系：1. 客庐系，以张继、王正廷、吴景濂、谷钟秀、张耀曾等为主；2. 韬园系，以旧进步党人新附于国民党之孙洪伊及丁世峄为主；3. 丙辰俱乐部，以林森、居正、田桐为主。两大党议员都把制定宪法视为中心任务，但在制宪涉及的基本问题上却存在着根本性的分歧，如国会行一院制还是两院制、国会委员会的组织与职权、省制应否列入宪法和省长是否民选，等等。后来因对德参战问题付诸国会表决的时候，这两大党分别站在不同的立场发声，不惟使政府陷于危机，也使国会自身受到了严重的伤害。

1917 年 5 月 10 日下午，当众议院举行全院委员会审查对德宣战案时，会场外突现"公民团" 2000 余人，看见议员走过，就投以各种各色的"请愿书"和"警告"传单，议员如果拒不接受，就被他们拉下车来施以殴打。"公民团"并推举代表会见议长汤化龙，要求在秘密会议上允许他们列席旁听，遭到拒绝后他们公然威胁国会必须当天通过政府提交的对德宣战案，否则"公民团"对国会和议员将采取激烈手段云云。虽然当日晚间，经过段祺瑞的极力压制，"公民团"最后解散，但"公民团"事件的发生引得全国舆论大哗（因"公民团"系受段祺瑞手下大将傅良佐的指使），也引发了内阁危机。

民党阁员伍廷芳（外交总长）、程璧光（海军总长）、张耀曾（司法总长）、谷钟秀（农商总长）建议内阁总辞职以明责任，段祺瑞不肯接受，于是这四个人都单独提出辞呈。此时，内务总长范源濂正在家养病，新任财政总长尚未到任，故 5 月 12 日国务会议举行例会时，只剩下段祺瑞一个人出席，成了名副其实的"光杆总理"。院秘书长张国淦劝他暂时引退，段祺瑞不以为然，因为根据《临时约法》第 45 条的规定，如果总统下令免除国务总理的职务，他本人拒绝副署，这道命令就不能发生效力。《临时约法》本是段祺瑞所抵制的，现在又成了他的"护身符"，历史是多么诡异呀！

自认为理直气壮的段祺瑞每天照常到国务院办公，他还打算等对德参战案在国会获得通过后，即着手组织国防内阁，增设不管部阁员数人。他似乎满有把握地认为国会一定会通过参战案，而内阁也不会有严重危机。5 月 17 日，段祺瑞一连用三道咨文催促众议院从速通过对德宣战案，却未能如愿以偿。5 月 18 日，北京英文《京报》揭露了中日军械借款的秘密消息：

"言有一万万元大借款,以二千万元作日本代中国改组军械厂用,以八千万元作招募及训练一特别新军之需,中国允将上海、汉阳、巩县三处之军械厂交与日本人。"①这个消息传出来,引起了全国人民的震动,对摇摇欲坠的段内阁又是一个沉重的打击。英文《京报》主笔陈友仁在揭露消息的当天被捕。

同日,恰值众议院例会日,议员褚辅成动议:"对德宣战一案原是以总统的名义咨交国会的,何以三次催请表决的咨文都用国务院的名义? 国务院发出公文,应由国务会议决定,但是现在仅有总理一人而并未举行国务会议,因此本席认为此项来文不合手续。在内阁未改组前,本案应不予讨论。"②这个动议以多数人的同意获得通过。如此一来,段祺瑞的计划都泡了汤,内阁危机愈加严重。而此时国会中只有研究系的议员仍在坚持维持内阁及疏通民党议员通过参战案的方针,其他各党派的态度已由不一致而趋于一致,都主张先解决内阁问题,后讨论外交问题。内阁(实际上是段祺瑞)与国会的冲突已趋于白热化,要解决这一矛盾看来只有解散国会之一途了。

5月19日,在徐树铮的授意下,督军团正式呈文大总统、国务总理,请求解散国会、改制宪法。这份呈文由吉林督军孟恩远领衔,列名督军或督军代表共二十二名,开地方军人干政的恶例。对这个呈文,黎元洪以总统无权解散国会作为回答,而段祺瑞则既不批也不退③。黎元洪的处理并没有什么不妥,因为《临时约法》本没有赋予行政首长解散议会的权力,这也是《临时约法》固有的内在缺陷之一。5月20日,张勋通电表示完全支持督军团解散国会的要求。5月21日,冯国璋(他已于1916年10月30日被国会补选为副总统)答复督军团的电报到京,对总统、总理、国会三方均有劝诫,主张应遵守法律,维持秩序,反对越轨行为。又在致"某要人"的私人信件中表示"以民国副总统之地位决不能赞成解散国会。"④既然不能解散国会,黎元

①　胡晓:《段祺瑞年谱》,安徽大学出版社2007年版,第116页。
②　丁中江:《北洋军阀史话》第二集,中国友谊出版公司1996年版,第383页。
③　黄征、陈长河、马烈:《段祺瑞与皖系军阀》,河南人民出版社1990年版,第68页。
④　胡晓:《段祺瑞年谱》,安徽大学出版社2007年版,第119页。

洪的选择余地就很小了,那就是逼迫段祺瑞辞职。哪知这次段祺瑞偏偏非常倔强,兀自做着他那个"光杆总理",就是不辞职,连曾毓隽也说:"段在平时一怒拂袖而去,此次为力争参战,偏偏强不退。"①

在此期间,黎元洪已经做好了免除段祺瑞国务总理职务的准备。当各阁员递交辞呈时,他都批了"交院"两个字,只是对伍廷芳的辞呈留中不发,目的就是在适当时候派他代理国务总理。5月23日,经过反复权衡,黎元洪终于发布了免除段祺瑞国务总理职务的命令,并通电各省报告处理内阁问题的经过。电报说:

> 段总理任事以来,劳苦功高,深资倚畀。前因办事困难,历请辞职,迭经慰留。原冀宏济艰难,同支危局。巧日来,阁员相继引退,政治莫由进行,该总理独力支持,贤劳可念。当国步阽危之日,未便令久任其难。本大总统特依《约法》第三十四条,免去该总理本职,由外交总长暂行代理。俾息仔肩,徐图大用。一面敦劝东海出山,共膺重寄。其陆军总长一职,拟令王聘卿继任。执事等公忠体国,伟略匡时,仍冀内外一心,共嚌困是。②

同一天,段祺瑞乘车前往天津,黎元洪派公府顾问丁槐赠以程仪一万元,并派侍从武官长荫昌代表送行。段祺瑞临行前发表漾电说:"……查共和各国内阁制,非经在任内阁总理副署,不能发生命令效力。以上各件,未经祺瑞副署,将来地方及国家因此生何影响,祺瑞一概不能负责。"③这个电报显然是控诉总统以非法手段免去他的国务总理,不承认这个命令有效;电报末尾署名为"国务总理段祺瑞",显然仍以在职的国务总理自居。

李剑农分析黎元洪敢于免去段祺瑞的职务,是出于三种考虑:一是以为段派的督军,不敢公然作乱。二是直皖两系的名称此刻虽然尚未成立,但直系的军官已有与段派不合作的暗示。因而以为段派的督军纵然敢作乱,直

---

① 曾毓隽:《黎段矛盾与府院冲突》,杜春和等编:《北洋军阀史料选辑》上册,中国社会科学出版社1981年版,第265页。

② 《黎元洪免段祺瑞国务总理职任伍廷芳暂代令》,中国第二历史档案馆编:《中华民国史档案资料汇编》第三辑·政治(二),江苏古籍出版社1991年版,第1208页。

③ 章伯锋:《北洋军阀》第3卷,武汉出版社1990年版,第108页。

系军人必能牵制之。三是王士珍为北洋派的老前辈，与段祺瑞资格相当，纵然直系军人敢作乱，王士珍必能指挥之[①]。黎元洪虽然踢开了段祺瑞这块绊脚石，却引来了张勋这个复辟狂，进而断送了自己的政治前程。

徐州会议

　　张勋复辟有个酝酿的过程，这就是人们常说的四次徐州会议，但真正图谋复辟的只是第四次徐州会议。在民国历史上，张勋确是一个很奇怪的人物，他的忠君复辟思想根深蒂固，且屡次要付诸实施。张勋（1854—1923年），原名张和，字少轩、绍轩，号松寿老人，谥号忠武，江西奉新人。清末任云南、甘肃、江南提督，辛亥革命以后任江苏都督、长江巡阅使。因所部定武军均留发辫，人称"辫帅"。至于段祺瑞与四次徐州会议的关系，我们先来简单地梳理一下。

图34　张勋

　　第一次徐州会议是在 1916 年 6 月 19 日召开的，其时袁世凯刚去世不久。到会的有直隶、河南、山西、奉天、吉林、黑龙江六省及京兆、热河、察哈尔三特区的代表，加上徐州镇守使张文生、徐州道尹李庆璋、安徽督军署参谋长万绳栻，共十一人。会议通过了十条纲要，主要是向北京政府要钱、要粮、要枪，拟以武力迫使国民党及其议员屈服[②]。段祺瑞正在北京处理国内事务，与这次会议没有发生任何关系。

　　第二次徐州会议是在 1916 年 9 月 22 日召开的，参会人员扩大到三十

---

　　① 李剑农：《中国近百年政治史（1840—1926）》，复旦大学出版社 2007 年版，第 441 页。
　　② 黄征、陈长河、马烈：《段祺瑞与皖系军阀》，河南人民出版社 1990 年版，第 70 页。

多人,其中主要是奉天、吉林、黑龙江、山东、江苏、河南、湖北、江西、福建、山西、直隶、广东、甘肃等十三省的督军、省长或他们的代表,这也是后来人们所称张勋为十三省"盟主"的由来。段祺瑞曾派代表参加,并带去了反对唐绍仪任外长的电稿①。但这次会议根本没有涉及复辟问题,只是军人们越权干政行为的表露。

第三次徐州会议是在 1917 年 1 月 9 日召开的,此时府院之争开始明朗化,段祺瑞欲借各地督军代表会议谋推倒总统、解散国会。这次会议做出了五项决定,包括"取缔国会"、"拥护段总理"②。

综观前三次徐州会议,"都不是复辟会议,只是北洋督军们统一思想和行动以对抗国会和国民党而召开的会议","派人参加会议只能说明段祺瑞对实力派督军们很重视"③。真正涉及复辟的是第四次徐州会议,1917 年 5 月 23 日,离京南下的各省督军们聚集在徐州,在张勋的主持下酝酿新的倒黎拥段活动。会议进行到第二天,黎元洪免去段祺瑞职务的命令传到,会场内外顿时掀起了一股倒黎拥段的风潮。但此时督军们除造反外别无主意,因此张勋乘机提出实行清室复辟的主张。这个主张虽然在以前几次的徐州会议上张勋暗示过,但因时机尚未成熟,所以未提出具体步骤及何时实行。陶菊隐认为:"现在段已下台,张勋认为推翻总统后实行复辟,是一件水到渠成的事了。"④

参加第四次徐州会议的皖派人物有徐树铮和曾毓隽,他们各自发表了一些言论。据说,徐树铮曾对王郅隆说过这样的话:"张勋是复辟脑袋,先让他去做,我们机会就来了。"⑤徐树铮的这句话被许多研究者认定是段祺瑞授意的,因而推理出段祺瑞暗地里支持张勋复辟,然后再讨伐之。事实是这

① 曾毓隽:《忆语随笔》,杜春和等编:《北洋军阀史料选辑》上册,中国社会科学出版社 1981 年版,第 268 页。

② 曾毓隽:《忆语随笔》,杜春和等编:《北洋军阀史料选辑》上册,中国社会科学出版社 1981 年版,第 268 页。

③ 蔡胜:《段祺瑞与张勋复辟关系再探讨》,《西南交通大学学报(社会科学版)》2010 年第 6 期。

④ 陶菊隐:《北洋军阀统治时期史话》第三册,三联书店 1957 年版,第 138 页。

⑤ 曾毓隽:《忆语随笔》,杜春和等编:《北洋军阀史料选辑》上册,中国社会科学出版社 1981 年版,第 269 页。

样的么？徐树铮的有些言论不一定是段祺瑞的意思,很多时候他是在"假传圣旨",借段祺瑞之名而表达自己的想法,而使人误认为是段祺瑞的意思。虽然徐树铮是段祺瑞的心腹智囊,但他们在许多问题上的见解都不相同,比如前面提到过的对德参战问题。而曾毓隽却表达了与徐树铮截然不同的看法,且明确说明是段祺瑞的想法。他在会晤张勋的参谋长万绳栻时说:"郑重转达段意,作恳切之声明,如议及复辟,段必尽力扑灭,勿谓言之不预也。"①从曾毓隽的言行中可以看出,徐树铮的表态并不符合段祺瑞的真意,只能说明他本人对张的策略是暂不表示反对复辟,以诱引张勋放胆进行,假张勋的手以驱黎元洪,然后再拥护共和打倒张勋。认识清楚这一点非常重要,因为这是判断段祺瑞对于张勋复辟态度的基本史实材料。

因而,胡晓在梳理了段祺瑞派人参加四次徐州会议的经过后指出:"段祺瑞派员参加徐州会议,主要是为了联络协调北方督军团,共同对付黎元洪、国会及南方阵营,亦有探询了解甚或借助利用实力派张勋的目的。段和张对南方阵营及国会的态度有相似之处,对'还政于清'的态度则是根本不同的。"②这一判断是符合历史事实的。

马厂誓师

1917 年 5 月 28 日,黎元洪发表任命李经羲为国务总理的命令,引发了国内政局的剧烈震荡。5 月 29 日,蚌埠方面倪嗣冲首先宣布独立,随后河南、浙江、山东、山西、福建、陕西、奉天等省纷纷响应宣布独立。这次北洋系控制下的各省宣布独立,和以前南方各省宣布独立的性质完全不同:以前是南方各省反对北京政府,这次是北洋系军人反对北京政府;以前的北京政府是掌握在北洋军阀大头子的手里,而此时的北京政府只有一个赤手空拳的总统,坐困公府,毫无抵抗力量。由于北方各省宣布独立,新任阁揆的李经羲只好躲在天津租界不敢出来。黎元洪迫切希望李经羲到北京来就职,派

---

① 曾毓隽:《忆语随笔》,杜春和等编:《北洋军阀史料选辑》上册,中国社会科学出版社 1981 年版,第 269 页。

② 胡晓:《段祺瑞与张勋复辟》,《安徽史学》2003 年第 5 期。

公府秘书长夏寿康、军事顾问金永炎到天津专程迎接,又派直系军人、江西督军李纯前往劝驾。因李经羲组阁得到了张勋的支持,黎元洪以为只要他肯到北京来就职,就可以取得张勋的实力援助,制止独立各省的威胁。可是,这个久已想做国务总理的前清老官僚,当国务总理已经到手的时候,却又没有做国务总理的勇气,坚决不肯来京就职。

另一方面,下野避居天津的段祺瑞却又门庭若市,研究系、交通系以及亲日派纷纷奔走其门。研究系完全倒向段的方面,大批研究系国会议员纷纷辞职离京,汤化龙也辞去了众议院议长,以拆国会的台。政府瘫痪,国会涣散,黎元洪无计可施,恰在此时,张勋公开表示拥护总统,担任调停时局。6月1日,黎元洪发布请张勋进京"调停国事"的总统命令,给复辟打开了大门。6月2日,独立各省在天津成立了"总参谋处",推雷震春为总参谋长,并宣布要另立"临时政府"和"临时议会",更使黎元洪惊恐不安。

6月8日,张勋率领辫子军步、马、炮兵共10营约5000人及随员148人到达天津,且对黎元洪派到天津欢迎他的总统府秘书长夏寿康提出解散国会等"调停"条件,并限于三天之内实行,否则将不负调停责任。此时,"人心汹汹,以为复辟即在眉睫间矣。"[1]而就在同一天,张勋去拜谒段祺瑞,段祺瑞即郑重表示:"你如复辟,我一定打你。"[2]段祺瑞的坚决态度尽管稍稍挫杀了张勋的锐气,但未能挡住张勋复辟的野心。在张勋的压迫下,6月13日黎元洪发布了解散国会的命令。次日,张勋乘车进京,随后即在京城内外四处活动。他一方面亲自走访日本驻华使馆,希望其支持复辟;一方面又进谒溥仪,商量复辟事宜,还多方招兵买马。康有为也于6月28日秘密抵京,并于当晚与张勋等召开会议,制定了复辟计划。7月1日,张勋率领康有为、王士珍、江朝宗、张镇芳等进宫,将十二岁的溥仪捧为"大清帝国"的皇帝。

复辟事起,黎元洪于7月2日写了一道起用段祺瑞为国务总理的命令,

---

① 张国淦:《中华民国内阁篇》,杜春和等编:《北洋军阀史料选辑》上册,中国社会科学出版社1981年版,第212页。

② 张国淦:《中华民国内阁篇》,杜春和等编:《北洋军阀史料选辑》上册,中国社会科学出版社1981年版,第212页。

责成段祺瑞举兵讨伐叛逆,派府秘书覃寿衡把命令送到天津去,同时在天津发出请冯国璋代行总统职权的通电。电文曰:"此次政变,动摇国体,不能行使职权,请冯副总统依约法代行大总统职务,并任段祺瑞仍国务总理,此后一切救国大计,由副总统、总理协力进行。"①

当黎元洪起用段祺瑞为国务总理的命令送到天津时,段祺瑞并不接受。张国淦劝他说:"他今天当然还是总统,一切问题,应当在轨道上进行。接受总统的命令,就能够取得合法地位,行使合法职权。军人的推戴是不合法的。何况,一方面取得北方数省军人的推戴,另一方面也会引起西南数省军人的反对。西南数省仍然承认这个总统,这个总统的命令,他们是没有理由反对的。"②张国淦的这番话说动了段祺瑞,于是他接受了黎元洪的命令,从而使讨逆师出有名。

接下来的问题,就是动用哪支武力来完成讨伐张勋的任务。段祺瑞和他的亲信智囊再三研究后,决定就近取材,从直隶、京畿附近找军队,目标是驻马厂的第八师李长泰部和驻廊坊的第十六混成旅冯玉祥部,以这两支部队作为讨逆军的基本武力,同时和在保定的直隶督军曹锟联络。李长泰和冯玉祥在北洋军中都不是属于段派(皖系)的,而是比较接近直系的军队,而他们居然听从了段祺瑞的调遣;对曹锟则许以未来副总统,曹正因为复辟后张勋把他降为直隶巡抚,由张勋自任北洋大臣兼直隶总督而大感不快,所以他也答应参加讨伐张勋。7 月 3 日,段祺瑞通电讨伐张勋,并以讨逆军(共和军)总司令名义布告天下。全文如次:

> 共和军总司令段祺瑞谨痛哭流涕申大义于天下曰:呜呼! 天降鞠凶,国生奇变。逆贼张勋以凶狡之资,乘时盗柄,竟有本月一日之事。颠覆国命,震扰京师,天宇晦霾,神人同愤。该逆出身灶养,行秽性顽,便佞希荣,渐跻显位。自入民国,阻兵要津,显抗国定之服章,焚索法外之饷糈。军焰凶横,行旅裹足,诛求无艺,私橐充盈。凡兹稔恶,天下共闻,值时多艰,久稽显戮。比以世变洊迫,政局小纷,阳托调停之名,明

---

① 吴廷燮:《段祺瑞年谱》,中华书局 2007 年版,第 42 页。
② 陶菊隐:《北洋军阀统治时期史话》第三册,三联书店 1957 年版,第 195—196 页。

进占北京城的"辫子军"

为篡窃之备,要挟总统,明令敦召,遂率其丑类,直犯京师。自其启行伊始及驻京以来,屡次驰电宣言,犹以拥护共和为口实。逮国会既散,各军既退,忽背信誓,横造逆谋。据其所发表文件,一切托以上谕,一若出自幼主之本怀,再三胪举奏折,一若由于群情之拥戴。夷考其实,悉属誓言。当日是夜十二时,该逆张勋,忽集其凶党,勒召都中军警长官二十余人,列戟会议。勋叱咤命令,迫众雷同。旋即挈康有为闯入宫禁,强为拥戴。世中堂续叩头力争,血流灭鼻;瑜、瑾两太妃,痛哭求免,几不欲生。清帝子身冲龄,岂能御此强暴,竟遭诬胁,实可哀怜。该伪谕中横捏我黎大总统、冯副总统及陆巡阅使之奏词,尤为可骇。我大总统手创共和,誓与终始,两日以来,虽在樊笼,犹叠以电话、手书密达祺瑞,谓虽见幽,决不从命,责以速图光复,勿庸顾忌。我副总统一见伪谕,即赐驰电,谓被诬捏,有死不承。由此例推,则陆巡阅使联奏之虚构,亦不烦言而决。所谓奏折,所谓上谕,皆张勋及其凶党数人密室篝灯,构此空中楼阁,而公然腾诸官书,欺罔天下。自昔神奸巨盗劝进之表,九锡之文,其优孟儿戏,未有若今日之甚者也。

该逆勋以不忘故主,谬托于忠爱。夫我辈今固服劳民国,强半皆曾仕先朝,故主之恋,谁则让人。然正惟怀感恩图报之诚,益当守爱人以德之训。昔人有言,长星劝尔一杯酒,世岂有万年天子哉！旷观史乘,迭兴迭仆者几何代几何姓矣,帝王之家,岂有一焉能得好结局？前清代有令辟,遗爱在民,天厚其报,使继之者不复家天下而公天下,因得优待条件,勒诸宪章,带山砺河,永永无极。吾辈非臣事他姓,绝无失节之嫌。前清能永享殊荣,即食饮旧臣之报,仁至义尽,中外共钦。今谓必复辟而始谓忠耶？张勋食民国之禄,于兹六年,必今始忠,则前日之不忠孰甚？昔既不忠于先朝,今复不忠于民国,刘牢之一人三反,狗彘将不食矣。谓必复辟而始为爱耶？凡爱人者,必不忍陷人于危,以非我族类之嫌,丁一姓不再兴之运,处群治之世,而以一人为众矢之的,危孰甚焉。张勋虽有天魔之力,岂能翻历史成案,建设万劫不亡之朝代？既早晚必出于再亡,及其再亡,欲求复有今日之条件,则安可得？岂惟不得,恐幼主不保首领,而清室子孙,且无噍类矣。清室果何负于张勋,而必欲借手殄绝之而始为快！岂惟民国之公敌,亦清室之大罪人也。

张勋伪谕,谓必建帝号,乃可为国家久安长治之计。张勋何人,乃敢妄谈政治？使帝制可以得良政治,则辛亥之役何以生焉？博观万国历史变迁之迹,由帝制变共和而获治安者,既见之矣；由共和返帝制而获治安者,未之前闻。法兰西三复之而三革之,卒至一千八百七十一年确立共和,国乃大定,而既扰攘八十年,国之元气消耗尽矣。国体者譬犹树之有根也,植树而屡摇其根,小则萎黄,大则枯死。故凡破坏国体者,皆召乱取亡之道也。防乱不给,救亡不赡,而曰吾将借此以改良政治,将谁欺,欺天乎？复辟之遗害清室也如彼,不利于国家也如此。内之不特非清帝自动,而孀妃耆傅且将疾首痛心；外之不特非群公劝进,而比户编氓各不相谋而嗔目切齿,逆贼张勋,果何所为何所恃而出此？彼见其辫子军横行徐、兖,亦既数年,国人优容而隐忍之,自谓人莫敢谁何,遂乃忽起野心,挟天子以令诸侯。因以次划除异己,以广布腹心爪牙于各省,扫荡全国有教育有纪律之军队,而使之受支配于彼之土匪军之下。然后设文网以坑贤士,钳天下之口,清帝方今玩于彼股掌之上,及其时则取而代之耳。罪浮于董卓,而凶甚于朱温,此而不讨,则中国其为无男子矣。

祺瑞罢政旬月，幸获息肩，本思稍事潜修，不复与闻时政。忽遘此变，群情鼎沸。副总统及各督军省长驰电督责，相属于道，爱国之士夫，望治之商民，好义之军侣，环集责备，义正词严。祺瑞抚躬循省，绕室彷徨，既久奉职于民国，不能视民国之覆亡，且曾筮仕于先朝，亦当救先朝之狼狈。谨于昨日夜分，视师马厂。今晨开军官会议，六师之众，佥然同声，誓与共和并命，不共逆贼戴天。为谋行师指臂之便，谬推祺瑞为总司令。义之所在，不敢或辞。部署略完，克日入卫。

查该逆张勋，此次倡逆，既类疯狂，又同儿戏。彼昌言事前与各省各军均已接洽，试问我同胞僚友果有曾预逆谋者乎？彼又言已得外交团同意，而使馆中人见其中风狂走之态度，群来相诘。言财政，则国库无一钱之蓄，而蛮兵独优其饷，且给现银。言军纪，则辫兵横行都门，而国军与之杂居，日蒙凌轹。数其阁僚，则老朽顽旧，几榻烟霞。问其主课，则巧语花言，一群鹦鹉。似此而谓能济大事，天下古今，宁有是理？即微义师，亦当自毙。所不忍者，则京国之民倒悬待解；所可惧者，则友邦疑骇，将起责言。祺瑞用是履及剑及，率先勇进，以为国民去此蟊贼。区区愚忠，当蒙共谅。该逆发难，本乘国民之所猝未及防，都中军警各界，突然莫审所由来，在势力无从应付。且当逆焰熏天之际，为保持市面秩序，不能不投鼠忌器，隐忍未讨，理亦宜然。本军伐罪吊民，除逆贼张勋外，一无所问；凡我旧侣，勿用以胁从自疑。其有志切同仇，宜诣本总司令部商受方略，事定后，酬庸之典，国有成规。若其有意附逆，敢抗义旗，常刑所悬，亦难曲庇。至于清室逊让之德，久而弥新，今兹构衅，祸由张逆，冲帝既未与闻，师保尤明大义。所有皇室优待条件，仍当永泐成宪，世世不渝，以著我国民念旧酬功全始全终之美。祺瑞一俟大难戡定之后，即当迅解兵柄，复归田里，敬候政府重事建设，迅集立法机关，刷新政治现象，则多难兴邦，国家其永赖之。谨此布告天下，咸使闻知。①

讨逆的军事行动从7月7日开始，12日即告结束，前后一共不过六天，

---

① 吴廷燮：《段祺瑞年谱》，中华书局2007年版，第42—47页。

中间还有四天顿兵不进,真刀真枪的战事只有两天。在讨伐张勋的军事行动中,曾有空军助战,轰炸清宫,这是中国内战史上第一次使用空军。这次空军助战是由段祺瑞的讨逆军派出南苑航空学校校长秦国镛,驾机在逊清故宫上空盘旋,投下了三颗炸弹。清废帝溥仪后来追述这一次空袭时说:

民国时期故宫神武门

　　宫中掉下了讨逆军飞机的炸弹,局面就完全变了。磕头的不来了,上谕没有了,大多数的议政大臣没有了影子,纷纷东逃西散,最后只剩下了王士珍和陈宝琛。飞机空袭那天,我正在书房里和老师们说话,听见了飞机声和从来没有听见过的爆炸声,吓得我浑身发抖,师傅们也面无人色。在一片混乱中,太监们簇拥着我赶忙回到养心殿,好像只有睡觉的地方才最安全。太妃们的情形更加狼狈,有的躲进卧室的角落里,有的钻到桌子底下。……这三个炸弹一个落在隆宗门外,炸伤了'二人肩舆'的轿夫一名,一个落在御花园的水池里,炸坏了水池子的一角,第三个落在西长街隆福门的瓦檐上,没有炸,把聚在那里赌钱的太监们吓了个半死。①

7月12日,张勋逃往荷兰驻华公使馆避难,他的复辟活动彻底失败了。

---

　　① 溥仪:《从洪宪到丁巳复辟》,杜春和等编:《北洋军阀史料选辑》上册,中国社会科学出版社1981年版,第320—321页。

对于段祺瑞在平灭张勋复辟过程中所起的作用,有研究者给出了切合实际的评论:"在反对张勋复辟的运动中,段祺瑞无论在舆论上还是在行动上,都无疑再次成为恢复中华民国和维护民主共和的领袖人物,这主要体现在他的旗帜作用上。可以说,无论有无段祺瑞的反对,张勋复辟注定都会失败;但如果没有段祺瑞的及时振臂一呼,张勋复辟就可能不只维持短短 12 天。"①诚哉斯言,段祺瑞登高一呼,就聚集起了一股强大的力量,致张勋以夺命一击。当段祺瑞誓师马厂,以便条调李长泰入京,汤化龙、梁启超恒翘其巨指语人曰:"平日知合肥在北洋有势力,但不知以辞职总理,指挥军人,如此方是实力。"②由于段祺瑞在讨伐张勋复辟中的果决,他获得了"三造共和"的美名,声望空前,但也面临着更大的考验。

在这里,补充一个细节,来验证过去人们习常认为的军阀混战的观点有何不妥。讨逆战事刚开始时,讨逆军在马厂设立了稽查处,陆续扣留了往来北京—徐州间的"辫子军"士兵三四百人。"靳云鹏要求李长泰先杀几个扣留在车站的辫子兵,悬首示众,以振军威。李谓由靳先请示段后再办。靳在晚饭时便向段请示,段未作答复。第二天午饭时,靳又向段提及此事,段很不高兴地说:'罪在张勋一人,这些官兵们有什么罪? 杀几个人有什么用处? 你们总是好杀人,杀人者恒杀之,哪一个好杀人的有好结果呢?'在张勋复辟失败后,所有扣留的张部官兵,均分别编隶第八师或给资遣回原籍。"③看似穷兵黩武的军阀却不好杀人,足可令我们的"革命思维"大为惊异吧?

法统中断

7 月 14 日,段祺瑞重新回到北京任国务总理。同一天,"引狼入室"的黎元洪走出日本驻华公使馆,两者形成鲜明对照:"欢迎总理者,何等火炽!而于总统,则殊淡然相忘。江朝宗以汽车一辆卫兵数人,送至东厂胡同私

---

① 蔡胜:《段祺瑞与张勋复辟关系再探讨》,《西南交通大学学报(社会科学版)》2010 年第 6 期。

② 吴虬:《北洋派之起源及其崩溃》,中华书局 2007 年版,第 25 页。

③ 文斐:《我所知道的"北洋三杰"》,中国文史出版社 2004 年版,第 192 页。

宅,即以此数卫兵为之守门,谒问者只公府旧僚数人。回视国务院前及府学胡同(段私邸),何等热闹! 警卫森严,荷枪肃立,来往巡护者,有步军、有陆军、有警察,不下五六百人,汽车、马车,报谒周旋,叠来纷至,令人不胜枯荣亶变之感。"①

7月15日,段祺瑞在北京正式组阁:特任汪大燮为外交总长,段自兼陆军总长,刘冠雄为海军总长。17日继续发表阁员名单,特任汤化龙为内务总长,梁启超为财政总长,林长民为司法总长,张国淦为农业总长,曹汝霖为交通总长,范源濂为教育总长。这个内阁中,研究系占了五席,分别是外交、内政、财政、司法、教育。梁启超得到了以前求之不得的财政总长。对研究系而言,这是它的极盛时代。不过,这次段祺瑞组阁却存在着法理上的缺失:一是根据《临时约法》的规定,国务总理由大总统提名,经国会同意后任命,段祺瑞之出任国务总理只是基于黎元洪的授权,而未经国会表决;二是其他国务员也未经国会表决同意,直接加以任命。沃丘仲子显然注意到了这个问题,"段内阁成立其时,旧国会既解散,更不费手续也。"②"不费手续"意味着合法性的不足,这就给持不同政见者以攻击的口实。17日,唐继尧通电不承认段祺瑞为国务总理,电文指出:"此次变乱,即段氏酿成,安能再居总理之位! 黎总统以非法解散国会,又误引张勋入都以致复辟,业已违法失职,且在孑然一身颠沛流离之际,下命令以任总理,在法理上尤难认其有效。"③南北政权对立局面的形成,与北京政府之组成缺乏足够的合法性关系大焉。

段祺瑞虽然组成了新一届内阁,但还面临着许多棘手的问题。首先,是善后工作。段祺瑞回京后,即以代总统冯国璋的名义,为全体讨逆出力人员请功,为阵亡、伤残将士优恤,对蒙难百姓生命财产进行安抚,这是值得称赞的。17日国务院下令严缉康有为、刘廷琛、万绳栻、梁敦彦、胡嗣瑗,至于真正的罪魁祸首张勋,只受到免职拿办的处分,这样的处理自然引起各方面的不满。

---

① 刘振岚、张树勇:《傀儡总统黎元洪》,河南人民出版社1990年版,第273页。
② 沃丘仲子:《段祺瑞》中编,上海广文书局1920年版,第66页。
③ 陶菊隐:《北洋军阀统治时期史话》第四册,三联书店1958年版,第2页。

其次,是谁来当总统的问题。7月6日,冯国璋已在南京通电宣布代理大总统职务,略言:"黎大总统因故不能执行职务,国璋依《大总统选举法》第五条第二项,谨行代理,兹于七月六日就职,特此布告,等因特达。"①但是,国民党人反对冯国璋代理总统,而是继续拥黎元洪复职;西南各省也表示了拥黎的态度,但不反对冯国璋代理总统。7月14日,黎元洪发出否认复职的通电,总统问题才获得了解决。8月1日,冯国璋抵京,开始了冯、段合作的时代。

再次,是国会问题,这也是最为各方所关注的问题。段祺瑞本人当然不喜欢国会,但既为民主共和国,就不能没有国会。梁启超建议在旧国会已被解散,新国会还未成立时,召集临时参议院代行国会立法权,这是仿效民国成立时在首都南京召集临时参议院作为过渡性的立法机关。今天讨平复辟,情况相同于民国成立时,已解散的旧国会当然不该再召集,只好由临时参议院修改《国会组织法》与《参众两院议员选举法》,然后根据这些新法召集新国会。段祺瑞既然憎恨旧国会,所以只要不召集旧国会,对于任何其他形式的立法机关都没有意见。如果召集临时参议院,其参议员的产生是由地方当局指派,而不是由人民选举,这样便可产生清一色的参议员。7月24日,国务院致各省通电说:

> 今日仍为适用《约法》时代,但国会解散之后,断无重行召集之理由。改选国会,程序繁重,非一时所能竣功。……一为改组之说,然必先修改《国会组织法》,尤必先有提议改组并制定法津之机关,其职权又为法律所许可者。……今日既为遵行《约法》时代,则所谓合法机关无过于《约法》上之参议院者。国会之职权乃由《约法》上之参议院递嬗而来,有参议院行使《约法》职权,即无异于国会之存在;且人数无多,选派由地方自定,依据《约法》,可以迅速成立。……总之,宪法未定以前,《约法》为根本大法。依据《约法》以召集《约法》上之参议院,依据《约法》上参议院之职权以解决制宪、修正组织法各问题,则事事守法以行,

---

① 《国务院关于冯国璋就任代理大总统通电》,中国第二历史档案馆编:《中华民国史档案资料汇编》第三辑·政治(二),江苏古籍出版社1991年版,第1322页。

于政治上能得平允,于法律上不生矛盾。……但立法为最高机关,其成立程序,政府应征集多数意见。即请发抒伟论,迅速详复。①

这篇文章出自梁启超,但做得并不高明,主要是法理上很勉强。民国初期成立临时参议院,是由于当时的革命党人推翻了君主专制政体,没有一个现成的国会,故而召集一个过渡性的临时立法机关,通过它制定具有宪法作用的《临时约法》,并根据《临时约法》组织临时政府,这在法理上是没有问题的。在临时政府成立一年以后,临时政府就根据临时参议院所制定的《国会组织法》和《参众两院议员选举法》产生了正式国会,临时参议院也因完成了自身的立法任务而宣告结束了。国会是在张勋的强迫下解散的,原本就是不合法的行为,现在应该是恢复国会,而不是组织什么临时参议院。况且,洪宪丑剧收场后,段祺瑞曾旗帜鲜明地反对过恢复"民元约法",怎么刚刚过了一年就挥舞《临时约法》以为造法依据呢? 显然是对法律权威的不尊重。但是,段祺瑞对各方面的反对意见一概悍然不理,于 9 月 29 日下令召集临时参议院,并命令各省筹备国会选举。

在段祺瑞拒绝恢复国会的同时,那些几个月前离京南下的议员于 8 月25 日在广州开会。因到粤的议员不足法定人数,不能召开正式国会,故名"国会非常会议"或称"非常国会"。非常国会以吴景濂为议长,决议组织护法政府。8 月 29 日,议决《国会非常会议组织大纲》十一条,其要点如下:1.非常国会的存在期间,须至《临时约法》的效力完全恢复为止;2. 由现任国会议员组成,但非有十四省(蒙、藏、青海、华侨同)的议员出席不得开会;3.正副议长就现任两院正副议长中推定,若均有事故,得选临时议长;4. 议事由两院会合执行,以出席议员过半数的同意议决;5. 得设各委员会;6. 制定《军政府组织大纲》,依其第二条规定选举大元帅、元帅;7. 凡军政府交议或有六省以上议员联合提议,得提出决议;8. 人民请愿经委员会审查后,得提出决议;9. 议员四十人以上的连署,可以提出对《组织大纲》的修正意见,由出席议员三分之二以上的同意议决②。8 月 31 日,非常国会通过《护法军

---

① 陶菊隐:《北洋军阀统治时期史话》第四册,三联书店 1958 年版,第 4 页。
② 钱实甫:《北洋政府时期的政治制度》上册,中华书局 1984 年版,第 30 页。

政府组织大纲》,正式组织护法军政府。军政府设大元帅一人、元帅二人,均由国会选举;大元帅的地位是国家元首的身份,对外代表国家;大元帅行使行政权,直接统辖各部①。护法军政府的成立,表明中国开始走向分裂,南北两个政权并存的局面将影响未来十年的国内政局。

对于段祺瑞坚拒恢复原先的国会,而另起炉灶,最终导致国会分裂、政权对立局面的形成,有研究者指出了这一问题的实质:"国会分裂,多数派议员默许冯段政府(未经国会批准,仅以合法大总统黎元洪所授紧急处置权代行政府行政分支职权)违法提前大选,产生新国会(安福国会),少数派议员以'不合法反对不合法'(唐少川语),违反法定程序产生临时基本法(《护法军政府组织大纲》),继而以此临时基本法为据,产生第二临时政府(护法军政府)。自此日起,民国法统破裂,不复有立宪政府。"②南北双方皆有不合法的地方,但首肇其端者,恰是段祺瑞本人,这一点我们没有必要隐晦。

---

① 钱实甫:《北洋政府时期的政治制度》下册,中华书局1984年版,第450—451页。
② 刘仲敬:《民国纪事本末(1911—1949)》,广西师范大学出版社2013年版,第127—128页。

第十章　无法实现武力统一的政治理想

段祺瑞重执国柄后，又开始谋求实现南北统一，并以武力为唯一手段，这也是他最为历史学家诟病的地方。但是，武力统一并非穷兵黩武的代名词，胡晓就指出过，段祺瑞是"在与国民党及南方实力派的诸多磨擦、对抗、较量中，在经历了一系列不满、厌恶、憎恨等恶性心理刺激后，逐渐形成了处理对南关系的武力统一政策。"[①]可以说，武力统一是段祺瑞"三造共和"之后的最高政治理想，尽管这一理想在他那个时代是无法实现的。

南北分裂

1917 年 9 月 1 日，广州非常国会选举孙中山为护法军政府陆海军大元帅，次日补选陆荣廷、唐继尧二人为元帅。但陆荣廷电广州非常国会，主由黎元洪复职，反对在粤另组政府，并通电声明以后广东发生任何问题，概不负责。9 月 8 日，唐继尧致电广州非常国会，不受元帅之职[②]。

[①]　胡晓：《段祺瑞武力统一政策形成初探》，《合肥教育学院学报》2002 年第 1 期。
[②]　郭廷以《中华民国史事日志》第一册，台北中研院近代史研究所 1979 年版，第 327—328 页。

尽管遭到实力派的抵制，护法军政府仍于 9 月 10 日宣告成立，孙中山就大元帅职。非常国会选出唐绍仪为财政总长、伍廷芳为外交总长、孙洪伊为内务总长、张开儒为陆军总长、胡汉民为交通总长。孙中山并以大元帅名义任命李烈钧为参谋总长、林葆怿为海军总司令、方声涛为卫戍总司令、李福林为亲军总司令、章炳麟为秘书长、许崇智为参军长、李耀汉为筹饷总办。自此，南北两个政权对立的局面开始出现，一直到 1928 年 12 月 28 日东北宣布易帜，国民政府统一中国为止。这是中国近代史上堪称悲哀的一段时期，因为南北政府的对立影响了中国在世界上的合法地位，为外敌的入侵提供了可乘之机。

护法军政府成立后，段祺瑞要下命令通缉孙中山和非常国会议长吴景濂，冯国璋不肯发表命令，因此由北京检察厅以"背叛民国"罪提起公诉，由司法机关行文全国，通缉孙中山。段祺瑞很不满意，至 9 月 29 日冯国璋终于被迫下了通缉令。令文如次：

> 孙文、吴景濂等通电全国，僭称非常国会，设立军政府，举孙文为大元帅，于本月十日受职，并立各部总长、总参谋、都督、司令诸名目，擅发伪令，煽动军队。复据奉天督军张作霖呈报，查获孙文派人招集党徒，联络马贼，预备起事各证据。其为谋覆政府，紊乱国宪，逆迹实已昭著，非按法惩治，不足以伸国纪。孙文、吴景濂著各军民长官一体严缉，拿交法庭，依法讯办，并褫夺勋位勋章，其余执行重要伪职暨非常国会列席诸人，应即查明，一并拿办。①

同时，护法军政府也下令通缉段祺瑞、梁启超、汤化龙、倪嗣冲四人以资报复。这样，南北政权均认为自己是合法的，而以对方为非法。对于这个问题，刘仲敬的分析颇为精辟："南北两府虽非立宪政府，自身仍不可谓全无合法性，北京临时政府行政分支有部分历史合法性，提前大选尚有重启立宪程序之实，未可视同佞主霸政或革命政权。广州临时政府立法分支有部分合法性，所争之民元约法出于举国认同，非一党之见，亦可视为立宪之残余，而

---

① 吴廷燮：《段祺瑞年谱》，中华书局 2007 年版，第 60—61 页。

非霸政。"①"北京临时政府行政分支"是指大总统与内阁,而所谓的"部分历史合法性"是指冯国璋代理大总统是根据《临时约法》的规定,但内阁的组成未经国会同意,不具备合法性,不过却是由已解职的前大总统黎元洪明令组成的,更是特殊条件下的产物,且国务总理也是经由代理大总统正式任命的。"广州临时政府立法分支"是指非常国会,因那些国会议员也是根据《临时约法》选出的,而"部分合法性"的含义就是齐集于广州的国会议员只是一部分,不构成召开国会的合法人数。

在是否成立护法军政府的问题上,南方国民党人内部开始也是存在不同意见的,唐绍仪就认为目前北方是"非合法政府",南方亦不能成立"非合法政府"。后来商议派程璧光率海军北上护黎元洪南下,"将合法之中央政府迁至上海,继续执行合法之职务"②,经与日本使馆联络,答之救黎出京恐难以成功。最后议决用军舰送孙中山南下广东护法,经朱执信、章太炎、陈炯明先行接洽后,7月20日,孙中山驶抵广州,即发电欢迎国会议员南下召开非常紧急会议,组织军政府"与冯、段成鼎立之势,力图发展,以恢复大江流域,与北方图长年之战争。"③南方军政府成立的初衷就是要与北京政府争夺权力,护法看来也是一个"幌子",借以掩盖自身的合法性危机,而且还把"图长年之战争"作为手段,历史真是不堪回首!

武力统一

段祺瑞推行"武力统一"政策的意图是很明显的,就是要建立一个统一的国内政权,保证中央政府的权威,这可从当事人的回忆中清晰地看出来。1917年8月22日,美国驻华公使芮恩施拜访段祺瑞,段氏说:"我们必须首先建立中央政府的权威;这只有打败了反对派才能做得到。我的目的是中国的军事组织必须成为全国性的、统一的,这样国内和平才不致时常地被地

---

①　刘仲敬:《民国纪事本末(1911—1949)》,广西师范大学出版社2013年版,第128页。

②　陈锡祺:《孙中山年谱长编》,中华书局1991年版,第1033页。

③　中国第二历史档案馆:《中华民国史档案资料汇编》第三辑·军事(二),江苏古籍出版社1991年版,第507页。

方上的督军们破坏。这样统一起来的军事力量我想完全摆脱政治，而限于明确的军事目的。现在军队被用于党派和政治的纷争方面。当这种情况不可能再存在时，我们就可以让社会生活中的公众意向完全自由地决定宪法和国家政策的所有问题了。"①

对段祺瑞素有研究的周俊旗分析"武力统一"政策形成的历史背景时，很有见地地将其归结为两个方面：一是"统一天下"是中国历史长河上最博大的政治目标之一，段祺瑞"对传统思想中的'统一'有着强烈的追求"；二是当时皖系控制的中央政权生存的需要，"北洋军阀内部裂痕虽日益明显，但表面上还维持着相安的局面，北京政权生存的主要威胁来自南方势力。"②自秦始皇时代起，中国就一直是一个大一统的国家，历史上的分分裂裂虽然有很多次，但最终都要复归于一个统一的政权，这是中国历史的主流。有感于之前两次的南北分裂（辛亥革命和袁世凯称帝），段祺瑞追求国家统一的心理应该是非常强烈的，而且在弥合前两次"裂缝"的过程中，段祺瑞都发挥了至关重要的作用。如今，他重掌中枢大权，又如何忍看国家的分裂呢？他曾公开表示："环顾国内，惟有我北方军人实力，可以护法护国，果能一心同德，何国不成，何力不就。辛亥、癸丑之间，我北方军人，人数不及今日三之一，地利不及今日三之一，所以能统一国家者，心志一而是非明也。"③可是，他统一中国的理想是难于实现的，而症结恰恰就在他寄予最大希望的北洋系军人内部，每个人都为了自己的一私之利而置国家利益于不顾，怎能齐心协力做成大事呢？

芮恩施也评价说："我相信这位国务总理的这些见解和他为维护中央政府的权威所作的努力，都是诚恳的，但他所想的只是军事的权威。他没有认识到舆论组织和民政的组织需要什么。他的敌手们就怕他会利用一支巩固的军事力量，最后会重建一个像袁世凯那样的军事独裁体制。"④芮恩施的

① 【美】芮恩施著，李抱宏、盛震溯译：《一个美国外交官使华记》，文化艺术出版社2010年版，第260页。

② 周俊旗：《试论皖系军阀的武力统一政策》，《历史教学》1989年第12期。

③ 《段祺瑞致北洋军人铣电》，《中华新报》1917年11月20日。

④ 【美】芮恩施著，李抱宏、盛震溯译：《一个美国外交官使华记》，文化艺术出版社2010年版，第260页。

观察很到位,这也是段祺瑞的致命弱点。

就当时的军事实力而言,北方远远超过南方。到 1917 年下半年南北战争爆发前夕,全国正规军已由护国战争时期的 50 万人增加到 64 万人。其中北京政府陆军部直辖的部队,由袁世凯去世前的 13 个师 32 混成旅(团)增加到 17 个师 43 个混成旅(团),约合 47.4 万多人(不包括全国警备、巡防部队);南方军政府所辖及响应护法的军队,主要有陆荣廷控制的驻广东 10 个师、广西 4 个师,由唐继尧指挥的驻云贵川的 6 个师,由海军总司令程璧光率领的第一舰队(包括巡洋舰 3 艘、炮舰 6 艘、其他辅助舰 4 艘)以及各地的护法军、靖国军、护国军,共约 15 万人以上①。实力上的优势,必然会刺激人的欲望,段祺瑞和他手下的北洋系军人也就视武力为实现国家统一的唯一手段了。

从当时南北对峙的形势来看,南方的两大军事势力一是以唐继尧为首云南滇系,一是以陆荣廷为首的两广桂系,南北势力犬牙交错的地区有陕西、四川、湖南、福建等地,因而段祺瑞采用了“占四川以图云贵,占湖南以图两广”②的战略。徐树铮更进一步指出:“盖欲定大局,非谋统一不可。欲谋统一,非川、粤同受政府节制不可。以川较粤,川可稍缓,而粤宜急,粤定川或随之而自定。我之争湘者,为图粤计耳。粤不定,湘即危,湘有事,鄂亦不安,大局则时有摇动之虞。”③这也是段祺瑞实施“武力统一”政策的基本战略指导思想。

1917 年 8 月 6 日,段祺瑞派他手下的两员大将出征,任命傅良佐为湖南督军,派吴光新为长江上游总司令兼四川查办使,揭开了武力统一的序幕。当时湖南人正高唱“湘人治湘“的口号,在北京的湖南著名人士如熊希龄、范源濂等也主张湘人治湘,维持现状,反对北军入湘,加以谭延闿以湖南省长而兼督军,颇得湖南人们的拥戴。针对这个情势,段祺瑞采取了一个将计就计的办法,于是发表傅良佐为湖南督军,仍命谭延闿为湖南省长,同时

---

① 李新总编:《中华民国史》第三卷,中华书局 2011 年版,第 137—138 页。

② 陈志让:《军绅政权:近代中国的军阀时期》,广西师范大学出版社 2008 年版,第 31 页。

③ 《致吴佩孚敬电》,中国社会科学院近代史研究所近代史资料编辑组编:《徐树铮电稿》,中华书局 1963 年版,第 182 页。

表示傅良佐虽督湘，但不带北兵入湘。但不带北兵入湘的声明只是一个障眼法，不久北军就开入湖南作战，并以第八师师长王汝贤为湖南军总司令，第二十师师长范国璋为副总司令。第八师就是段祺瑞讨伐张勋复辟时的基本武力，讨逆成功后，第八师师长李长泰被调为步军统领衙门统领，而以王汝贤接替。

但是，被段祺瑞视为基本武力的第八师却在关键时刻倒戈一击，11月14日王汝贤与范国璋突然发出停战主和通电，电文曰：

> 天祸中国，同室操戈。政客利用军人，各执己见，互走极端，不惜以百万生灵为孤注一掷，挑南北之恶感，竞权利之私图。藉口为民，何有于民。侈言为国，适以误国。……汝贤等一介军人，鲜识政治，天良尚在，煮豆同心。自零陵发生事变，力主和平解决，为息事宁人计。此次湖南自立，以护法为名，否认内阁，但现内阁虽非依法成立，实为事实上临时不得已之办法。即有不合，亦未始无磋商之余地。在西南举事诸公，既称爱国，何忍甘为戎首，涂炭生灵，自应双方停战。恳请大总统下令征求南北各省意见，持平协议，组织立法机关议决根本大法，以垂永久而免纷争。①

王汝贤、范国璋的停战主和通电，给了段祺瑞当头一棒，但他们还没有完全否认内阁的合法地位。18日，直隶督军曹锟与“长江三督”（湖北督军王占元、江苏督军李纯、江西督军陈光远）也联名通电，主张撤兵停战，和平解决国内纠纷。这里面，除曹锟马上否认通电内容，声称此电未经本人同意外，其他人都是出于自己的意志。而他们又都是承冯国璋的意思行事，因而可以认定，是冯国璋在幕后指使他们破坏段祺瑞的“武力统一”政策。

冯段斗法

段祺瑞和冯国璋早年曾是北洋武备学堂的同学，后与王士珍并称为“北洋三杰”，他们之间的关系本来是很好的。袁世凯意图称帝时，他们都表示

---

① 李新总编：《中华民国史》第三卷，中华书局2011年版，第141—142页。

了反对态度，段祺瑞在中央掌握实权，冯国璋则在江苏遥制，这是二人的"蜜月"期。1916 年 10 月 30 日，国会补选冯国璋为副总统，当天段祺瑞就致电祝贺。次日，国务总理段祺瑞及各部总长联名电贺冯国璋当选副总统。同日，冯国璋复电段祺瑞，云："段总理鉴：卅电奉悉，国璋自维能力，保障一隅，收效已仅，若重其负荷，则胜任益未易言。谬承两院公推，竟以此职见属，邦基再造，国步方平，责望者怀有无已之心，受宠者切其实难副之惧，所幸密勿经纬，寄之我公，大总统力与其成，国务员相助为理。国璋菲材备位，亦得勉竭庸愚，彼此勖共济之迈征，内外本一心相维系，寰区底定，会有其时，区区所引为荣誉者，固在彼而不在此也。远辱赐贺，悚愧交并，复贡惘忱，尚希垂

冯国璋

察。"①11 月 1 日，冯国璋复电国务院，表示"誓遵国宪，遥赞中枢密勿，永励共和精神。"②

　　击破张勋复辟闹剧后，冯国璋于 1917 年 8 月 1 日进京出任代理大总统。刚到北京的第一天，他就坚决挽留王士珍继续担任参谋总长，并向段祺瑞和王士珍热情地表示："我们三个人合力办事，不要分什么总统、总理和总长。"③他说此话时，或许是动了真感情，毕竟是他们三个人从学堂时代一起走出来的，并且此时已成为北洋系实际上的领袖。在最初的冯、段合作阶段，还是收获了一些政治上的成果的，最突出的一项就是对德宣战。8 月 3 日，冯国璋访段祺瑞于私宅，略谈对德宣战手续问题。在与段祺瑞共进晚餐后，冯国璋又和段祺瑞一道拜访徐世昌、王士珍。4 日，段内阁的对德宣战

---

①　《政府公报》第 300、301 号。
②　《政府公报》第 300、301 号。
③　陶菊隐：《北洋军阀统治时期史话》第四册，三联书店 1958 年版，第 8 页。

案提交国务会议通过,14 日就以总统命令正式公布。冯国璋对段祺瑞的支持显而易见,其他人也对他们二人的合作表示出了极大的期望。

冯国璋曾表示尊重责任内阁制,对于段祺瑞用人行政和决策的决定都不干涉,段祺瑞对冯国璋在态度上也比对黎元洪时好得多。可是他们是两个实力派,冯国璋颇有心机,段祺瑞则刚愎自用,冯国璋当然不愿意做一个和黎元洪一样的受气总统,段祺瑞则决不肯放弃半点权力,因此两人的争执一样尖锐化。事实上,"从冯、段合作组成北洋派为核心的北京政府的第一天起,他们就展开了尔虞我诈、斤斤计较的权力斗争,促使北洋派的分化由萌芽发展到成熟,并将中国内战导向内容更复杂和规模更大的新阶段。"①

对于冯、段之间的冲突,身处政府之中的颜惠庆观察得很仔细:"冯大总统和段总理同属北洋系,似乎可以同舟共济,造福国家,人们对此期望殷切,但是二人政治观点殊异,由朋友变为对手,时生龃龉,情势渐坏。对于如何统一南北,冯大总统赞同和平调解,而段总理主张武力征服。"②也就是说,段祺瑞与冯国璋产生冲突的主要原因在于政治观点的南辕北辙,尽管都要完成南北统一,可段祺瑞坚持"武力统一",冯国璋则主张"和平统一",尖锐的矛盾已成型。

冯、段争执的第一遭是军权,这也是历来总统、总理间的争执焦点。冯国璋就任代理大总统不久,就想恢复袁世凯时代的"大元帅陆海军统率办事处",段祺瑞坚决不同意。段祺瑞在国务院设立了"参陆办公处",以取代袁世凯时代的"统率办事处"。1917 年 10 月 28 日,冯国璋在总统府内设立军政讨论会,与会者为段祺瑞、王士珍、段芝贵、刘冠雄及参谋、陆军、海军三部的次长。第二天,又决定成立军政讨论委员会,以王士珍为委员长③。军政讨论委员会的设立,表明冯、段矛盾开始激化。11 月 19 日,冯国璋下令解除段祺瑞的陆军总长兼职,派王士珍继任。后又派王士珍兼任"统帅办公处"处长,使之成为总统的最高军事幕僚。"统帅办公处"是冯国璋仿照袁世凯以前为加强军权的做法而采取的措施,是将国务院的参陆办公处迁入总

---

① 陶菊隐:《北洋军阀统治时期史话》第四册,三联书店 1958 年版,第 8—9 页。
② 颜惠庆:《颜惠庆自传——一位民国元老的历史记忆》,商务印书馆 2003 年版,第 142 页。
③ 公孙訾:《冯国璋年谱》,河北人民出版社 1989 年版,第 117 页。

统府,借以削弱陆军部和参谋本部的职权。除王士珍兼任处长外,冯国璋派荫昌、段芝贵为副处长,师景云、陈之骥为参议。

11 月 22 日,也就是在"统帅办公处"成立的当天,冯国璋批准段祺瑞辞去国务总理职,派汪大燮暂代国务总理。段祺瑞的辞职,表明冯、段矛盾达到了极点。12 月 25 日,冯国璋邀请王士珍、段祺瑞到公府举行三人会谈,希望取得一致意见,以避免北洋派冯、段两派各走极端的危机。其时,王士珍已经署理国务总理,但他在会谈中两面敷衍,言词不着边际,段祺瑞则公开表示除下讨伐令外别无办法①。虽然已不是国务总理,段祺瑞在对待国内问题上的态度依然如故,这是他的一贯性格和作风。但是,段祺瑞并没有淡出政治舞台,1917 年 12 月 18 日,代理大总统冯国璋特任段祺瑞督办参战事务。第八章曾分析过,督办参战事务处的权力很大,几乎相当于第二个国务院。

与此同时,段祺瑞的智囊徐树铮又在积极游说各地督军继续支持"武力统一"政策,于是乃有 12 月 3 日天津会议的召开。天津会议以曹锟和张怀芝为首,山西、奉天、黑龙江、福建、安徽、浙江、陕西七省和察哈尔、热河、绥远三个特别区的代表,以及上海卢永祥、徐州张敬尧都有代表参会。天津会议的主题是对西南作战,并决定了各省出兵数目和军费筹集问题,规定直隶、山东、安徽各出兵 1 万,奉天出兵 2 万,山西、陕西各出兵 5000②。这不啻又是一次新的督军团会议,给冯国璋造成的压力很大,他不得不改变"和平统一"的立场,下令对西南进行讨伐。12 月 16 日,派曹锟、张怀芝为第一、第二两路司令,出兵讨伐南方。

在冯段斗法的紧张时刻,突然发生了 1918 年 2 月 25 日奉军秦皇岛截械之事。

陆军部向日本买的一批军械将在秦皇岛上岸,是冯国璋秘密订购的,准备拨给直系的军队。徐树铮知道这事以后,就想到秦皇岛去截夺。这时徐树铮去截夺这批军械,力量是不够的,所以不择手段,便想勾结奉天张作霖,

---

① 陶菊隐:《北洋军阀统治时期史话》第四册,三联书店 1958 年版,第 61 页。
② 胡晓:《段祺瑞年谱》,中华书局 2007 年版,第 142 页。

利用张的力量来进行这事。曾毓隽便到奉天去游说张作霖，要他去截这批军械，到手后就给张作霖去扩展军队，同时张作霖派军队进关反对王士珍，拥护段祺瑞。张作霖对这条件求之不得，哪有不赞成的？军械截到后，奉军开始进关，设司令部于天津军粮城，徐树铮并被举为入关奉军副总司令。奉军进关增强了段祺瑞的力量，王士珍内阁最终垮台，3月23日段祺瑞第三次组阁。这其中还有一个内幕，是日本人西原龟三讲出来的。1918年3月20日，西原龟三到段祺瑞府邸拜晤，这是他第五次使华，据称是应曹汝霖、陆宗舆的邀请而来的。西原龟三回忆会面交谈的内容：

> 我首先说明当今世界形势不能容许中国目前这种混沌状态继续下去；进而劝其尽早出任总理。段氏言称："这个道理我很清楚，我本人也不惜为国家而牺牲自己。但说起来很惭愧，冯总统的所作所为，朝不顾夕，实无法与其共事，在不得已的情况下，只好辞职。近来冯又为其周围形势所迫，要求本人出任总理，但决非出于诚意，本人如贸然出山，必为世人所讥笑。故尊意碍难依从，殊深遗憾。"对此，我即当机进言，略谓："说到冯总统的诚意问题，如果根本没有诚意，纵使等待千年，又复何益？据本人看来，当前中国的现状，不容许吾人斤斤于此类问题。只要能灵活运用权力、兵力和财力，天下事何不可为？阁下既已握有兵力，只需掌握权力；倘若财力不足，本人可设法资助。如欲为日中友好奠基，舍今日又待何时？切勿失此千载一遇之良机，毅然拟定计划，出任总理。"段氏闻言后，似乎意有所动。①

这段文字又可用来当作段祺瑞投靠日本人的依据。其中也透露出的他与冯国璋之间的矛盾，说冯氏没有诚意，就意味着对冯国璋的恶感很重了。冯段斗法导致中央政府的危机，这是最大的不幸，是国家的不幸，而且在那个多事之秋。29日，段祺瑞内阁组成，阁员如下：陆征祥为外交总长，钱能训为内务总长，段芝贵为陆军总长，刘冠雄为海军总长，傅增湘为教育总长，朱深为司法总长，田文烈为农商总长，曹汝霖为交通总长兼署财政总长，吴鼎昌为财政次长。这是一个完全由段系军人、政客和忠于段氏的新交通系

---

① 王芸生：《六十年来中国与日本》第七卷，三联书店2005年版，第218—219页。

组成的内阁,应该能够很好地贯彻他的政策了,但事实远非如此。这次内阁同第二次内阁一样,也未经国会通过。参陆办公处也迁回国务院办公,在与冯国璋的争斗中,段祺瑞终于占据了上风。

安福国会

段祺瑞第三次组阁未经国会通过,是因为当时还没有一个正式的国会,但段祺瑞召集新国会的路线已制定出来。1917年11月10日,临时参议院在北京成立,由各省推选议员五名组成,段系政客王揖唐任议长,那彦图任副议长。该院一经成立,即着手修改国会组织法和议员选举法。1918年2月17日,代理大总统冯国璋公布了修正的《国会组织法》和《参议员选举法》《众议员选举法》,次日下令内务部筹备国会选举事宜。为了便于筹备工作的进行,王揖唐、曾毓隽等段系骨干分子觉得组织一个团体更为方便,于是他们就以经常聚会的地点—宣武门内安福胡同梁式堂住宅为通信地址,即名为"安福俱乐部"。据说,为给这个小团体起名称还有一段插曲,其中的细节为:

> 适《民国日报》记者鄂人郑某至,笑谓徐树铮曰,如此小事,何必咬文嚼字,既是俱乐部,不是"党名",何必用含有政治意义的字样,此宅在安福胡同,就用"安福"二字,岂不便当乎?在座诸人,全体一笑而决。次日即以纸书"安福俱乐部"五字贴于门首,并电知各省干事,以后函电,径寄"北京西单牌楼安福胡同'安福俱乐部'",从此安福之名遍传各省。以后国人指称段祺瑞,及一切是是非非,皆习称安福或安福派、安福系等语。东文报纸附会其说,谓安福云者,即因段派干部,系安徽、福建人居多,实则当日事实,系以胡同之名,便于通信记忆,并无其他意义。[①]

安福俱乐部于1918年3月7日成立,领袖人物为王揖唐、王印川、光云锦、刘恩格、田应璜、克希克图等,而徐树铮则为幕后主使。严格说来,安福

---

① 　吴虬:《北洋派之起源及其崩溃》,中华书局2007年版,第18页。

20 世纪 20 年代的北京街头

俱乐部并不是一个政党,它没有具体的宗旨和党纲,只是以追求段系利益为中心的政治团体。这个团体的成员多是为了追逐私利而汇聚其中,以依附段祺瑞而谋政治上之发展,从某种程度上说是段系驱使的一群乌合之众。所以,有人明确地指出:"外人不明真相,以为段系即安福,安福即段系,那是不对的。安福俱乐部,不过是段系把持政权过程中的一幕丑剧罢了。"①

　　新国会的选举在 1918 年五六月间进行,适值南北战争,粤、桂、滇、黔、川五省均反对,而湘、鄂、陕三省也因战乱之故,选举不能正常,实际得以选举的仅十四个省。选举是根据修正的《国会组织法》和《参议员选举法》、《众议员选举法》进行的,同以前的法律相比,有两处重大不同:一是两院议员名额减少,总共只有 574 名,参议员 168 人,众议员 406 人;二是"提高了取得选举权的资格,更适合于达官、巨富这些特殊人物当选。"②提高取得选举权的资格,还有一个更大的好处,就是便于操纵。

　　选举结果自然是安福系大获全胜,获 330 席次,旧交通系获 120 席次,

　　① 刘振生:《安福系的形成及其内幕》,杜春和等编:《北洋军阀史料选辑》下册,中国社会科学出版社 1981 年版,第 64 页。
　　② 钱实甫:《北洋政府时期的政治制度》上册,中华书局 1984 年版,第 36—37 页。

研究系只获 20 余席次。旧交通系以梁士诒为领袖，朱启钤、周自齐、叶恭绰为巨头，龙建章、沈云沛、梁鸿志等俱是著名人物，尤其是龙建章和叶恭绰更被称为旧交通系的龙虎二将。旧交通录之所以能分得多数席次，是因为在讨伐张勋时，梁士诒发电报给段祺瑞表示坚决支持，并命叶恭绰就近协助所需等饷，并将车皮全部调离徐州，使张勋无法增援[①]。由此，旧交通系与段祺瑞结合起来。研究系在张勋复辟失败后，支持段祺瑞以获政权，段祺瑞组阁时阁员多为研究系，段祺瑞召集临时参议院、修改国会组织法都是研究系的主张，可是自 1917 年 11 月段祺瑞内阁垮台后即一蹶不振，所以在新国会中只占 20 余席。时人之所以将这届国会称为新国会，是对应于第一届国会而言的，那届国会被称为旧国会。由于新国会是由安福系一手包办的，并占有绝对多数议席，因而又称其为安福国会。

安福国会的产生多是用不正当的手法，段内阁支出了 1000 万元的选举费，议员名单事前早经圈定。如山东划分为四个选区，每区发给选举费 10.5 万元，山东督军责成四个道尹按照圈定名单全部选出。又如王揖唐派他的侄儿王丙坤为湘江道尹，到湖南包办新国会的选举，指定周渤、罗正纬、王毅等十余人应当当选，由于投票结果，并未全部当选，张敬尧就用伪票纳入票柜，使原来圈定的人一榜及第。在江苏，5 月 20 日江宁县进行众议员选举，全城公立学校停课一日，第一、第二两区投票所有一群小学生奉命排队前往投票，从前门走进去，从后门走出来，再折回前门进去投票，如此反复循环多次。此外还有浮报选民，如扬属七县先一届选民为 29.8 万人，本届光是江都一县就有 29.9 万人；淮属八县先一届选民是 18 万人，本届仅阜宁一县就有 25.28 万人；仪征一县人口为 10.8 万人，但列入选民名册的就有 10.04 万人[②]。

1918 年 8 月 12 日，临时参议院解散。8 月 20 日，众议院选举王揖唐为议长，刘恩格为副议长；22 日，参议院选举梁士诒为议长，朱启钤为副议长。对于安福国会，当时很多派别都是反对的，就连北洋系的军人也有很多表示

① 贾熟村：《北洋军阀时期的交通系》，河南人民出版社 1993 年版，第 138 页。
② 陶菊隐：《北洋军阀统治时期史话》第四册，三联书店 1958 年版，第 144 页。

不满的。8月7日,吴佩孚在给李纯的电报中尖锐地指出:"民国精神,全在法律,立法不善,必招大乱。国会者,立法之最高机关也。此次新国会选举,政府以金钱大施运动,排除异己,援引同类,因之被选议员,半皆恶劣。此等国会,不但难望良好结果,且必以立法机关受行政之指挥而等赘瘤。极其流弊,卒以政府不受法律约束,伪造民意,实行专政,酿成全国叛离、外人瓜分之祸。缘此推之,亡国之兆已萌,若再以武力平内乱,是惟恐亡之不速也。"①吴佩孚的指责立意不错,全在法律精神上着眼,还附带指出了对于国家的危害。

现在回过头去,重新检视安福国会的合法性,我们还是认同周俊旗的观点的:"在这个国会存在的两年时间里,被皖系完全控制,这样,段祺瑞就将自己控制的北京政权披上合法的外衣。不过,安福国会的开张公开以一个派系控制国家最高立法机关,对议会政治的基本原则于不顾,公开营私舞弊,把民主共和践踏得不成样子,是皖系军阀在政治上很不光彩的一举。"②把国会作为一党一派谋取政治利益的工具,根本背离了民主政治的原则。

然而,不管如何看待安福国会的性质,段祺瑞还是运用它达到了自己的政治目的。9月4日,安福国会组织两院选举委员会,到会议员436人,徐世昌以425票当选为总统③。在此之前,8月31日,段祺瑞发表表示辞职的通电,电文曰:

往岁滇黔诸省,挟持私意,独立自主,理谕情感,信使无功。祺瑞忝秉国政,仰承明令,从事讨伐,方据全胜之势,忽倡调停之说。祺瑞不敢孤行己意,引咎乞休,讵中央方从事调停,而长、岳失陷,荆、襄扰攘,武汉震惊。凭恃险阻者,曾无悔祸厌乱之诚,运筹全局者,难施息事宁人之计。彼时祺瑞解职,专任筹边,已不愿再综政权,而大总统车骑亲临,敦促再起,我同袍函电交驰,迫不容己,重负仔肩。受任以来,仍以统一为职志,和平为希望,与大总统同心同德,冀挽劫运,荏苒经时,而统一之局,尚需时日。将士疲劳于外,人民疾苦于下,清夜深思,心哀泪堕。

① 《吴佩孚致江苏李督军电》,《申报》1918年8月21日。
② 周俊旗、汪丹:《段祺瑞真传》,辽宁古籍出版社1997年版,第233页。
③ 《徐东海当选总统之情况》,《申报》1918年9月7日。

良以统一不成,平和直成虚愿,而国纲所在,断不容弃统一以就和平,理既甚明,事非得已。惜祺瑞襄赞无方,未能早纾国难,上负大总统知人之哲。今幸国会告成,已决议组织大总统选举会,实为我国第一次改选大典。元首改任之时,即政局重新之会。祺瑞自应及时引退,遂我初服,所虑递嬗之际,新内阁尚未成立,人心浮动,谣诼易生。凡我在位,具有责成,而各省军民长官,责任尤重,所有前敌各军队,希即转饬修明战备,严杜煽惑。京师及各省地方,尤应镇抚人心,妥维秩序。倘有疏虞,危及国本,则前敌诸将领与任地方之责者,对于国家人民,皆有不可辞之咎也。[①]

段祺瑞的这份通电,既指责了西南各省,又为自己的"武力统一"政策做了辩护,并表示了总统选举完成之日迅即下野的态度,言辞还是很真诚的。10月10日,在总统府举行了新旧总统交替仪式,冯国璋正式将权力移交给徐世昌,这也是民国史上唯一一次总统交接仪式。同日,段祺瑞辞去国务总理职务。

钱实甫认为,选举徐世昌为大总统,是安福国会给民国涂上的污点之一[②]。他的这个观点仍然是从安福国会的非合法性角度给出的,当时西南各省和吴佩孚也都是不承认徐世昌的总统地位,认为他是非法选出的,而认冯国璋为合法的总统。但是,这些争吵并没有阻挡住徐世昌的上台和其他国家对他的支持。

理想破灭

段祺瑞第三次组阁后,又强力推行"武力统一"政策。为了给北洋系的前方将领鼓劲,1918年4月24日,段祺瑞南巡到达汉口,主持召开军事会议,参加者有曹锟、张怀芝、王占元、赵倜四个督军,还有江苏、江西、湖南、安徽、山西、陕西、奉天等省督军派出的代表。段祺瑞在会议上说明团结北洋

---

① 吴廷燮:《段祺瑞年谱》,中华书局2007年版,第70—71页。
② 钱实甫:《北洋政府时期的政治制度》上册,中华书局1984年版,第33页。

派的重要性和贯彻对西南作战方针的决定,然后提出第四期作战计划,发交有关各省按照计划执行。但是,这次会议并没有取得段祺瑞所期望的效果,因为会后不久北洋系内部又发生了分化,主和的空气一时弥漫开来。

4月23日,吴佩孚率军占领了湖南衡阳后,即不再前进。5月29日,曹锟以养病为名,离开汉口,返回天津。次日,张怀芝亦步其后尘返回山东①。6月15日,吴佩孚与南方军队成立了停战协定,从此湘南无战事。而就在这时,北方又发生了一件大事,更破坏了北洋系军人的团结。6月14日,徐树铮忽然在天津枪毙了陆建章,理由是"勾结土匪,煽惑军队,扰害地方"②。陆建章(1862—1918年),字朗斋,安徽蒙城人,北洋武备学堂毕业。随袁世凯训练新建陆军,后升练兵处军学司副使、北洋陆军第四镇第七协统领、山东曹州镇总兵、广东高州镇总兵、广东北海镇总兵、广东高州镇第七协统领。1912年任总统府警卫军参谋官、右路备补军统领,后改警卫军统领兼北京军政执法处处长。在任期间,大肆屠杀革命党人、进步人士及广大群众,被称为"陆屠伯"。

一个自封为副司令的退职军官,"先斩后奏"地杀了一个现任将军,这在当时是一件骇人听闻的凶杀案。显而易见,陆建章断然不会以奉军为煽惑的对象,尤其不会以徐树铮为煽惑对象。事件发生后,李纯、陈光远都有电报质问北京政府:陆建章未经审判而被杀,死后又夺去官勋,此后军官人人自危,从何取得保障?③ 徐树铮擅杀陆建章的行为,实则无助于"武力统一"政策的执行,因为北洋系军人对段祺瑞的离心倾向更明显了,即便是段系的军人也感到不寒而栗。

另一个导致段祺瑞"武力统一"政策破产的因素是中日军事协定的签定。1918年5月16日,《中日陆军军事协定》签定;5月19日,《中日海军军事协定》签定。这些协定的主要内容为:在军事行动区域的中国当局,须与日军合作,相互提供武器和军需品;中国军队参与日本在西伯利亚的军事行动,则"应入日本军司令指挥之下";中国军队及军需品经南满铁路运输者,

---

① 胡晓:《段祺瑞年谱》,安徽大学出版社2007年版,第152页。
② 胡晓:《段祺瑞年谱》,安徽大学出版社2007年版,第153页。
③ 丁中江:《北洋军阀史话》第三集,中国友谊出版公司1996年版,第47页。

交由日方负责,而日军须经中东路运输者,"中日应设协同机关"负责,等等①。中日军事协定主要是针对俄国退出协约国后,中日等国出兵武装干涉俄国西伯利亚地区的军事行动而签署的,而且还规定了终结条款。如《中日陆军军事协定》第十一条规定:"本协定及基于本协定所发生之各种细则,俟中日两国对于德奥敌国战态终了时,即失去其效力。"②《中日海军军事协定》也有同样的规定。但是,中日军事协定的内容被披露出来以后,引起国内各大学学生的激烈反对,认定这些协定是卖国行为,段祺瑞受到了空前的舆论压力。

到了1918年8月间,吴佩孚接连发表通电,对段祺瑞的"武力统一"政策进行了猛烈的抨击,他甚至说:"中央误听宵小奸谋,坚持武力,得陇望蜀,援粤攻川,直视西南为敌国,竟以和议为逆谋。……国亡于外敌,固军人之罪,国亡于内乱,亦军人之羞。此次中央平川援粤,实亡国之政策也,军人虽以服从为天职,然对内亦应权其轻重利害而适从之,非抗命也,为延国脉耳!"③这个电报对段祺瑞的威信是一个严重的打击。以前长江三督虽然通电主和,却从没有这么毫不留情地骂过段祺瑞,甚至西南各省也没有骂过这么激烈。

虽然段系的大将也进行了反驳和补救,但是,国内主和的气氛愈演愈炽。及至徐世昌出任大总统后,以"和平混一"为施政方针,公开对抗段祺瑞的"武力统一"。1919年2月20日,南北和会在上海开幕,标志着段祺瑞"武力统一"政策的彻底破产。

---

① 李新总编:《中华民国史》第三卷,中华书局2011年版,第216页。

② 中国第二历史档案馆:《中华民国史档案资料汇编》第三辑·外交,江苏古籍出版社1991年版,第632页。

③ 《请看吴佩孚之主和电》,《晨钟报》1918年8月23日。

第十一章 输掉了所有本钱
的直皖战争

1920 年 7 月 14 日至 18 日的直皖战争,是以段祺瑞为首的皖系军事集团和以曹锟、吴佩孚为首的直系军事集团,为争夺北京政府统治权在京津地区进行的战争。这次战事仅仅历时五天,以皖系军队的大败结束,段祺瑞被迫离开了政治舞台。而直皖战争的爆发,与上海和会的破裂有着密切的关系。

南北议和

1918 年 10 月 10 日,段祺瑞辞去国务总理职务。钱能训继段祺瑞任国务总理,内阁成员基本未变,仍是段祺瑞在台上时的班底。钱能训(1870—1924 年),字干臣,浙江嘉善人。清光绪二十四年(1898 年)中戊戌科进士,任广西学政、陕西布政使等;入民国后,先后任内务次长、内务总长、国务总理等职。钱能训是徐世昌的亲信,曾随徐世昌在巡警部、东三省等处供职。

段祺瑞辞国务总理时,正值第一次世界大战结束之际,国际上的和平潮流也影响到了国内政局。大总统徐世昌又高唱和平统一的调子,国内掀起了一股鼓吹和平的热潮。1918 年 10 月 23 日,熊希龄、张謇、蔡元培、周自齐、王宠惠等 24 位社会知名人士，通电发起组织"和平期成会"，以示拥护徐世昌和平、统一、发展的国策。该会发表"漾电"指出："慨自国内构衅，忽已年余，强为畛域之分，酿成南北之局，驯至百政不修，土匪遍地，三军暴露，万姓流离，长此相持，何以立国。——拟组织一和平期成会，为同情之呼吁，促大局之和平。凡赞成本会宗旨者，切望同声相应，协力进行。"①该会的宗旨是：1. 以运动和平为范围，和平恢复后，会即撤废；2. 不带政派臭味；3. 绝对不为野心家所利用②。名流们走向政治平台，虽要求软弱而愿望良善。10 月 29 日，王士珍联合张绍曾、周学熙、张耀曾等北洋系军人、官僚、政客，发起"全国和平联合会"，支持徐世昌的和平统一政策。"全国和平联合会"比"和平期成会"的规格似乎高一些，因为发起人的影响力要比前者大③。段系或倾向于段系的军人倪嗣冲、张敬尧、赵倜通电亦表示支持徐世昌的态度。

11 月 15 日，徐世昌召集的督军会议在总统府集灵囿四照堂举行，段祺瑞应邀参加。参加会议的，包括张作霖、陈光远、孟恩远、赵倜、倪嗣冲、张怀芝、王占元、阎锡山等八个督军外，还有绥远都统蔡成勋、淞沪护军使卢永祥、黑龙江、湖南、甘肃、陕西、江苏、四川等省代表，府秘书长，全体阁员以及参战督办处代表 2 人，共计 23 人出席。会议开始，徐世昌在简短的开会词后即请段祺瑞表示意见，段祺瑞说自己已经下野，未便参预国家大计，和平问题应请大总统主持，但不能采取"对等议和"的形式，也不应该讨论国会问题④。11 月 16 日，继续举行第二次会议，议决：1. 如果南方不提出过苛条件，一致赞成和平统一的方针；2. 欧战停止，参战督办处改为边防督办处；3. 预筹各省善后；4. 收束军队，先从调查军队实数入手；5. 责成各省照章报解中央税收⑤。从这些条件来看，段祺瑞的主张似乎得到了大部分满足。

11 月 24 日，在段祺瑞的授意下，北洋系督军在京城成立了"戊午同袍

---

① 《民国日报》，1918 年 10 月 26 日。
② 《民国日报》，1918 年 10 月 27 日。
③ 彭秀良：《王士珍传》，中华书局 2013 年版，第 136 页。
④ 陶菊隐：《北洋军阀统治时期史话》第四册，三联书店 1958 年版，第 185 页。
⑤ 陶菊隐：《北洋军阀统治时期史话》第四册，三联书店 1958 年版，第 185—186 页。

社"，推曹锟为社长，声明"以和平巩固
北洋团体"①。后改名为"参战同志
会"，拥段祺瑞为社长。"戊午同袍社"
的成立，极大地增强了段祺瑞的力量，
给徐世昌造成了不小的压力。但是，
"戊午同袍社"却没有得到曹锟手下头
号大将吴佩孚的支持，这又给后来的
直皖冲突埋下了伏笔。

曹锟

经过北洋派内部的反复协商及北
京政府和西南实力派的数度沟通，
1919 年 2 月 20 日，全国人民瞩目的南
北和会终于在上海开幕。参加会议的
北方代表团成员为：朱启钤（总代表，代表徐世昌）、吴鼎昌（代表安福系）、方
枢（代表段祺瑞和安福系）、王克敏（代表冯国璋）、施愚（代表李纯）、汪有龄
（代表旧交通系梁士诒）、刘恩格（代表张作霖）、李国珍（代表研究系）、江绍
杰（代表安福系）、徐佛苏（代表研究系）②；南方代表团成员为：唐绍仪（总代
表）、章士钊（代表岑春煊，政学会）、胡汉民（代表孙中山，国民党）、李曰垓
（代表云南唐继尧，政学会）、曾彦（代表广西陆荣廷，政学会）、郭椿森（代表
广西莫荣新，政学会）、刘光烈（代表四川）、王伯群（代表贵州）、彭允彝（代表
湖南，政学会）、饶鸣銮（代表福建及海军）、李述膺（代表陕西，政学会）③。
从南北代表团的名单来看，均为各方面势力妥协的表现，但北方代表团中段
祺瑞及依附于他的安福系的实力最强，这就注定了上海和会的命运不会有
好结果。

上海和会面临着两大实际难题，一个是陕西停战问题，一个是参战军的
存废问题。陕西交战的双方是国民党人于右任的陕西靖国军和依附于段祺
瑞的陕西督军陈树藩，徐世昌和国务院几次下令陕西停战，但陈树藩拒不听

①　郭廷以：《中华民国史事日志》第一册，台北中研院近代史研究所 1979 年版，第 42 页。
②　李新总编：《中华民国史》第三卷，中华书局 2011 年版，第 287 页。
③　李新总编：《中华民国史》第三卷，中华书局 2011 年版，第 294 页。

命,因其背后得到了段祺瑞的支持,这引起了南方议和代表的强烈不满。参战军的存废问题更为棘手,虽然第一次世界大战已经结束,参战问题不复存在,但段系人物已将参战军改为边防军,段祺瑞本人也由参战督办改任边防督办,参战军岂能废除? 这两个难题都无法得到解决,南北和谈的破裂亦是意料之中的事情。

在这两大实际难题的背后,南北双方最大的争议之点是国会问题,这才是上海和会无法成功的真正因素。"会议条件,屡议屡挫,其争议焦点,表面为国会问题,内容实际为大总统"①。谁是合法的大总统,实质上是宪法问题。上海和会开幕的时候,中国的法律状况大体是这样的:一方面,权威宪法没有得到更新或者任何的完善,《临时约法》仍然是唯一公认的民国存立之根基;另一方面,政治的运转使超出或偏离《临时约法》的"事实"愈来愈多,1916 年护国战争后的新政局就曾对这个问题有过激烈争论,但那时还仅止于一个政府下的"事实"与法律的矛盾,1919 年却扩展为南北完全不同的两套政权系统了。这两套政权系统都宣称源自于《临时约法》,而同时有程度不等的变通。

当时在国会问题上,比较有力的主张有两种:一是 1917 年 6 月 13 日解散时之国会重行集会于南京,组织宪法会议,将二读会通过之宪法继续完成②,并组织总统选举会选举总统;俟总统选出,宪法公布,南北两国会同时消灭,再根据宪法规定的国会组织法与两院议员选举法,选举新国会。在广东的旧国会议员与护法军政府多数赞成这一主张。二是 1917 年之宪法会议继续开会于南京,将从前二读会通过之宪法案继续完成,追认徐世昌为总统,新旧两国会同时解散,再根据宪法选举新国会。北方各派别(安福系除外)及未赴广州的旧国会议员,多表示赞同,岑春煊、陆荣廷也倾向于这一主张③。赞成第一种主张的人,认为总统系由北方新国会产生,先不论手续是

---

①　吴虬:《北洋派之起源及其崩溃》,中华书局 2007 年版,第 72—73 页。

②　国会以制宪为主要任务之一,根据《国会组织法》第 21 条规定,宪法由两院共同议定,这即是两院联合会的形式,又特称宪法会议。宪法会议开会时,议事分三读会进行。1916 年年 9 月 22 日宪法会议开始审议宪法草案,至 1917 年 5 月无果而终。

③　李新总编:《中华民国史》第三卷,中华书局 2011 年版,第 314—315 页。

否合法,因新国会没有南方各省代表,属于一方之国会。国家元首不能由一方国会产生,故必须再选一次,方为圆满。赞成第二种主张的人,认为总统既已选出,则元首地位业已确定,当然不成问题。因此,有研究者指出:"虽然各方对宪法危机都有不同程度的认识,但为着不同的利益考虑,《临时约法》仍然被奉为圭臬,而正式宪法却依旧千呼万唤难出来。这使法律问题成为当时各派都不能回避而又无从解决(如果有的话,也只能仰仗约法),这种恶性循环不但给一直打宪法旗帜的武人设置了一个难以逾越的障碍,也使南北统一失去了一个统摄的中心。"①

1919年4月9日,上海和会将国会问题列入议事日程,引起了段系人士和安福系的坚决反对和猛烈抨击。4月12日,段系人士在段祺瑞寓所召开秘密会议,决定一致反对恢复1917年宪法会议,维护现大总统的地位。其实,安福国会是安福系议员的安身立命之所,是其生死攸关的问题,也是段系势力实施统治的一个重要机构,岂容任何人取消或改变它?而且,徐世昌的大总统系由安福国会产生,一旦取消这个国会产生,他的总统地位不也失去合法性了么? 由于这一关键问题无法调和,和谈陷入僵局。

5月6日,山东问题在巴黎和会失败,以及五四运动的爆发,使南北代表有一致对外的需要,所以恢复了正式会议,可是会议仍毫无进展。5月13日,南方总代表唐绍仪提出了七个条件:1.绝对不承认巴黎和会处理山东问题的决议;2.取消中日一切密约,并严惩缔结密约的有关人员;3.取消参战军或国防军及其他性质相同的军队;4.撤换声名狼藉的督军;5.和会宣告1917年北京政府解散国会的命令无效;6.和会选出全国知名人士组织政务会议,监督执行和会决议,至国会完全行使职权之日止;7.和会已决未决之案,分别整理决定。以上七项如得北方同意,则由和会承认徐世昌为临时大总统,执行总统职权至国会选出正式大总统之日为止②。北方总代表朱启钤要求南方代表先撤回第五条,其余的从长计议,可是南方代表认为没有讨价还价的余地。因此和会再度破裂,南北代表都宣布总辞职,于是上海和会

---

① 张淑娟:《宪法危机与1919年南北和谈》,《安徽史学》2007年第4期。

② 陶菊隐:《北洋军阀统治时期史话》第五册,三联书店1958年版,第15页。

终告结束。

外交失败

1919 年 1 月 18 日，中国人寄予厚望的巴黎和会开幕。因中国是加入获胜的协约国一方对德宣战的，享有战胜国的美誉，且美国总统威尔逊（Thomas Woodrow Wilson）提出了十四点和平原则[①]，因而中国对巴黎和会抱着很大的希望，期盼能够收回德国在山东的租借地。中国政府选派陆征祥、顾维钧、施肇基、魏宸组、王正廷（王正廷是南方军政府派出的代表，由北京政府加以委任）5 人为全权代表，组成中国代表团，团员全部 52 人，其中专家 17 人，外籍顾问 5 人。巴黎和会规定中国代表为 2 人，所以陆征祥和顾维钧是正代表，其他 3 人为副代表。

但是，由于巴黎和会仍然受制于强国，各国皆以私利为重，不能作公正的裁决。中国代表团在和会上提出收回德国在山东一切权益的要求被驳回，和会规定将德国在山东的一切权益让与日本，中国代表团的奋战终告失败。5 月 3 日，陆征祥、顾维钧、施肇基、魏宸组、王正廷五位全权代表联名致电北京政府请求辞职，指出："总之，和会仍凭战力，公理莫敌强权。祥等力竭智穷，负国辱命，谨合呈大总统，请即开去全权。"[②]国务院随即复电一律挽留。然而，中国在巴黎和会失败的消息传回国内，却引起了一场规模颇大的政治风波，这场政治风波又影响到了段祺瑞的政治生命。

5 月 4 日下午，北京各大学的学生从四面八方奔赴天安门，举行示威游行。游行的学生先是向美国公使馆递交抗议书，又转向东城赵家楼曹汝霖

---

① 威尔逊十四点和平原则的内容为：1. 各国外交公开，禁止秘密国际协定；2. 平时与战时均尊重海洋自由；3. 撤除各国经济壁垒；4. 裁减各国军备；5. 公平解决殖民地之分配；6. 归还俄国被占之领土；7. 归还比利时被占之领土；8. 撤退法国境内盟军，解决阿尔萨斯（Alsace）及洛伦（Lorraine）问题，并归返法国；9. 依民族自决原则，重划意大利边界；10. 依民族自决原则，重划奥匈领域；11. 依民族自决原则，重划巴尔干各国边界，恢复罗马尼亚、塞尔维亚及门的内哥等国的领土；12. 土耳其自治，开放达旦尼尔海峡；13. 恢复波兰之独立；14. 议定宪章，组织国际联盟，保障各国政治独立领土完整，不论国家之大小，一律享受同等权利。

② 李新总编：《中华民国史》第三卷，中华书局 2011 年版，第 367 页。

官邸,痛殴了在曹宅的章宗祥,并放火焚烧曹宅,这次学生示威运动史称五四运动。学生的示威运动本是计划好的,5月3日晚,北京大学学生假北大法科礼堂召集全校学生开会,会中群情激动,当场决议办法四项:1.联合各界一致力争;2.通电巴黎专使,坚持和约上不签字;3.通电全国各省市于5月7日国耻纪念日①举行群众游行示威运动;4.定于5月4日(星期日)齐集天安门举行学界大示威②。

对于这个空前未有的学潮,北京政府内部的处理意见并不一致,徐世昌一派主张采取缓和手段,段祺瑞一派则主张采取严厉手段,这更加深了他们之间的矛盾。段祺瑞指使安福系分子、大理院院长姚震提出,必须查明为首滋事学生,依法予以制裁。同时授意安福系阁员,必须整顿学风,首先撤换北大校长蔡元培。其实蔡元培早已提出辞职,但教育总长傅增湘已加以拒绝,现在段祺瑞要政府免蔡元培的职,傅增湘自然要表示反对。他气愤地说,如果政府一定要这么做,他就以不副署免职命令来对付③。傅增湘(1872—1949年),字润沅、沅叔,别署双鉴楼主人、藏园居士等,四川江安人。出身书香世家,清末曾任直隶提学使,入民国后任教育总长、故宫博物院图书馆馆长。傅增湘在北京政府中比较超然,段祺瑞对他本来很器重,由于处理学潮案使他和安福系中间极不愉快,他也有挂冠求去的意思,而安福系也酝酿罢免傅增湘同时改组各大专校,派安福系的人去担任各大专校校长,以加强对学生的控制。5月9日,蔡元培再度留下辞呈出走。北大学生议决"停课待罪",以表示坚决挽留校长,北京各大专学校校长继蔡元培之后全体辞职,以示态度一致。在是否罢免蔡元培北京大学校长职务这个问题上,段祺瑞与傅增湘的分道扬镳,是对段祺瑞实力的一大挫折,因傅增湘本来是积极支持段祺瑞的。

5月5日,交通总长曹汝霖、币制局总裁章宗祥呈请辞职,他们二人皆

---

① 自袁世凯接受日本"二十一条"以后,每年5月7日各界都举行国耻纪念,5月7日遂成为国耻纪念日。

② 蔡晓周、杨景工:《五四》,《五四爱国运动》上册,中国社会科学出版社1979年版,第453页。

③ 丁中江:《北洋军阀史话》第三集,中国友谊出版公司1996年版,第167页。

是段系的股肱，也是学生乃至社会各界指责的对象。段祺瑞指责钱能训内阁无能，应付学潮太过软弱无力，他的指责开始了安福国会的倒阁运动。5月14日，徐世昌邀请段祺瑞与全体阁员、安福国会的两院议长在总统府举行紧急会议，讨论外交、和会与学潮等问题。这些问题在徐世昌和段祺瑞两巨头间距离极大，于是徐世昌施出他的一贯老作法，两面光、两面圆的办法。关于学潮问题，当天发表命令挽留蔡元培校长以安学生之心；也挽留曹汝霖、陆宗舆、章宗祥以安段祺瑞的心。同时下令诰诫

曹汝霖

学生不得纠众滋事，如果"不服弹压"，即当"查明斥革，依法逮惩"①。徐世昌的这种做法使段祺瑞大为不满，因此他对徐世昌大施压力。于是第二天北京政府罢免了傅增湘的教育总长，而由教育次长袁希涛代理部务，这更加剧了国内矛盾，学生运动进一步扩大到社会各界。

5月24日，国务院致电各省，通告政府在巴黎和会签约的决定，电文称："经熟思审处，第一步自应力主保留，以俟后图；如果保留实难办到，只能签字。当经征询两院议长（李盛铎、王揖唐）及段前总理意见，亦属相同。因时期促迫，已于昨日电复陆专使照行。"②电文中特意提到取得了段祺瑞的同意，是有用意的。同一天，段祺瑞亲自致电各省军政高级官员，力主签约，电文说："欧洲和约事，当局最后主张，业经电达。青岛问题，顾、王两使争执

①　陶菊隐：《北洋军阀统治时期史话》第五册，三联书店1958年版，第43页。
②　《公言报》，1919年6月8日。

直接交还,国家有力,未尝不是,……以英日现在之国力,我欲一笔抹煞得乎?""欧约如不签字,国际联盟不能加入,所得有利条件一切放弃。"他并对学生运动表示了态度,说学生运动是"借爱国以祸国也",要求各地维持治安,"赞襄政府"①。段祺瑞的态度不仅激怒了正在兴头上的学生,也引起了工商各界的强烈不满,遂引发了 6 月 5 日开始的上海工人大罢工。从此时起,不但学潮蔓延成全国性的,而且学潮又和政潮混合在一起,使得政治危机愈益增加,段祺瑞在政治上陷入困境。

首先,是受到了学生和社会各界的攻击。早在 4 月中旬,上海的七个群众团体就通过一项决议,指出:"段祺瑞、曹汝霖、徐树铮、陆宗舆、靳云鹏等种种卖国行为,日益加厉,为全国所不容,应请决议惩办,以除祸根。"②把矛头直接指向段祺瑞,这在当时的社会舆情中还是少见的。6 月 8 日,上海国民大会发出通告,除号召继续罢工、罢市,并提出推翻北京政府,赶走徐世昌、段祺瑞。6 月 12 日,全国学生联合会通电,声讨段祺瑞、徐树铮③。

其次,是军界高级将领的反对。段祺瑞的电报发出后,只有安徽督军倪嗣冲在 5 月 25 日复电响应,其他人要么不表态,要么模棱两可、含糊其辞。但是,6 月 8 日淞沪护军使卢永祥和沪海道尹沈宝昌联名致电徐世昌等人,请求尊重学生的意思将曹、陆、章三人免职,"准将三人一并免职,明令宣示,以表示政府委曲求全,力顾大局之意。"④卢永祥本是段系实力派高级将领,此时发出这样的声音,足以震动段祺瑞了。6 月 9 日,吴佩孚向徐世昌拍发了一份电报,公开站到学生一边,电文说:"大好河山,任人宰割,稍有人心,谁无义愤。彼莘莘学子,激于爱国热忱而奔走呼号,前仆后继,以草击钟,以卵投石,……其心可悯,其志可嘉,其情更有可原。"⑤吴佩孚的这份电报为他赢得了时誉。6 月 15 日,吴佩孚又致电南方将领,建议驻湘南北将领联名通电反对签约,是为轰动一时的"删电"。吴佩孚的态度明确而热烈,对于

---

① 《公言报》,1919 年 5 月 28 日。
② 《七团体和平决议》,《民国日报》1919 年 4 月 18 日。
③ 胡晓:《段祺瑞年谱》,安徽大学出版社 2007 年版,第 164 页。
④ 《护军使、道尹请免曹、陆、章电》,《申报》1919 年 6 月 10 日。
⑤ 《五四爱国运动档案资料》,中国社会科学出版社 1980 年版,第 351 页。

段祺瑞来说无疑是一颗"重磅炸弹",对其威信和地位都是一个重大的打击。

6 月 10 日,徐世昌下达数道命令,免去曹汝霖、陆宗舆、章宗祥的职务。免职令下达后,段祺瑞怒不可遏,他跑到团城对曹汝霖说:"没有辞职,而捏造辞职照准之令,命令亦造谣言,天下尚有公论是非吗!"段祺瑞还大骂徐世昌,说曹汝霖等人"为他冒大不韪,借成日债,这种举动,真所谓过河拆桥,以后还有何人肯跟他出力? 他对我作难竟累及你们,良心何在,岂有此理!"①段祺瑞之骂徐世昌是有道理的,徐

当时报刊对曹汝霖、陆宗舆、章宗祥免职的报道

世昌当选总统的经济来源,就是靠顺济、高徐两路的借款,而顺济、高徐借款的成立皆为曹、陆、章三个人的努力。从政治上看,曹、陆、章三人被免职,打击的不仅仅是段祺瑞的势力,徐世昌也间接受到了影响。刘仲敬指出:"曹、陆无引咎之心,有负气之意,自谓功在北洋,必受慰留。岂知府院暗斗,以内阁为牺牲。自是徐段交恶,北洋无复调人,直奉兴师倒段。"②徐世昌免去了曹汝霖、陆宗舆、章宗祥的职务,虽然暂时减轻了段系势力的压迫,但也造成了国内尤其是北洋系军人的分裂,最终导致直皖战争的爆发。

直皖分派

行文至此,直系和皖系的提法才正式提出,这样书写的理由在于,直皖本系一家,只是在冯国璋死后才公开分裂。所谓直系、皖系,本同属北洋系,

---

① 曹汝霖:《曹汝霖一生之回忆》,中国大百科全书出版社 2009 年版,第　页。
② 刘仲敬:《民国纪事本末(1911—1949)》,广西师范大学出版社 2013 年版,第 142 页。

皆为袁世凯创办北洋新军的产物，早期都属于国家的军队。丁中江概括说："北洋大势，在袁世凯死后即一分为二，二分为三。二是直系和皖系，直系以冯国璋为首脑，曹锟为副，长江三督为骨干。皖系以段祺瑞为首脑，徐树铮为中心，靳云鹏、段芝贵、倪嗣冲、张敬尧、傅良佐、吴光新等都是大将。二而三是又添了一个奉系，后来居上，鼎足而三。奉系首脑是张作霖，王永江为谋主，杨宇霆、郭松龄、吴俊升、孙烈臣、张作相等都是中坚。"①

丁中江的概括大体上是正确的，但有一点不确之处，即"直系以冯国璋为首脑，曹锟为副"的说法。袁世凯在世时，北洋系的军队是统一的，后袁世凯意欲帝制自为，段祺瑞、冯国璋有所抵制，各地方实力派才各昵所亲，遂有直派、皖派（也可称为段系、冯系）之区分。因而有人说："派系名称，固无一定之标准也。"②所谓直系，最初是指以冯国璋为领袖的那些军人和官僚政客，包括"长江三督"、研究系、旧交通系等；所谓皖系，是指以段祺瑞为领袖的那些军人和官僚政客，如安福系。而对于冯、段二人而言，虽然在冯国璋出任代理大总统以后一度关系很紧张，但"其实两人心目中，从来亦并无直皖系之成见，到了日后的演变，亦非两人所及料"③。这个说法可从1917年5月23日徐树铮致段祺瑞的电报中得到佐证，电文云："分派之说，去岁已详陈。直人布置直派，是直人之自杀；若皖人布置皖派，以为抵直之计，是皖之自杀。总理为国家之总理，非皖人之总理。国家险状，宁堪操刀而自？立法自近，甚愿我总理以正己而正人也。"④徐树铮在这里劝段祺瑞不要形成派系之见，但是，直皖分派却是因他的所作所为造成的。

袁世凯去世后，段祺瑞本可以成为整个北洋派的领袖，只是因为他过于刚愎，不能容物，又信任徐树铮，遂失去大多数人的拥戴，只好巩固皖系以自重。徐树铮是个厉害角色，可惜太过专横，又太露锋芒，得罪了军政两界的很多人，从而为段祺瑞树立了不少的政敌。先是在黎元洪与段祺瑞的府院

① 丁中江：《北洋军阀史话》第三集，中国友谊出版公司1996年版，第244—245页。
② 张一麐：《直皖秘史》，中华书局2007年版，第120页。
③ 张国淦：《北洋军阀直皖系之斗争及其没落》，杜春和等编：《北洋军阀史料选辑》下册，中国社会科学出版社1981年版，第37页。
④ 张国淦：《北洋军阀直皖系之斗争及其没落》，杜春和等编：《北洋军阀史料选辑》下册，中国社会科学出版社1981年版，第52页。

之争中,徐树铮的独断专行引得孙洪伊不快,竟至压迫黎元洪免去孙洪伊的内务总长职务。"孙出京,即谋制徐倒段之策,乃以乡谊关系,与直隶派联络,间接示意于冯,冯与段早有裂痕,孙乃运用策略,促冯自成一系,与段争抗。久之,遂有所谓直派、皖派之目"①。

孙洪伊鼓动冯国璋与段祺瑞分庭抗礼,只是造成冯、段矛盾的外在因素,他们之间的冲突来自于政见的根本不同。与段祺瑞很接近的曹汝霖把责任完全推到冯国璋身上:"合肥谋国家统一,而冯河间挟其一得之见,又不能控制全局,从中阻挠,破坏合肥政策,使统一终成虚愿,北洋团体,从此分裂,谁实为之,孰令致之,冯国璋应尸其咎。"②前一章分析段祺瑞"武力统一"政策失败的原因时,已将冯、段双方的态度和做法做了梳理,不能将造成北洋派分裂的原因全归结到冯国璋一个人的头上。

靳云鹏

其次,徐树铮还造成了皖系内部的分裂,主要是他与靳云鹏矛盾的逐渐加深。靳云鹏(1877—1951 年),字翼青,山东邹县人。出身贫寒,18 岁至天津小站入新建陆军当兵,1898 年入随营武备学堂学习,1909 年由段祺瑞举荐去云南,任第十九镇总参议。1913 年被段祺瑞保荐任陆军第五师师长,9 月署理山东都督,次年晋升将军,后又任陆军总长。1919 年 6 月 13 日,钱能训内阁辞职后,靳云鹏被大总统徐世昌提名组阁,并于 10 月 31 日、11 月

---

① 吴虬:《北洋派之起源及其崩溃》,中华书局 2007 年版,第 18 页。
② 曹汝霖:《曹汝霖一生之回忆》,中国大百科全书出版社 2009 年版,第 186 页。

4 日获众参两院通过。可靳云鹏并未按照安福国会的意思安排阁员,引起安福系的不满。11 月 24 日,徐树铮从库伦返京,怂恿段祺瑞对靳云鹏大加训斥,迫使改提李思浩为财政总长以代周自齐。靳云鹏和张作霖是儿女亲家,和曹锟是拜把兄弟,他的抱负是促成直皖两系重归于好,进而促成南北和平的实现。由于他和徐树铮的矛盾深化,他便倾向于直奉那边去了。

继续回到直皖分派的主题。自冯国璋卸任总统退隐河间老家以后,直、皖门户之见消释无形,段祺瑞成为北洋派唯一的领袖。徐世昌上台后欲分化段系军人势力,以厚利引诱曹锟、吴佩孚,使得他们重整直系旗鼓。段祺瑞听说后,对他的亲信说:"吾推重此公,何异自扼其吭。"①徐世昌的从中作梗,确实是直皖分派的催化因素,但这和段祺瑞的强硬作风是分不开的。齐锡生的分析是颇为有理的:

> 段祺瑞的傲慢促使了直系的结合。段祺瑞认为北洋系统的权力只能以组织和权力来保持。但是,北洋军队事实上与国内其他军队一样分散。为了使北洋复兴,段祺瑞甚至在北洋系统内建立一个具有不同政治和军事力量的派系(安福系和西北边防军),后来被称为皖系,以及采取撤职、孤立或枪决的办法来压制北洋内部的反对派。但是北洋成员不习惯高压手段。即便是袁世凯,当需要执行纪律时,也采取比较策略的办法。北洋成员把北洋系统看成是一个家庭。一个中国家庭的家长,既是严厉的,也是宽厚的,他不应该是凶狠的或喜欢报复的。更重要的,中国家庭重视融洽而讨厌公开分裂。对于段祺瑞,作为北洋的领导人应该做到这些。当事实证明段祺瑞坚持他的高压统治方式时,别人就开始为保护自己而联合起来。因此,本来想恢复北洋的团结,结果却将其分裂成毫无希望的碎片而结束。②

1919 年 12 月 28 日,冯国璋在北京帽儿胡同公馆病逝,享年 60 岁。冯国璋本来是在河间老家隐居的,这一年 9 月份才来京。在京期间,段祺瑞与冯国璋和好如初,段祺瑞并希望冯国璋为缓和直皖两系的争斗做些疏通工

---

①　陶菊隐:《政海轶闻》,上海书店出版社 1998 年版,第 33 页。

②　【美】齐锡生著,杨云若、萧延中译:《中国的军阀政治(1916—1928)》,中国人民大学出版社 2010 年版,第 30 页。

作。但冯国璋的突然病逝，彻底打消了段祺瑞的希望。1920 年 1 月 12 日，段祺瑞赴冯宅吊祭，并送挽联一副：

> 兵学砥砺最相知，每忆拔剑狂歌，曾与誓澄清揽辔；
>
> 国事纠纷犹未已，方冀同舟共济，何遽伤分道扬镳。[①]

冯国璋去世后，曹锟便有成为直系新领袖的趋势。曹锟本是为了维护北洋系的团结而选择支持段祺瑞的，因他不愿意看到南方实力派对段祺瑞的权力进行挑战，因而才有支持段祺瑞"武力统一"的举动，并亲任讨伐军第一路司令。但徐树铮许诺选他做副总统并未成为现实，引得曹锟对段祺瑞产生了离心倾向，又加上徐树铮出任西北筹边使，更引发了他的不满。同时，"长江三督"与徐树铮有着不解之仇，现在也唯曹锟马首是瞻。曹锟之所以能够稳坐钓鱼台，得力于他的爱将——北洋系"后起之秀"吴佩孚。吴佩孚虽然仅是一名师长，可是一举手一投足，一言一行都引起全国的注意。他在湖南，始而驱兵疾进，所向无敌。继而陈兵不战，通电主和，他能把握时局中心，善为运用，争取广大人民的同情与支持。由于他能做能唱，使南北军人对他都刮目相看，曹锟是他的嫡亲长官，这样一来，水涨船高，曹锟也就成为直系名至实归的领袖了。因此，有学者认为："直到曹锟与冯国璋的部下结成了友谊并处于一种长期反对皖系的局面，直系才真正成为直系。"[②]

五天战事

直皖战争虽然爆发于 1920 年 7 月，但在此之前直皖两方面聚合实力的过程持续了半年多的时间。环视直皖战争前的中国版图，被不同实力集团分割成了几个大大小小的"势力范围"：

皖系：直隶北部（包括北京）、山东、热河、绥远、陕西、安徽、浙江、福建；

直系：直隶南部、河南、江苏、湖北；

奉系：奉天、黑龙江、吉林；

① 公孙訇：《冯国璋年谱》，河北人民出版社 1989 年版，第 169 页。

② 【美】齐锡生著，杨云若、萧延中译：《中国的军阀政治（1916—1928）》，中国人民大学出版社 2010 年版，第 30 页。

国民党:广东、广西、云南、贵州;

四川:四川;

湖南:湖南;

山西:山西①。

在这些派别中,皖系、直系和奉系属于重要角色范畴,国民党由于内部分裂,还不属于重要角色的范畴。直系和奉系由于共同利益的驱使,主要是反对徐树铮实力的扩张,而联合在一起,总体力量超过了皖系。1919 年秋冬之际,直隶、江苏、湖北、江西四省和东三省便成立了反皖系的同盟,史称七省反皖同盟。第二年 2 月,因为河南易督问题的出现,河南督军赵倜加入,遂成为八省反皖同盟。徐世昌早就不甘做段祺瑞的政治傀儡,他自袁世凯时代就认定徐树铮是个可怕人物,因而徐世昌成为八省反皖同盟的同情者和幕后支持者。

八省反皖同盟开始时并不反对段祺瑞,他们的口号是"清君侧",就是反对段祺瑞身边的徐树铮。他们希望段祺瑞能够亲贤人而远小人,而所谓小人指的就是徐树铮。但段祺瑞不能没有徐树铮,段、徐之间不仅是上下级关系,更重要的是政治得失关系,因而无法分开。曾长期在段祺瑞公馆服务的王楚卿回忆说:"徐树铮到段公馆来,是随来随见,而且用不着号房代他通禀,他就扬长直入了。段祺瑞会见外客是在外客厅,而徐树铮可以一直走进内客厅,和段见面。不过徐树铮到公馆来,也是谈公事,三言两语,交代完了他就走,向来耽搁的工夫不大。他很少参加公馆里的宴会,也不大陪着老段打牌,照例是公事公办,态度很严肃。"他还说:"小徐在老段面前是说一不二,从不被驳回;而老段吩咐下来的事,小徐却不一定照办。"②这充分说明了段祺瑞对徐树铮的倚重,也从一个侧面反映出徐树铮的专横。

段祺瑞既然不肯牺牲掉徐树铮,八省反皖同盟只有采取"兵谏"一途了,充当急先锋的又是曹锟手下的头号大将吴佩孚。1919 年秋天,吴佩孚就一再电请撤防北归,北京政府置之不理。1920 年 1 月初,吴佩孚公开向北京

① 【美】齐锡生著,杨云若、萧延中译:《中国的军阀政治(1916—1928)》,中国人民大学出版社 2010 年版,第 174 页。

② 王楚卿:《段祺瑞公馆见闻》,《文史资料选辑》第 41 辑。

政府提出率军北撤的请求,理由是"前方经济困穷,官兵苦不堪言"①。1 月
30 日,南方军政府秘密接济吴佩孚开拔费 60 万元,先付 30 万,其余 30 万
留待开拔时付清,这使得直军北撤已成定势。段祺瑞采取了多种方法来阻
止,但并未见效,5 月 20 日直军开始从湘南撤防,到 6 月中旬全部撤退到河
南境内,吴佩孚则驻在洛阳。直军北撤也使得湖南局势为之一变,皖系的湖
南督军张敬尧被驱逐,这又使皖系失去了一支重要军事力量。

　　直皖冲突已到了非一战不可解决的地步了,但各方都尽量寻求一个能
避免战争则避免的方案。徐世昌于 6 月 7 日、14 日、18 日发电三次,电召曹
锟、张作霖、李纯三位巨头到北京来会商,曹锟和李纯寻找借口拒绝进京,只
有张作霖于 18 日到达北京。他的调解很是费了一番功夫,但也没有什么成
效。7 月 1 日,直系在保定发布了告西北军、边防军书,原文如下:

　　　　直军全体将士致书于边防军、西北军全体将士曰:我辈谊切袍泽,
情属兄弟,谨抒亲爱恳挚之宣言,敬告于明顺逆知大义者。夫同类不相
残,同国无义战,千古之铁案也。我祖轩辕氏制兵之始,原为对外之用,
北逐荤粥,南驱苗蛮,中原始有一片干净土。洎乎北伐玁狁,西御氐羌,
与匈奴、突厥、金、元、满、蒙角逐中土,无非借我国军,固吾围也。充国
屯田,德裕筹边,天下有道,守在四夷。我国边防军、西北军之设制,为
对外御侮之嚆矢。凡属袍泽,畴不以手加额,踊跃三百,边防有托,西北
无忧矣。乃野心权利者,利用愚民政策,采取军阀主义,拥我数十万朔
方健儿,以为同室操戈之用,不以防边而以防内,凭借西北,讨伐西南。
直视我堂堂国军,桓桓武士,为一家之鹰犬。在昔专制时代,天子讨而
不伐,诸侯伐而不讨。西南各省,同隶版图,既无卖国媚外之罪,又焉有
侵凌讨伐之理。矧共和国家,以人民为主体,人民并非欲其豆之煎,军
阀偏欲表鹬蚌之持。剥我人民脂膏,以重苦吾民。耗我国家饷糈,以疲
困吾民。我国民何负于军人,我军人更何仇于国家。天良未泯,夜气犹
存,既非至愚,终当觉悟。孰甘为少数私人作牛马哉。
　　　　亚圣有言:"民为贵,社稷次之,君为轻。"诗曰:"戎狄是膺,荆舒是

　　① 黄征、陈长河、马烈:《段祺瑞与皖系军阀》,河南人民出版社 1990 年版,第 181 页。

惩。"凡我军人动作，均应以对外为主旨，以民意为依归。是在我军人有觉悟心，尤贵我军人有辨识力。彼野心私利之徒，动辄曰服从命令，拥护中央。试问此项征讨命令，是否出于元首本心？即令出自元首，是否本于真正民意，为治命耶？为乱命耶？稍有常识者，类能辨之。挟天子以令诸侯，久为权奸之惯技。唐文宗有言："昔周赧受制于强藩，今朕受制于家奴。"安福系跳梁跋扈，殆甚于阉宦貂珰，而指挥安福祸国者，惟徐树铮一人。我昂藏七尺男儿，讵甘心供其驱使耶！渴不饮盗泉之水，饥不食嗟来之食，热不息恶木之阴。彼安福系以路矿抵押外人，屈膝借债，豢养国军以残害同胞。我国军不乏忠义之士，明达之人，孰肯为一党一系效死命哉。上年鲁案发生，我国军有协力对外之热忱。借债发饷，我国军有不受外饷之义愤。全国军人，闻风兴起，玉可碎而不可掩其白，竹可焚而不可毁其节。义侠高风，铁胆钢肠，诚足以凛冽千古矣。全国本属一家，焉有南北之界，北洋原系一体，何有皖直之分。国军同仇对外，又安有芥蒂之嫌。边防军创边防之基础，西北军开西北之宏图，我同胞方且崇拜之敬仰之不暇，更焉有水火虞邪。

此次直军撤防，原为扫除祸国殃民之安福系，及倡乱卖国之徐树铮。对于先进泰斗，同气友军，毫无挟带恶感及并峙对敌行为。乃彼少数奸人，自知无立足之地，故为捏造流言，怂恿当道，不曰"与合肥督办为难"，即曰"与边防军、西北军构怨"。是等无意识之谰言，希图妄施离间。我亲爱友军，必不为其稍动。此后凡我军人，遝迹一体，披肝沥胆，敌忾同仇。耿耿此心，可对天日。外御其侮，内息阋墙，堂堂男儿绝不坠其收买离间术中。我军人幡然觉悟，不为利用，而彼术穷矣。夫利权乃一时浮云，名誉为第二生命，宁牺牲权利以息争，讵牺牲名誉以助虐，千秋万世，自有公论。燕赵古称慷慨悲歌之士，我边防友军暨西北同袍，果有能先我着鞭，驱除徐树铮，解散安福系，以顺人心，而慰民望者，则既可建拥护元首之大勋，更可全维持合肥之令名。非但所以爱元首爱合肥，亦即所以爱国家爱人民也。直军愿执鞭弭以其后。他日历史增荣，俾直军得附边防军与西北军之骥尾，则荣幸多矣。袍泽志士，盍兴乎来。直军全体将士敬告。①

　　这篇文告以徐树铮为打击对象，还是走的"清君侧"的路子，避免直接攻击段祺瑞。7 月 4 日，徐世昌未经内阁讨论，突然宣布罢免徐树铮西北筹边使及西北边防军总司令等职务，改任有名无实的远威将军，并将边防军交陆军部接收。徐世昌的举动极大地激怒了段祺瑞。7 月 5 日，段祺瑞以边防督办名义，命徐树铮抗令而"照常办公"，并命令边防军紧急动员，以求制敌先机。段祺瑞为此举寻找的借口是"徐（世昌）为左右劫持，命令皆非己出，故调兵入京，为保护总统，驱除群小"②。7 月 8 日，段祺瑞在将军府召集全体阁员及军政首要举行联席特别会议，出席人员逾百人。段祺瑞极端愤怒，决定呈请总统将曹锟、吴佩孚、曹锳免职，交由他亲自查办。在段祺瑞的强大压力下，第二天徐世昌被迫发出惩办曹锟、吴佩孚的命令，吴佩孚撤职查办，第三师由陆军部接收；曹锟褫职留任，以观后效。同日，曹锟在天津举行誓师大会，所部名为讨逆军，设大本营于天津，司令部于高碑店，派吴佩孚为前敌总司令。10 日，段祺瑞自任"定国军"总司令，徐树铮为副总司令兼参谋长，段芝贵为前敌总指挥，双方大战有一触即发之势。

　　7 月 13 日，吴佩孚发布出师讨贼通电，云：自古中国，严中外之防。罪莫大于卖国，丑莫重于媚外，穷凶极恶，汉奸为极。段祺瑞再秉国政，认仇作父。始则盗卖国权，大借日款，以残同胞。继则假托参战，广练日军，以资敌国。终则导异国之人，用异国之钱，运异国之械，膏吾民之血，绝神黄之裔。实敌国之忠臣，民国之汉奸也③。这通电文将以往攻击安福系和徐树铮的罪状，一股脑儿地推到段祺瑞身上，视之为罪魁祸首。同日，段祺瑞发出传檄通电，电文如下：

　　　　为檄告事：案查曹锟、吴佩孚、曹锳等，目无政府，兵胁元首，围困京畿，别有阴谋。本上将军业于本月八日据实揭劾，请令拿办，罪恶确凿，诚属死有余辜。九日奉大总统令：曹锟褫职留任，以观后效。吴佩孚褫职夺官，交部惩办。令下之后，院部又迭电饬其撤兵。在政府法外施

---

① 张一麐：《直皖秘史》，中华书局 2007 年版，第 185—188 页。
② 《申报》，1920 年 7 月 10 日。
③ 张一麐：《直皖秘史》，中华书局 2007 年版，第 181 页。

仁,宽予优容。该曹锟等应如何洗心悔罪,自赎末路。不意令电煌煌,该曹锟等不惟置若罔闻,且更分头派兵北进,不遗余力。京汉一路,已过涿县;京奉一路,已过杨村,进窥张庄。更于两路之间,作捣虚之计,猛越固安,乘夜渡河,暗袭我军。是其直犯京师,震惊畿甸,已难姑容。而私勾张勋出京,重谋复辟,悖逆尤不可赦。京师为根本重地,使馆林立,外商侨民,各国毕届。稍有惊扰,动至开罪邻邦,危害国本,何可胜言。更复分派多兵,突入山东境地,迳占黄河南岸之李家庙,严修战备,拆桥毁路,阻绝交通,人心惶惶,有岌焉将坠之惧。本上将军束发从戎,与国同其休戚,为国家统兵大员,义难坐视。今经呈明大总统,先尽京畿附近各师旅,编为定国军,由祺瑞躬亲统率,护卫京师,分路进剿,以安政府而保邦交,锄奸凶而定国是。奸魁释从,罪止曹锟、吴佩孚、曹锳等三人,其余概不株连。其中素为祺瑞旧部者,自不为彼驱役;即彼部属,但能明顺逆,识邪正,自拔来归,即行录用。共擒斩曹锟等献之军前者,立予重赏。各地将帅,爱国家,重风义,遘此急难,必有履及剑及兴起不遑者,祺瑞愿从其后。檄到如律令,祺瑞。印。[1]

7月14日晚,皖系边防军首先向直军发动攻击。但是,战事只持续了5天,18日即以皖军的失败而告终。

全盘皆输

7月18日,直皖之战胜负已决,段祺瑞亲自去见徐世昌,请徐下一道"停战令",免得北京城不可收拾。徐世昌发了一通"早知今日,悔不当初"的讥讽后,颁布了停战令,责成各路将领在前方停止进攻,听候命令解决。7月19日,段祺瑞通电引咎辞职,电云:

顷奉主座电谕:近日叠接外交团警告,以京师侨民林立,生命财产极关紧要,战事如再延长,危险宁堪言状,应令双方即日停战,速饬前方各守界线,停止进攻,听候明令解决等因,祺瑞当即分饬前方将士,一律

---

① 张一麈:《直皖秘史》,中华书局2007年版,第192—193页。

停止进攻在案。查祺瑞此次编制定国军,防护京师,盖以振纲饬纪,并非黩武穷兵。乃因德薄能鲜,措置未宜,致召外人责言,上劳主座之盂念,抚衷内疚,良深悚惶,查当日即经陈明,设有贻误,自负其责。现在麇应沥陈自劾,用解惩尤,业已呈请主座,准将督办边防事务、管理将军府事宜各本职,暨陆军上将本官,即予罢免,并将历奉奖授之勋位勋章,一律撤销。定国军名义,亦于即日解除,以谢国人。①

在这个电报中,他故意漏去直军最重要的一个人吴佩孚,可见段祺瑞对吴佩孚的切齿之恨。数年后,吴佩孚彻底失败,从四川北上后,段祺瑞亦以金光明法会来平。奔走吴、段之门,欲冶冰炭为一炉者大有人在,段颔之,吴亦报可。惟吴自视高,不欲踵段之门。事闻于段,怫然曰:"子玉昔为偏裨,以兵谏博时誉,其行动与倒戈无殊。今时过境迁,彼来谒我,往事不提可也,合作云乎哉?"言下大有羞与哙伍之意②。由此可以看出,段祺瑞内心深处对吴佩孚的怨气一直没有消释。

对于皖系的失败,当时有舆论这样评说:"计自民国七年段氏利用参战借款组织参战军以来,扩充训练,不遗余力,至此约两年;国内各方,百计反对,不能动其毫末;现在四五天工夫,竟为直系军阀扑灭;非但吴佩孚喜不可当,便是国内一般人士,也没有不称快的。"③"国内一般人士,也没有不称快的",反映出国内舆论界的一般心理,这也是彼时中国统一无法实现的深层社会心理因素。

段祺瑞长期掌握中央政权,他的很多做法尽管是为了维护国家主权,为了增强国家实力,但也会引起地方实力派的嫉视。以中国空军的建设为例,1919 年冬天,段祺瑞成立航空事务处,直属于国务院,专司航空一切行政事务,以丁锦为处长。航空事务处成立的背景,是北京政府向英国购买了一批飞机。第一次世界大战结束后,英国为了推销战时剩余飞机,由英商斐克斯公司出面,与北京政府签订航空借款 180 万镑,其中 50 万镑存储银行,作为发展航空事业的行政经费,以 130 万镑购置飞机、航空器材和航空工厂应用

① 吴廷燮:《段祺瑞年谱》,中华书局 2007 年版,第 75—76 页。
② 陶菊隐:《政海轶闻》,上海书店出版社 1998 年版,第 50 页。
③ 李剑农:《中国近百年政治史(1840—1926)》,复旦大学出版社 2007 年版,第 479 页。

的器材。这次总共购得飞机一百架①。1920 年，段祺瑞明令将原隶属于参谋本部的南苑航空学校划归航空事务处，改组为航空教练所，委任王鹗为所长，姚锡九为教育长。以督办边防事务处的名义而凌驾于内阁之上，段祺瑞招致国内舆论的反对亦属情理之中。

从法律角度看，直皖战争双方都不具有合法性。刘仲敬指出："以北京新国会法统论，直军谋食于南，抗国务院命，擅自兴师犯京，已属叛逆；边防军(皖军)抗大总统命，拒绝裁并，擅自兴师讨直，同属叛逆。直皖战争为两大叛逆军事集团互斗，新国会政权法统已绝。"②可惜，我们现在仅仅把直皖战争看作军阀之间的争权夺利，而忽视了最根本的法律问题，这是历史研究中的一个大"漏洞"。

段祺瑞在皖军战败后，由团河回到府学胡同，既不逃往天津，也不避匿租界。7 月 28 日，徐世昌准免督办边防事务兼管理将军府事务段祺瑞职，令撤销督办边防事务处和西北边防军，西北边防军由陆军部收束遣散。"西北边防军的一个旅被命令解散时，发生了兵变，造成直隶省通州地区相当大的损失，最后被收编为奉军。"③这是一个小插曲，却反映出直系和奉系参与了对皖系军队的瓜分，不过他们之间还是有所区别的。"奉张虽与曹、吴共同瓜分了段派的家底，但奉张只是在段派濒临倒台的时刻才进军关内，唾手而得京、津，表面上参加了倒段，实际只不过是从曹、吴手中夺取胜利的果实。奉张这一行动，段派暗中是欢迎的，因为如果奉张不来，不但段派的家底将全部落入曹、吴手中，而且北京政府的政权也将为曹、吴所独占，这对段派是不利的。事后段派虽倒，而段氏本人仍能安居在北京府学胡同不动，即可想见段、张的关系并未中断。"④这又埋下了后来段祺瑞在张作霖支持下东山再起的伏线。

直皖战争皖系战败，段祺瑞成了最大的输家，他被解除了所有职务，他

---

① 蒋逵：《旧中国航空界见闻》，《天津文史资料选辑》第 27 辑。

② 刘仲敬：《民国纪事本末(1911—1949)》，广西师范大学出版社 2013 年版，第 148—149 页。

③ 【美】齐锡生著，杨云若、萧延中译：《中国的军阀政治(1916—1928)》，中国人民大学出版社 2010 年版，第 66 页。

④ 何柱国：《孙、段、张联合推倒曹、吴的经过》，杜春和等编：《北洋军阀史料选辑》下册，中国社会科学出版社 1981 年版，第 106 页。

精心打造的嫡系武装边防军被解散,而且他手下的亲信干部(计有徐树铮、曾毓隽、段芝贵、丁士源、朱深、王郅隆、梁鸿志、姚震、李思浩、姚国桢)被列入"祸首"名单,遭到通缉,一个时期内全部退出了政治舞台。8月3日,徐世昌下令解散安福俱乐部;8月3日,徐世昌又下令通缉安福系议员方枢、光云锦、康士铎、郑万瞻、臧荫松、张宣。至此,段祺瑞苦心经营的新国会彻底瓦解,而据以产生的北京政府也失去了存在的法律基础。

北方的局势稳定下来以后,段祺瑞退居天津。

第十二章　临时执政难有作为

第二次直奉战争后，段祺瑞被张作霖和冯玉祥推戴出山，任中华民国临时执政。临时执政时期是段祺瑞政治生涯的最后一站，他虽然也想重新实现国家的统一，但是当时的国内政治环境已不容许他做出更多的努力，最后被迫彻底退出政治舞台。

天津会议

直皖战争皖系失败后，段祺瑞在天津过起了寓公生活。但是，他并没有完全退出政治舞台，他的嫡系势力还控制着一些省份，而且他作为北洋系的元老，影响力还是很大的。何柱国就说过："段以北洋元老的资格，对于北洋军阀，无论哪一个，虽然都吸不住，却都罩得下。"①因而，一待时机成熟，段祺瑞就又重登政治舞台，施展最后一番拳脚。关于第二次直奉战争后段祺瑞能够重掌政权的各种因素，大致可归结为这样几个方面：

---

①　何柱国：《孙、段、张联合推倒曹、吴的经过》，杜春和等编：《北洋军阀史料选辑》下册，中国社会科学出版社 1981 年版，第 127 页。

第一，联合孙中山、张作霖，促使反直三角同盟的形成。直皖战争后，奉直两系联合控制了北京政权，但由于在地盘划分、权力分配等方面存在严重冲突，双方矛盾日趋尖锐。张作霖在直皖战争中虽然也参加了对皖系的作战，但他是在皖系失败已成定局的情况下加入战线的，其目的是在从曹、吴手中夺取胜利果实。现在既要对付共同的敌人——直系，除了捐弃前嫌、结成盟友而外，别无他途。段祺瑞暗中主动拉拢张作霖，到了1921年下半年，"段、张很快地恢复了感情，阴有合力倒直的计划。"①1922年第一次直奉战争奉系战败，张作霖积极整军经武，以雪战败之耻，加快了与段祺瑞联合的步伐。因为"这时张作霖认为要报复曹、吴，非联段祺瑞不可；段的权力思想，本极浓厚，欲图再起，更认为非借重张不可，故张段二人，又由分而合。"②到第二次直奉战争爆发时，段祺瑞在天津用他的电台继续与各方联系。当奉军正在前线为战局不利忧心忡忡的时候，"突然接到段祺瑞由天津用无线电发来冯玉祥决定倒戈的确讯，这使我们如释重负，大家心里都有说不尽的兴奋和喜悦。"③由此可见，段、张的合作关系已是很紧密了。

1924年天津会议合影(左起：梁鸿志、冯玉祥、张作霖、段祺瑞、
卢永祥、杨宇霆、张树元，站立者吴光新)

①　黄征、陈长河、马烈：《段祺瑞与皖系军阀》，河南人民出版社1990年版，第213页。
②　邓汉祥：《我所了解的段祺瑞》，《文史资料选辑》第26辑。
③　何柱国：《孙、段、张联合推倒曹、吴的经过》，杜春和等编：《北洋军阀史料选辑》下册，中国社会科学出版社1981年版，第122页。

段祺瑞跟孙中山的接触,早在直皖战争以前就开始了,但没有取得效果。直皖战后,段祺瑞和他手下的大将将视线转向孙中山。1920年10月24日,徐树铮上书给在上海的孙中山,密陈"合作大计"。徐树铮计划利用皖系卢永祥"联合滇黔,提携闽粤川陕,抚翼苏赣,从新组织军府",并自告奋勇承担日本方面的外交及联络川、陕。1921年春,段祺瑞曾派周善培南下。后来,孙中山致函周善培,认为段"不出"则"大局终难救平。"[①]1921年12月22日,段祺瑞又派徐树铮到广州会见孙中山。孙中山派廖仲恺、汪精卫、蒋介石与徐树铮在广州接洽,孙中山并电廖、汪:"兹请两兄及蒋介石为我代表,与树铮切商军事之进行,现决于旧历年后用兵,希望皖系策应,使直系更无归路。自来战略因于政略,吾人政略既同,斯为南北一致,以定中国,其庶

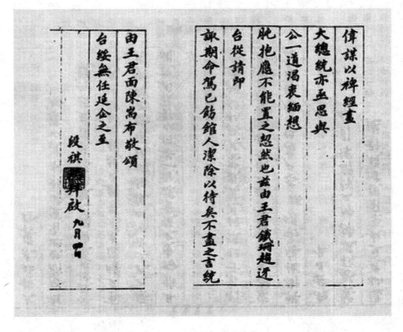

段祺瑞致孙中山函(部分)

几乎。"[②]孙中山十分重视徐树铮的到来。1922年1月3日,徐树铮由广州

① 《孙中山全集》第5卷,中华书局1981年版,第520页。
② 朱传誉:《徐树铮传记资料》,(台北)天一出版社1979年版,第74页。

乘车去桂林，由蒋介石陪同，到达广西梧州，又遇见孙中山派来迎接徐的吴忠信，于是同行至桂林，与孙中山直接晤谈联合讨直事宜，十分融洽。后来，孙中山在写给蒋介石的一封信中说："徐君此来，慰我数年渴望。"①段祺瑞为了进一步运动孙中山一道反直，于 1922 年 2 月 20 日，再派周善培到广州与孙中山商议合作讨伐直系。第一次直奉战后不久，孙中山主导的第二次护法战争因陈炯明阻挠而失败，于是与段祺瑞的联络进一步加强。孙中山曾对人讲过："我们要分化北方军阀，利用直系与皖系利害冲突，联络段祺瑞，特别是关东实力派张作霖，三方合作声讨曹（锟）吴（佩孚）。"②1923 年 2 月间，孙中山在对东方通讯社记者发表谈话时，公开承认"余与张（作霖）、段（祺瑞）之三角联盟，现在进行甚顺利，当以之制吴佩孚。"③6 月间，粤、皖、奉三方代表集会于广州，再次商讨反直事宜。在孙、段、张联合反直的过程中，旧交通系首领梁士诒，叶恭绰做了大量联系穿梭的活动。而孙中山与段、张联合之外，又与中国共产党合作，实行"联俄、联共、扶助农工"的政策，使得国内政局扑朔迷离，但孙、段、张三角联盟还是占了主导地位。

10 月，北京政局突变，曹锟贿买"猪仔议员"而出任总统。为了反击直系，段、孙、张决定一致行动，每月各拨出 1000 元经费，由邓汉祥出面在上海办国闻通讯社，作为反直同盟的喉舌。由于与孙中山和张作霖建立了同盟关系，在决定战胜直系后的政权分配方面，段祺瑞就保有了很大的发言权。从感情上说，张作霖是倾向于段祺瑞的，因而段祺瑞就取得了胜出的地位。

第二，策动冯玉祥"倒戈"，主导了北京政变后的北方政局。冯玉祥虽然也是曹锟手下的大将，但长期受到长期受到曹锟、吴佩孚的轻视，尤其在大的战事方面，他出力最多，而最后所获最少，因此对曹、吴极为不满。一旦遇有外来势力的资助，冯玉祥就会铤而走险，扯起反曹的大旗。

曹锟贿选，不但引起了全国舆论的声讨和地方实力派的反对，也引起了直系内部的分裂。作为孙段合作主要力量的浙江督军卢永祥就极力表示反

　　① 朱传誉：《徐树铮传记资料》，（台北）天一出版社 1979 年版，第 75 页。

　　② 宁武：《孙中山与张作霖联合反直纪要》，《文史资料选辑》第 41 辑。

　　③ 中国社会科学院中华民国史研究室：《中华民国史资料丛稿·大事记》第九辑，中华书局 1986 年版，第 28 页。

对,言:"民国元首地位,全赖法律保障,免相争攘,若根本产生于非法,则先已播下革命种子。"①此电一出,拒绝曹氏贿选运动的议员,纷纷南下,卢永祥略有资助。在这种形势下,冯玉祥又受到段祺瑞的拉拢和重金贿赂,段祺瑞送给冯玉祥10万大洋,作为冯军的倒戈经费②,因而冯玉祥的倒戈也就实现了。

在冯玉祥发动北京政变、囚禁曹锟以后,段祺瑞与冯玉祥保持着密切联系,有一个细节可以看出他们之间关系的密切程度。冯玉祥做出了一个比较大的举动,就是驱逐溥仪出宫,而段祺瑞有电为此事责备冯玉祥。冯玉祥回忆道:"溥仪被逐出宫以后,段祺瑞从天津致我一电,说我在北京一切的措施,他都以为很对,唯有驱逐溥仪之举,觉得有些欠妥。我真不明白段先生是什么居心? 我想,莫不是曾经做过军咨府大臣,磕头磕上瘾,定要留着溥仪给他过磕头瘾么? 当时我就提笔亲拟了一个电稿,我说我此次班师回京,可说未办一事,只有驱逐溥仪,才真是对得住国家对得住人民,可告天下后世而无愧。从这里可以见出段之倒曹、吴,是出于皖直的畛域之见,完全为私人报仇雪恨,何曾为国家、人民设想一点?"③在当时,冯玉祥要想收拾北京政局,还是离不开段祺瑞的。

第三,得到了地方实力派的支持,暂时取得了各派力量的均衡。当时长江各省实力派均属于曹锟的直系,曹、吴倒后,正需要另找靠山,因此一致拥护段祺瑞,作为掩护。而段祺瑞也正需要他们的烘托,用来与张作霖、冯玉祥造成平衡,好让自己在这平衡木上玩花样。张作霖、冯玉祥明知有此奥妙,但亦无可如何,只好放弃南下征服直系残余势力的打算④。就连刚刚战败的吴佩孚也曾打电话给段祺瑞,寻求帮助。于立言回忆说:"吴在天津东站由电话向段祺瑞(段当时在其内弟吴光新宅)说:'拟把军队开进天津各国租界,好引起外国插手干涉。'段回答说:'你是最优秀的军人,为甚么要惹出

---

① 吴虬:《北洋派之起源及其崩溃》,中华书局2007年版,第42页。
② 朱传誉:《徐树铮传记资料》,(台北)天一出版社1979年版,第15页。
③ 冯玉祥:《我的生活》,世界知识出版社2006年版,第333页。
④ 何柱国:《孙、段、张联合推倒曹、吴的经过》,杜春和等编:《北洋军阀史料选辑》下册,中国社会科学出版社1981年版,第127页。

国际问题呢？我看你先休息几天吧！'吴佩孚听了之后连称：'老师，我遵命.'当即乘车回塘沽转船逃走."①

1924 年 11 月 10 日，段祺瑞、张作霖、冯玉祥在天津段祺瑞寓所举行会议。段祺瑞表示，非俟孙中山北上不商建国大政，非受全国推戴不受任何名义。同日，齐燮元、萧耀南、孙传芳、刘镇华、杜锡珪、马联甲、李济臣、李炳之等联合通电，拥护段祺瑞出山以维大局②。11 月 15 日，张作霖、冯玉祥、卢永祥、胡景翼、孙岳等人共推段祺瑞为中华民国临时执政，请即入京应付时局。11 月 18 日，段祺瑞与冯玉祥、张作霖、卢永祥在天津会议，决定俟有全国过半数之省区赞同，即请段入京执政，组织临时政府③。至此，段祺瑞重新执掌政权的时机已经成熟。

为什么张作霖和冯玉祥要请出段祺瑞来维持局面呢？丁中江的分析很透彻："奉张是旧中国传统的军人，底子是绿林豪侠，对于'倒戈'根本就鄙视，因此他压根就瞧不起冯玉祥，所以他对北京政府不会不过问。加上皖系的段祺瑞也不甘雌伏，他是被直系迫下台的，反直的三角联盟（孙中山、段和张）就是以段为中心。现在直系垮了，北洋的重心仍是段，没有段祺瑞，北京势力是无法平衡的。冯不愿请出这位老太师来，是不愿自己有一位婆婆，然

冯玉祥

_____

① 于立言：《张作霖通过段祺瑞瓦解直系的内幕》，杜春和等编：《北洋军阀史料选辑》下册，中国社会科学出版社 1981 年版，第 135 页。

② 胡晓：《段祺瑞年谱》，安徽大学出版社 2007 年版，第 197 页。

③ 胡晓：《段祺瑞年谱》，安徽大学出版社 2007 年版，第 198 页。

而形势比人强,冯一厢情愿的做法是行不通的。"①当时的一篇报道曾明确指出:"此后可代曹吴政府之联合势力中心人物,除合肥之外,当无它属。此乃中外所公认者也。"②

临时执政

1924 年 11 月 21 日,息影津门四年的段祺瑞通电宣布拟就任临时执政,并发表其政见。电文如下:

> 共和肇造,十有三年。干戈相寻,迄无宁岁。驯至一国元首,选以贿成,道德沦亡,法纪弛废。诛求无厌,户鲜盖藏,水火交乘,野多饿莩,国脉之凋残极矣,人民之困苦深矣。法统已坏,无可因袭,惟穷斯变,更始为宜。外观大势,内察人心。计惟彻底改革,方足以定一时之乱,而开百年之业。祺瑞历秉大政,无补艰危,息影津门,栖心佛乘。既省愆于往日,冀弹划于将来。迩者彗起天南,芒系直北,征辎则千万一掷,招役十室九空。萃久练之兵,为相煎之用,人民何辜?遭兹惨酷。所幸各方袍泽,力主和平,拒贿议员,正义亦达,革命既已,百废待兴,中枢乏人,征及衰朽。祺瑞自顾疏庸,讵胜大任。乃电函交责,环督益坚。不得已拟于十一月二十四日入都,就中华民国临时执政之职,组织临时政府,斯维秩序。海内久望统一,舆论趋于革新,愿与天下人相见以诚,共定国是。如制定国宪,促成省宪;改订军制,屯垦实边;整理财政,发展教育;振兴实业,开拓交通,救济民生诸大端,必须集全国人之心,思才力以为之,庶克有济。现拟组织两种会议,一曰善后会议,以解决时局纠纷,筹备建设方针为主旨,拟于一个月内集议,其会议简章另行电达;二曰国民代表会议,拟援美国费城会议先例,解决一切根本问题,期以三个月内齐集。其集议会章,俟善后会议议定后,即行公布。会议完成之日,即祺瑞卸责之时。总之,此次暂膺艰巨,实欲本恳之主张,冀为彻

---

① 丁中江:《北洋军阀史话》第四集,中国友谊出版公司 1996 年版,第 215 页。
② 《段合肥与本报记者论时局》,《顺天时报》1924 年 10 月 24 日。

底之改革。谨宣肝鬲，期表微衷。邦人君子，幸垂教焉。段祺瑞。马。①

这份通电表明了段祺瑞的心迹，一是不愿称总统，只称执政，不设国务总理；二是一个月内召集各省区代表开善后会议，由善后会议产生出国民代表会议，解决一切根本问题；三是待根本问题解决之后，即行下野。

11 月 22 日下午，段祺瑞乘专车从天津驶抵北京，然后自车站乘汽车直抵吉兆胡同私宅。11 月 24 日上午，在铁狮子胡同陆军部旧址临时执政办公处，举行了临时执政就职典礼。在就职演说中，他表示"誓当巩固共和，导扬民志，内谋更新，外崇国信。"②同日，公布"中华民国临时执政府制令"，共六条：

第一条　中华民国临时政府以临时执政总揽军民政务，统率海陆军。

第二条　临时执政对于外国为中华民国之代表。

第三条　临时政府设置国务员，赞襄临时执政处理国务。临时政府之命令及关于国务之文书，由国务员副署。

第四条　临时执政命国务员分长外交、内务、财政、陆军、海军、司法、教育、农商、交通各部。

第五条　临时执政召集国务员，开国务会议。

第六条　本制自公布之日施行，俟正式政府成立，即行废止。③

根据这一规定，11 月 25 日，段祺瑞发表内阁名单：内务总长龚心湛，财政总长李思浩，外交总长唐绍仪，陆军总长吴光新，海军总长林建章，司法总长章士钊，教育总长王九龄，交通总长叶恭绰，农商总长杨庶堪，秘书长梁鸿志④。

中国职官史上本无"执政"这个官衔，是段祺瑞请来的名士章士钊为他

---

① 《段祺瑞就任临时执政并发表国是主张通电》，中国第二历史档案馆：《中华民国史档案资料汇编》第三辑·政治(二)，江苏古籍出版社 1991 年版，第 1478—1479 页。

② 章伯锋：《北洋军阀》第五卷，武汉出版社 1990 年版，第 8 页。

③ 《临时执政公布组织中华民国临时政府制令》，中国第二历史档案馆：《中华民国史档案资料汇编》第三辑·政治(二)，江苏古籍出版社 1991 年版，第 1480 页。

④ 吴廷燮：《段祺瑞年谱》，中华书局 2007 年版，第 80 页。

想出来的这个名分。1924 年 10 月,应邀到天津段公馆筹划新政权的章士
钊告诉段祺瑞:执政乃罗马首席执政官的名称,因为此次返京,并非国会选
举,故既不能称"大总统",也不便叫"大元帅",只能以"临时总执政"名义代
行国家元首兼政府首脑权力,待把参与曹锟贿选的那些"猪仔议员"们抓获
归案后,再举行国民大会,到那时再名正言顺地当大总统①。于是,民国史
上就多了这么一位临时执政。

按理说,临时执政集国家元首与政府首脑于一身,本该拥有很大的权
力。但是,段祺瑞的这个临时执政是各方面政治势力妥协的结果,尤其是占
据京畿重地的冯玉祥系国民军和张作霖奉系势力妥协的结果,他无法自由
施展他的权力。而且,南方的国民党人对他也不信任,使得他的权力受到了
极大制约。

对于临时执政的法律地位,是大可怀疑的,因为这不是根据任何一部法
律产生的,而且没有经过立法机关的认可。钱实甫就指出过:"临时执政的
产生是没有法律根据的,它出于各派军阀的共同'推戴',一切组织和职权

执政府旧址大楼

---

① 李洁:《文武北洋》,广西师范大学出版社 2004 年版,第 116 页。

等,只可通过'巨头'们的协商来决定。"①12 月 23 日,临时执政府国务会议决定三条命令:解散国会,取消宪法,取消约法②。虽然这几条命令因国民党人的反对而搁置,但是国会业已取消,"民元约法"不复施行,段祺瑞彻底切断了中华民国成立以来的法统。因而,刘仲敬感叹道:"约法废,宪法亡,国会机构(而非某届国会)毁灭,中华民国法统亡于今日。"③这确实是让国人痛心的事情,也是后来历史研究者多次诟病段祺瑞的地方,但如果联系当时的政治环境去观察,也属无奈之举。正因为如此,段祺瑞才有善后会议的政治设计,以为实现国家统一和重建法律秩序寻求解决之道。

善后会议

1925 年 2 月 1 日,善后会议正式开幕,到 4 月 21 日闭幕,会期 79 天。对于民国史上这次较为重要的会议,自协商召开之日起就存在着很大的争议,后世历史学家更多是给予负面评价,如钱实甫就将其归为非法组织之列,理由是"会员中绝大多数全是实力派",因而是"打垮了直系军阀以后的权力分配会议"④。那么,我们如何看待段祺瑞主导的这次善后会议呢?

首先,需要从善后会议召开的指导思想上去考察。1924 年 12 月 24 日,临时执政府发布《善后会议条例》,明确会议的宗旨为"解决时局纠纷、筹议建设方案"⑤。也就是要在打垮直系中央政权以后的混乱局面中重新构建国家的政治秩序,以实现国家的统一。1925 年 2 月 29 日,段祺瑞在善后会议上发表了一通热情洋溢的演说,是他为数不多的阐发"和平统一"思想的公开表态之一,兹全文引述如下:

善后会议首在协和。空其所有,推诚相与。造福邦家,惟一志愿。

若间以异意,难端横生,则责有攸归矣。向者无风而波生,微浪而澜涌。

---

① 钱实甫:《北洋政府时期的政治制度》上册,中华书局 1984 年版,第 73 页。
② 胡晓:《段祺瑞年谱》,安徽大学出版社 2007 年版,第 205 页。
③ 刘仲敬:《民国纪事本末(1911—1949)》,广西师范大学出版社 2013 年版,第 170 页。
④ 钱实甫:《北洋政府时期的政治制度》上册,中华书局 1984 年版,第 49 页。
⑤ 中国第二历史档案馆:《善后会议》,档案出版社 1985 年版,第 4 页。

由于互相猜疑，各不相下，雄长是争，兵多为贵，以致全国扰攘，讫无宁岁。迨大憨既除，惊骇尤炽。厌乱心同，善后是谋。群以老迈，堪解纠纷，使电交催，急如星火。爰不自量，承乏于兹。所可自信者，不敢欺人，亦不自欺。海内明公既信于前，不容稍疑于后也。环顾宇内，乱于兵，困于财，数言相商，了此巨案，想亦诸君子所乐闻也。一、各省岁入几何，二、政费需几何，三、应解中央几何，四、所养之兵余款足用否，五、兵饷过于所余，当有所以处置之。此案能了，事已过半。至国民代表会议组织法等同为本会重要议案，诸公乃心国家，成竹在胸，耽精参究，必臻妥惬，敢为四万万国民祝本会议之成功。①

这通演说词可谓段祺瑞放弃"武力统一"而转向"和平统一"的宣言书，是段祺瑞经历直皖战争失败教训后自我反思的结果。中华民国立国 13 年以来，国内局势一直动荡不安，依恃武力实现国家统一的举措屡屡失败，而在每个重大历史关头维护共和政体均以各方协商为实现途径。即使是讨伐张勋复辟，武力交锋的时间也很短，大部分协议都是各方妥协的结果。因此，段祺瑞主张先开善后会议以治标，后开国民会议以治本，循序渐进，相得益彰，希冀两会推动的"彻底改革"，敉平战乱而开百年之业。李洁的总结是："无论是'善后会议'，还是'国民会议'，表面上看，都是为了把直系势力排除在国家事务之外，都想制定一部好的宪法、组成一个好的政府，都想一劳永逸地解决国家的和平统一问题，只是名分不同而已。但究其实质，却不得不承认，务实的段氏倡导的善后会议更具可操作性；而孙氏的以人民团体决定国家事务的倡议无法操作，属渺远的政治理想。在外交方面，段氏的'外崇国信'是国际关系的一个基本准则，也是新政府得到列国承认的起码条件；孙氏的立即废除一切不平等条约的愿望，则是国力渐强之后才有可能实现的终极目标。"②

其次，需要从出席善后会议的人员构成上来考察。《善后会议条例》规定出席会议的人员为四类：1. 有大勋劳于国家者；2. 此次讨伐贿选、制止内

---

①　中国第二历史档案馆：《善后会议》，档案出版社 1985 年版，第 40 页。

②　李洁：《无以善后：段祺瑞与孙中山的嫌隙》，《南方周末》2011 年 11 月 24 日。

乱之各军最高首领;3. 各省区及蒙、藏、青海军民长官;4. 有特殊之资望、学术、经验,由临时执政聘请或派充者,但不得逾三十人①。这四类会员总数为 166 人,其中第一类只有孙中山和黎元洪两人。善后会议设议长一人,副议长一人,负责召集会议。段祺瑞本来拟请北洋系元老之一的王士珍担任议长,但王士珍坚决推辞,不得已后改由与奉系关系较密的晚清元老赵尔巽出任议长,汤漪任副议长。

段祺瑞执政纪念银币(正面)

有人从国民党人对善后会议的抵制出发,认定善后会议只是地方实力派的权力分配会议。本来孙中山也受到了段祺瑞的邀请,但当他正在北上途中,得知段祺瑞已就住临时执政,于是便指示国民党人不得参加善后

段祺瑞执政纪念银币(背面)

会议。在善后会议会员当中,最有趣的要数胡适了。这位新文化运动的健将,在受聘国民会议促成会担任组织法研究委员会委员的同时,又接受了段祺瑞参加善后会议的邀请。胡适的想法是作一番和平解决时局问题的"尝试",他在给许世英的信中写道:"执政段先生的东电,先生的毫电,都接到了。我是两年来主张开和平会议的一个人,至今还相信,会议式的研究时局解决法总比武装对打好一点;所以我这回对于善后会议虽然有许多怀疑之

---

① 中国第二历史档案馆:《善后会议》,档案出版社 1985 年版,第 4 页。

点,却也愿意试他一试。"①因而,有研究者在全面考察了各方面的反应后,认为"尽管目的不尽相同,响应方式与程度也存在差异,但多数受邀者对善后会议都表示赞同。"②这表明,善后会议得到了各方面政治势力的认同和社会舆论的认同。

再次,需要从善后会议讨论的议题方面来考察。依照善后会议议事日程的安排,善后会议不是逐日连续开会,而是每隔数日聚会一次,主要是为了使会员和专门委员会委员有充分的研究、审读议案的时间。会议议案主要由临时执政提出,段祺瑞为此殚精竭虑,废寝忘食,在短暂的筹备期间,组织了庞大的策划、协调和起草修改班子,向会议提交了大小 20 多项议案,如《国民代表会议条例草案》、《收束军事大纲案》、《军事整理委员会条例草案》、《移民计划消纳裁兵案》、《提议收束及安排军队案》、《提议编制警备队案》、《提议寓兵于工修治全国道路案》、《提议寓兵于工实行修治河道案》、《拟定军费标准案》、《整理财政大纲案》、《财政整理委员会条例草案》、《拟定中央概算案》、《核定各省区预算案》、《实行关税二五附加税案》、《实行免厘加税案》、《整理内外债款案》、《划分国地两税案》、《统一国库整理币制案》、《推行各种新税案》、《规定各省区拨解烟酒税款办法案》、《禁烟案》、《教育经费独立案》、《教育基金指定专款案》、《小学教员应由国家补助薪金案》等。③

为充分地听取同行、专家对议案的意见,根据条例,段祺瑞成立了法制、军政、财政、经济、教育、交通等六个专门委员会,每个委员会设委员长1人,理事数人,委员少则十余人,多则百余人,主要任务是"审查大会所交议案,并得出席报告及陈述意见。"④

善后会议除开幕式、闭幕式,共召开了 22 次全体会员会议,围绕"解决时局纠纷、筹议建设方案"的宗旨,会员们各抒己见,交流磋商。为集中讨论议案,完成预定任务,段祺瑞和秘书处在会议进行过程中,接受部分会员的

---

① 耿云志、欧阳哲生编:《胡适书信集(1907—1933)》上册,北京大学出版社 1996 年版,第354—355 页。

② 杨天宏:《北洋政府和平统一中国的尝试——善后会议再研究》,《近代史研究》2009 年第 5期。

③ 中国第二历史档案馆:《善后会议》,档案出版社 1985 年版,第 32—38 页。

④ 中国第二历史档案馆:《善后会议》,档案出版社 1985 年版,第 4 页。

提议,将与会会员、会员代表分为法制、军事、财政三个组,在休会期间,分组召开座谈会,法制组主要讨论国民代表会议的组织方法,军事组主要讨论改革军制问题,财政组主要讨论整理财政问题,为最后的会议表决奠定基础。为节省时间,集中精力,段祺瑞还虚心接受会员的提议,撤回了数件无关紧要的议案。所有这一切都说明,善后会议的议题涵盖了当时中国面临的主要问题,且议事过程比较公正、透明。

复次,需要从善后会议取得的成果方面来考察。在段祺瑞的主持协调下,经过充分的磋商讨论,会议最后陆续通过了三份重要文件,即《国民代表会议条例》《军事善后委员会条例》《财政善后委员会条例》。由于段祺瑞希冀的军事财政"彻底之改革",牵涉到各实力派的利益再分配,因此一些关键问题引起部分会员的抵制,如奉系为保存和扩张军力,强烈反对段祺瑞的军制改革方案。所以,尽管段祺瑞做了大量工作,并不惜委曲求全,仍难以弭平各实力派的意见分歧,致使他精心准备的两项重要议案《收束军事大纲案》和《整理财政大纲案》最后未获通过,只是各实力派顾及段执政的威信和面子,将两案大部分内容融入了《军事善后委员会条例》和《财政善后委员会条例》,善后会议的预定任务大体上可说是完成了。

4月21日,善后会议举行隆重的闭幕式,出席招待宴会的会员、会员代表及专门委员会委员多达500余人,许世英、赵尔巽、汤漪等分别致辞,段祺瑞作总结发言,满意之情溢于言表:"今善后会议如期告厥成功,举凡军事、财政皆已议定条例,期归画一,而对于国家根本计划之国民代表会议条例,亦得灿然大备。此皆前途大政,于善后本旨,可以次第贯彻,悉赖诸君子宏才毅力,建此鸿规,以后盘错万端,方当从兹开始,仍须本其终始一贯之精神以继之。俾国家得臻于光大昌明,发扬民治,巩固邦基。是则区区之志所深望者也。"①但是,段祺瑞的乐观情绪表现得过于早了,因为各种政治势力的利益冲突颇大,不可能仅凭一纸协议就能够达成最后的行动,善后会议的各项成果无法转化为现实亦是意料之中的。

但是,我们不能因善后会议的成果无法付诸实践而根本否定善后会议

---

① 中国第二历史档案馆:《善后会议》,档案出版社1985年版,第134页。

的价值,这不是真正历史的态度。我们应该认同杨天宏的研究结论:"在直奉战争结束、国家百废待举的形势下,段祺瑞政府召开善后会议,推进'和平统一',应为顺应时势之举。作为'武力统一'的对立物,各方以会议方式谋求现实问题的解决,反映了当时多数国民及政治家的愿望,具有积极的政治内涵。"①

正当善后会议进行之时,又发生了一件大事,这就是孙中山的病逝。孙中山生长南方,对于北方严寒天气颇不习惯,再加上长途旅行,1924 年 12 月 4 日到天津时即感冒大作,肝亦觉痛,来势甚猛。经德国医生施密德(Schmidt)诊治后,经数日调养稍有好转,但觉肝部作痛不止。12 月 18 日,孙中山进京,勉强抱病见客。1925 年 1 月 20 日后病势加重,送至协和医院诊治,确诊为肝癌晚期。3 月 12 日,在铁狮子胡同行辕逝世。

孙中山逝世的消息传来时,段祺瑞正在出席国务会议,闻耗后立即下令散会,并以临时执政府名义派卫兴武前往铁狮子胡同行辕吊唁,继派柏文蔚、王耒为临时执政府代表。还颁令着内务部拟议饰终典礼,令文说:"前临时大总统孙文,倡导共和,肇兴中夏,辛亥之役,成功不居,仍于国计民生殚心擘画,宏谋毅力,薄海同钦。本执政夙慕耆勋,亟资匡济,就职伊始,敦劝入都,方期克享遐龄,共筹国是,天胡不憗,遽夺元功。轸念艰虞,弥深怆悼,所有饰终典礼,着内务部详加拟议,务极优隆,用符国家崇德报功之至意。"②3 月 17 日,国务会议在吉兆胡同段宅举行,议决孙文举行国葬。同日,内务部召开孙文治丧会议,议决:1. 19 日孙文移灵,各机关除最高长官亲送外,每机关并派简任官 2 人,随灵恭送;2. 各机关长官着甲种礼服,简任官着乙种礼服,左臂缠黑纱;3. 海陆军警察长官与派员各着制服,左臂缠黑纱③。

3 月 24 日,开吊致祭。段祺瑞的祭文为:"呜呼!玄黄操黩,川岳茫茫,群龙战野,风起云骧,不有俊豪,谁能自决?呜呼!先生实惟人杰,既躬其

①　杨天宏:《北洋政府和平统一中国的尝试——善后会议再研究》,《近代史研究》2009 年第 5 期。

②　吴廷燮:《段祺瑞年谱》,中华书局 2007 年版,第 90 页。

③　《昨日之国务会议》,《晨报》1925 年 3 月 18 日。

实,不有其名,来如龙见,去若鸿冥,功成不居,厥志愈伟,垂老兵间,岂縶得已?飘然北上,语我以诚,方期安坐,公话澄清,天不慭遗,溘焉长逝。不敏如余,孰与图治,豪情胜慨,照眼犹新,盱衡世变,信念前尘,过隙不留,搏沙易散,永閟玄房,虚瞻金范,天风苍苍,海水琅琅,灵光爽熠,奠此椒浆。呜呼!尚飨!"[1]4 月 4 日,临时执政府国务会议决定,以南京紫金山为前临时大总统孙文的国葬地。

对于段祺瑞与孙中山之间的关系,人们以段祺瑞未亲自出席孙中山的公祭,而指责段祺瑞对孙中山持有敌对态度。其实,那是一个误会,段祺瑞临行前,京师警察总监朱深匆忙跑来报告,说是有人将于段临吊时"出于非常手段",段祺瑞因之取消了亲自前往的计划。就孙中山病危时段祺瑞曾派许世英代表执政府前去慰问,逝世当天段祺瑞还颁布全国下半旗志哀令,并拨专款治丧。胡晓对此评论道:"应该说,对孙中山北上进京的接待照顾,段祺瑞是问心无愧的,倒是遽失精神领袖的国民党中央过于敏感偏激了。"[2]以往我们总是习惯于用意识形态上的对立来事先划分出人为的界限,孙中山代表了政治上的正确方向,段祺瑞则属于政治上的"反动派",于是连最基本的历史事实也不顾了,这岂是历史的态度?

五卅惨案

段祺瑞通过召开善后会议、整合当时国内各军事派系之间的关系等措施,力图实现和平统一,但成效并不明显。由于缺乏实际的军政实力做后盾,执政府始终未能建立南北各方认同并拥戴的新的权力中心,其地位很不稳固。同时,北京周边局势也不太平,共同"拥戴"执政府的冯玉祥国民军与奉系军队摩擦不断。张作霖正准备进入北京,名义上是调查"金法郎案",实际上虎视眈眈,将目标指向了中央最高权力,临时执政府的命运可谓岌岌可危。恰在此风雨飘摇之际,五卅惨案发生,给了段祺瑞一个借对外抗争以维

---

① 台湾中华民国史事纪要编辑委员会编:《中华民国史事纪要》(初稿)1925 年 1—6 月,台湾中华民国史料研究中心 1975 年印行,第 222 页。

② 胡晓:《段祺瑞与善后会议》,《安徽史学》2004 年第 3 期。

护个人地位的绝好机会。

五卅运动

　　1925 年 5 月 15 日,上海日本纱厂的资本家枪杀工人顾正红,激起全市人民愤怒。5 月 30 日,上海学生 2000 余人在租界内宣传声援工人,被租界巡捕房拘捕 100 多人。随后,有近万名群众聚集在上海南京路巡捕房门口,要求释放被捕学生。英国捕头爱荷生竟下令开枪射击,当场死 4 人,伤数十人,租界当局更调集军队,宣布戒严,上海的大学竟遭封闭。这就是震惊中外的五卅惨案。

　　五卅惨案发生后,执政府马上做出了反应。5 月 31 日晚,段祺瑞召集许世英、姚震等人开会。与会者均认为,"此事理直气壮,交涉可望胜利。政府在此风雨飘摇之际,正可藉此机会,以博国人同情。段甚然之,遂决定对沪案取严重态度。"①这其中还有一个细节颇值得注意,5 月 31 日傍晚外交部长沈瑞麟"从各个方面探访,始知风潮扩大,乃入府请示办法,段祺瑞以沈如此迂缓,大为不快,令速筹备抗议,沈遂匆促至外交部,召集亲信人员,拟具致领袖公使照会,一日将照会整理好,送段核阅一过,二日晨,不待阁议通过,即已送出,政府此次抗议,已算敏速矣。"②执政府在十天之内向北京公

____

① 《政府态度之一斑》,《国闻周报》第 2 卷第 22 期。
② 上海市社会科学院历史研究所:《五卅运动史料》第 3 卷,上海人民出版社 2005 年版,第 879 页。

使团提出了三次措辞强硬的抗议,并选派税务督办蔡廷干和外交次长曾宗鉴驰赴上海进行调查,外交部也责成新任上海交涉员许沅即日南下赴任,后又加派江苏省长郑谦赴沪妥筹救济办法。

执政府在对外抗议的同时,又对内发布"临时执政令",明确表示支持民众的爱国行动,但要求民众"率循正规",不要有超出法律范围的举动。令文如下:

> 此次上海租界事变,市民激于爱国,徒手奋呼,乃叠遭枪击,伤杀累累。本执政闻之,深滋痛惜。除饬由外交部提出严重抗议外,已遴派大员驰赴上海慰问被害人民并调查经过事实,期作交涉之根据,而明责任之所归。政府视民如伤,维护有责,必当坚持正义,以慰群情。尚冀我爱国国民率循正轨,用济时艰。本执政有厚望焉。①

段祺瑞颇思利用民心的主要表现,是一改既往对学生运动的强硬态度,明白表示赞同学生爱国运动。6月2日阁议席上,京师警察总监朱深请示是否预为取缔次日北京学生的游行示威运动时,段祺瑞明确表示反对,言学生游行乃意料中事,可以听之。当6月3日北京学生为声援沪案而举行示威游行,推派代表向执政府请愿时,段祺瑞命侍从武官长卫兴武代见请愿代表并表示:"政府办理外交以民气为后盾,自不能有与人民意见不合之处";外交总长沈瑞麟更以豪言"豁出外交官不做,誓雪此耻"②来回答请愿代表。因此,当时"学生沿街讲演,极为自由"。时人评论亦言,"向来学生讲演,多有警探跟随,近日非闹市中,此例亦取消矣。"③当时的情形很好地体现了学生与政府的配合,反映出执政府在处理五卅惨案初期的理性态度。

6月16日,蔡廷干、曾宗鉴、郑谦与英日等国所派六名委员在上海会谈,中国代表提出解决办法十三条,计有:1. 撤销非常戒备。2. 所有因此案被捕华人,一律释放,并恢复公共租界被封及占据之各学校原状。3. 惩凶,先行停职,听候严办。4. 赔偿,赔偿伤亡及工商学因此案所受之损失。5. 道

---

① 上海市社会科学院历史研究所:《五卅运动史料》第3卷,上海人民出版社2005年版,第972页。

② 《学生三万人游行示威当局对学生之答复》,《晨报》1925年6月4日。

③ 《段祺瑞对沪案之态度,派曾蔡南下之经过》,《申报》1925年6月10日。

歉。6. 收回会审公廨。7. 洋务职工及海员工厂工人等,因悲愤罢工者,将来仍还原职,并不扣罢工期内薪资。8. 优待工人,工人工作与否,随其自愿,不得因此处罚。9. 工部局投票权案,(甲)工部局董事会及纳税人代表会,由华人共同组织之。纳税人代表额数,以纳税多寡比例为定额,其纳税人会出席投票权与各关系之西人一律平等。(乙)关于投票权,须查明其产业为己有的或代理的,已有的方有投票权,代理的,其投票权应归产业所有人有之。10. 制止越界筑路,工部局不得越租界范围外建筑马路,其已筑成者,由中国政府无条件收回管理。11. 撤销印刷附律,加征码头捐,交易所领照案。12. 华人在租界有言论集会出版之自由。13. 撤换工部局总书记鲁和①。

可这十三个条件并不为六国委员所接受,因而双方在上海开了3次会以后,6国委员最后竟拒绝继续谈判,于是谈判中断,交涉移北京进行,但也未取得结果。最后上海公共租界仅将总巡麦高云、捕头爱荷生免职,中国收回了上海会审公廨。顾正红案由上海交涉员与上海日本领事谈判,至8月12日始行解决,由日本纱厂与工人订立条件六款,附件三款,包括赔偿工人损失费1万元,补助罢工损失费10万元,日人入厂不准携带武器,不得无故开除工人,提高工资等。

段祺瑞执政府在处理五卅惨案上的表现实在差劲,个中原因是多方面的。首先,是执政府本身的不作为所致。"段政府表面站在民众一边与列强抗争,实则有意拖延交涉,对于沪案交涉始终未进行认真谋划,仅不断发出空言抗议敷衍民众。"②但这是表象,段祺瑞执政府本身没有实力,又受到北方实力派的制约,才是根本原因,正如时论所揭示的那样:

> 自沪案起后,段张冯三方争先努力。段既派蔡曾到沪,且亲见国民大会之群众,加以附循,今日又决拨十万汇沪救济。冯则首先提倡通电表示,并汇款五万,又电沪被封各校,欢迎其移至西北。张氏对此,初尚表示持重,不遽发言。而自见段冯如此,则先由张学良汇沪二千元,而其复冯电中,又声明郑省长不日南下,办理善后。果郑来京一次,次

---

① 丁中江:《北洋军阀史话》第四集,中国友谊出版公司1996年版,第260页。
② 杨天宏:《"五卅"运动与国内政局》,《社会科学研究》2011年第4期。

日即有特派之明令,而张学良又亲率一团赴沪,保护商民。一似对外交问题,各恐他人之先我着鞭而争媚群众,且各视其手腕之灵捷者,亦政治上之关系也。①

五卅期间,中国内部的争夺从来没有真正停止过。尽管各实力派都高喊出了"一致对外"的口号,却不过是为自己谋取社会舆论支持与同情的手段,又何曾真正把国家的利益放在心上? 近乎赤手空拳的段祺瑞又有何能力一心一意对外交涉? 即便如此,段祺瑞也时而表现出强硬态度。8 月 10 日,驻京英代使白拉瑞访晤段祺瑞,面陈使馆华人罢工情事,要求从严处理。段祺瑞表示:"华人不与贵使馆工作,有自由主权,政府将不予干涉。"②他除了做出这些微的努力以外,已没有多大力量左右对外政策了。

1925 年 7 月 1 日,段祺瑞还派人参加了《斯瓦尔巴条约》的协约签字。《斯瓦尔巴条约》是由英国、美国、丹麦、挪威、瑞典、法国、意大利、荷兰及日本等 18 个国家于 1920 年 2 月 9 日在巴黎签订的。该条约是迄今为止北极地区第一个、也是唯一的具有国际性的政府间的非军事条约。尽管挪威"具有充分和完全的主权",但该条约规定,斯瓦尔巴群岛"永远不得为战争的目的所利用",各个缔约国、协约国公民,可以自由进入和逗留,只要不与挪威法律相抵触,就可以在这里从事生产、商业、科考等一切活动。

中国是《斯瓦尔巴条约》的第 46 个签约国,参加本次签字的有中国、苏联、德国、芬兰、西班牙等 33 个国家。《斯瓦尔巴条约》的签订,为中国后来进入北极,铺平了国际法理之路。因此,斯瓦尔巴群岛成为中国公民可以自由出入、逗留的海外唯一的地方。中国为什么能够签订这样一个协约呢? 据一份文书记录:我国是经法国之邀请并承认荒岛主权本系国际间一种事实。如我国加入该约,则侨民前往该岛经营各种事业即取得条约保障而享有均等权利③。2004 年夏天,中国政府在北极斯瓦尔巴群岛的新奥尔松建立了第一个北极科学考察站——"中国北极黄河站",所依据的就是《斯瓦尔巴条约》。

---

① 《北京通信》,《申报》1925 年 6 月 15 日。
② 胡晓:《段祺瑞年谱》,安徽大学出版社 2007 年版,第 230 页。
③ 包光潜:《北洋政府与〈斯瓦尔巴条约〉》,《团结报》2009 年 8 月 3 日。

更有趣的是,斯瓦尔巴群岛仿佛跟中国有缘,它的发现也和中国分不开。据冰岛史料记载,北欧海盗早在 1194 年发现斯瓦尔巴群岛时,以为是格陵兰岛的一部分。1596 年,为了打通北极到达中国的东北航线,荷兰人威廉·巴伦支(Willem Barents)率船队抵达该岛。他将其命名为"斯匹次卑尔根",意思是"尖峭的山地"。所以,《斯瓦尔巴条约》又叫《斯匹次卑尔根条约》。

关税会议

段祺瑞在临时执政任内还做出了一项重大贡献,就是主持召开了关税会议。这次关税会议虽未成功,但"它为以后中国的关税自主奠定了法理依据,对后世影响深远。"[①]

中国关税自主权的丧失是在鸦片战争以后签订的一系列条约中,而收回关税自主权的活动,已在民国成立不久就开始了。曾任江汉关税务司的戴乐尔在 1914 年 2 月 2 日写给莫理循的信中说:"我谒见段祺瑞同他长谈。我们所谈到的许多事情当中,有一件是修改关税税则。他对我的意见很感兴趣,要求我出面写出以便呈递总统批阅,他还说要把文件带到北京。……我深信这个方案能够导致贸易的日益扩大,并且由于它能博得商业阶层和生产者的支持和同情,也将大大加强中央政府的力量。"[②]但是,直到段祺瑞出任临时执政之时,中国收回关税自主权的运动尚未获得任何实质性的进展。

1921 年 11 月 12 日至 1922 年 2 月 6 日召开的华盛顿会议通过了《九国间关于中国关税税则之条约》,规定关税会议"应于本条约实行后三个月内在中国会集,其日期与地点由中国政府决定之"。但是,由于法国的阻挠,关税会议一直未能开成,阻挠的理由是"金法郎案"的存在。所谓金法郎案,是指法国政府要求中国政府改变自 1905 年以来庚子赔款的电汇还款方式,而

---

① 洪富忠:《1925 年北京关税会议的再审视》,《重庆工商大学学报(社会科学版)》2010 年第 1 期。

② 【澳】骆惠敏编、刘桂梁等译:《清末民初政情内幕》下卷,知识出版社 1986 年版,第 307 页。

采用金法郎折算的办法。金法郎本属于子虚乌有的东西，只表示法国货币法郎应有相当于金法郎的含金量而已。但一战后法国纸法郎价值下跌，根本无法与金法郎等价。如采用以往通用的电汇方法，中国每年所付赔款仅及过去每年所付款数的一半左右。到1922年，中国尚欠法国庚子赔款4亿法郎，按当时汇价每法郎合银元1角3分4厘计算，中国仅需支付5300多万元；若按金法郎折算，每个金法郎合银元3角4分计算，中国则需支付1.36亿元，较前者凭空多付8000多万元。

中法实业银行发行的纸币

　　由于太损害国家的利益，法国的无理要求不能为中国政府所接受。因这一悬案无法解决，法国政府串通总税务司、英国人安格联（F. A. Aglen）自1922年12月1日起，将中国关余、盐余（即关税、盐税扣除庚子赔款后所余数额，应该交给中国政府）尽数扣留，不准中国政府提用。在金法郎案解决以前，已有2360余万元关余被扣住①。同时，法国政府还提出了将退还中

① 徐铸成：《李思浩生前谈北洋财政和金法郎案》，杜春和等编：《北洋军阀史料选辑》下册，中国社会科学出版社1981年版，第240页。

国的部分庚子赔款用于中法实业银行的复业基金。成立于 1913 年的中法实业银行是中国官方和法国私人资本联合组建的,一战期间经营不善,被迫于 1921 年宣告停业。

1925 年 4 月 21 日,在善后会议闭幕的那一天,临时执政府正式公布《中法金法郎案协定》。段祺瑞为什么急于解决金法郎案呢? 主要是因为临时政府面临着极大的财政困难,军阀割据各地的税收全部被地方扣留,就连北京附近的收入也被张作霖的奉军和冯玉祥的国民军所占有,京奉路的收入几乎全部划给了奉军。甚至临时政府连日常开支都难以维持,外国人因中国没有可靠的抵押而不肯借款,本国银行也袖手旁观。在这种情形下,段祺瑞不得不饮鸩止渴,冒着被国人唾骂的风险,指示财政总长李思浩尽快解决金法郎案。他对李思浩说:"我一定要做,不要说因此丢了官,丢了地位,在所不惜,就是送了性命,我也是不顾的。有我负责,你快去办吧!"①《中法金法郎案协定》虽然没有"金法郎"字眼,但规定中国政府将赔款余额折成美金支付,也是变相地用金法郎偿还。此案使中国损失关银甚巨,激起了社会舆论的强烈反对,也给段祺瑞临时执政府以强大压力。

金法郎案解决后,临时执政府随即筹备召开关税会议,外交部成立关税会议筹备处,以严鹤龄为主任。8 月 18 日,发函邀请签署华会关税税则条约之美、比、英、法、意、日、荷、葡等 8 国,后又应美国要求,邀请未签署该条约之西班牙、丹麦、挪威、瑞典等,总共 12 国与会。8 月 27 日,关税委员会组织条例经法制院起草,9 月 1 日阁议通过。段祺瑞表示:如果粤政府愿对外合作,则当于此委员会中,专留一席,以予西南②。5 日,阁议关税委员会人选,段祺瑞任命沈瑞麟、梁士诒、颜惠庆、李思浩、王正廷、叶恭绰、施肇基、黄郛、王宠惠、莫德惠、蔡廷干、姚国桢、曾宗鉴为关税委员会委员。8 日,关税委员会在京委员,开第一次谈话会,确立关税会议以华盛顿会议方针为根本方针,若修改不平等条约、税则自主等案,亦须兼筹并顾。

① 徐铸成:《李思浩生前谈北洋财政和金法郎案》,杜春和等编:《北洋军阀史料选辑》下册,中国社会科学出版社 1981 年版,第 241 页。
② 唐启华:《被"废除不平等条约"遮蔽的北洋修约史(1912—1928)》,社会科学文献出版社 2010 年版,第 353 页。

根据《九国间关于中国关税税则之条约》的规定,关税会议的核心内容主要是讨论中国税率达到切实值百抽五,在未达到之前即过渡期间的附加税"应一律按值百抽二·五,惟某种奢侈品据特别会议意见能负较大之增加尚不致有碍商务者,得将附加税总额增加之,惟不得逾按值百抽五"。另外,条约还决定将中国进口货海关税表"每七年修改一次,以替代中国现行条约每十年修改之规定","中国海陆各边界划一征收关税之原则即予以承认"[①]。可见,根据华盛顿会议的决定,并不讨论关税自主权的问题。但是,会前临时执政府曾表示:"各国幸而承认关税自主,固所极端欢迎,倘不幸不予承认,亦断然实行国定税则,决不少让。"[②]

《国定关税条例》早在 1917 年 12 月 25 日已由财政部、农商部、税务处拟具,呈准公布。这本为收回德、奥协定关税权而设,战后部处审订税目则例,对无约国商民一体适用,以无约各国之货物,适用国定税率;有约各国之货物,仍从条约协定为主旨。这次关税特别会议的目标,是将国定税则推行于所有与中国发生贸易关系的国家。

1925 年 10 月 26 日,关税特别会议在中南海居仁堂开幕。段祺瑞致欢迎词,沈瑞麟被推为主席,严鹤龄为秘书长[③]。外交官金问泗回忆关税特别会议的成果时写道:"其时段祺瑞为临时执政,派沈瑞麟、王正廷、黄郛及他人为代表。半载集会,内战频仍,甚至会议所在地之首都,亦曾一度宣布戒严,次年即一九二六年四月,段执政被逼下野,该会议遂解散。然仍有显著成绩两端,今为摘要条列如下:1.一九二五年十一月间通过议案一项,各国承认中国关税自主权,允将限制关税的条约废除,并允许一九二九年一月一日起中国政府实行国定税则;2.我方曾拟定附加税草案,提由美英日本三国代表团于一九二六年三月二十五日会同修正,提有共同对案,将应付进口税的货物,分为七级,分级抽税,从值一百抽七点五起至值一百抽二十七点五。"[④]

---

① 王铁崖:《中外旧约章汇编》第三册,三联书店 1957 年版,第 221—223 页。
② 《政府将公布国定税则条列用意》,《顺天时报》1925 年 10 月 10 日。
③ 胡晓:《段祺瑞年谱》,安徽大学出版社 2007 年版,第 235 页。
④ 李振广:《民国外交》,中国大百科全书出版社 2012 年版,第 23—24 页。

关税特别会议能取得这样的成果,跟当时中国代表的努力争取是分不开的。会议进行中,王正廷就曾表示:"如主权不能回复,则会议宁可不开,吾人尽有应付方针。"①但直到 1926 年 7 月 3 日各国宣布停会时为止,关税会议断断续续召开的时间不可谓不久,却没有签订任何有效条约或协议。这样的结果令人惋惜,其原因在于段祺瑞下野后北京政府群龙无首,关税会议因中央政府无人负责,中国委员大半离京,而各省疆吏对关税会议态度不一等因素,陷于停顿状态。列国委员不能久待,陆续离京回国,表示俟中国政府有确定办法后再行开会。之后,虽有恢复关税委员会之举动,但始终没有结果。

对于关税特别会议的历史意义,有研究者做出了肯定的评价:"会上,中国代表并未束缚于华盛顿条约,不论是收回关税自主权的方针,还是过渡时期附加税率的主张,均跳出了这一藩篱。不以既往的条约为依据,是废除不平等条约的关键所在,这一突破反映了北京政府废约意识的强化,体现了中国外交的进步,为此后的废约交涉提供了范例。"②我认可如此的评价。

黯然收场

段祺瑞之出任临时执政,本意在重新整合北洋系,设法消弭南方的革命力量,实现"和平统一"。但是,他的政治理想全然无法实现,他连整合北洋系的意图都完不成。奉张军队入关后,很快在京、津地区大肆扩张,从而与冯玉祥的国民军形成严重对峙。而一路南下的奉军,也在地盘争夺上触犯了江浙军阀孙传芳的利益。1925 年 10 月,以孙传芳为总司令的浙、闽、苏、赣、皖五省联军以"拥段反奉"为号召,不顾段祺瑞的调停,断然向奉军发起总攻击,浙奉战争爆发。浙奉战争的爆发,预告了段祺瑞整合北洋的失败,冯玉祥国民军方面则乘浙奉开战,以为时机已到,开始与孙传芳联络,密商联合反奉,不久又与奉军第十军军长郭松龄订约,鼓动直系军人李景林加

---

① 《王正廷关于关会之谈话》,《顺天时报》1925 年 11 月 17 日。
② 李育民:《近代中外关系与政治》,中华书局 2006 年版,第 192—193 页。

盟,于是乃有郭松龄倒戈事件的发生。结果奉张为对付国民军,决定暂弃前嫌,与吴佩孚再次结成直奉联盟。而在这令人眼花缭乱的实力派军人互相争斗中,段祺瑞虽在笼络和协调各方上处心竭虑,但结果都是无人理睬,不仅整合北洋的目的无法达成,上台时尚存在的"均势"也逐渐丧失,他的地位越来越岌岌可危。对于段祺瑞在冯奉之间两难的处境,丁中江评论说:"段在两大势力之间,奉张既不好惹,小冯又近在咫尺,左右为难,这种日子和当年袁死后的段老虎比起来,真是不可同日而语。"①确乎一语中的。

本来张作霖是较为支持段祺瑞的,但也并不完全认同段祺瑞的政治能力。王坦谈到 1925 年夏初去奉天与张作霖见面的情景,张作霖曾对他说:"段芝老老气横秋,不纳忠言。孙中山先生政治头脑又那么高,他的主张恐怕行不通。听说他还要拿俄国人的办法来治中国,那咋行呀!"②这表明,张作霖已有抛开段祺瑞而自己掌握最高权力的打算。

到 1925 年底,段祺瑞的日子已经很不好过了。冯玉祥的国民军占据着京津,冯玉祥手下的大将鹿钟麟接任北京卫戍总司令。11 月 26 日,段祺瑞的亲信幕僚曾毓隽被鹿钟麟拘捕,政治方向在发生变化。12 月 29 日,徐树铮的被杀则预示着局势的进一步恶化。本年 1 月 4 日,段祺瑞发表徐树铮为"考察日本各国政治专使",派他赴法国、英国、瑞士、意大利、德国、俄国、比利时、荷兰、美国、日本等国政治。11 月中旬,徐树铮回到上海,段祺瑞打电报叫他暂时不要来北京。但徐树铮的毛病是胆大妄为,恃才傲物。他认为自己奉命考察,考察完毕理应回京复命。加以此次在欧美和日本普遍受各国领袖的重视,在北洋系军人中,可算唯一有国际声望的人,谁敢对他如何?所以不顾大家的反对和段祺瑞的电报,毅然决定入京。12 月 23 日,徐树铮抵达北京,并立即单独晋谒段祺瑞。徐树铮到北京后一个星期,大家都劝他赶快出京南返,如果留京,可能有不利的事件发生。果然他出京后,即在廊坊遇害。徐树铮被杀表面上是陆建章之子陆承武为父报仇,实际上完全是冯玉祥指使的。在段祺瑞的眼皮底下,居然亲信被杀,段祺瑞的地位如

---

①　丁中江:《北洋军阀史话》第四集,中国友谊出版公司 1996 年版,第 228 页。

②　王坦:《曹锟贿选总统始末》,杜春和等编:《北洋军阀史料选辑》下册,中国社会科学出版社 1981 年版,第 88 页。

何亦可想而知了。

1926 年 3 月 18 日,北京群众在段祺瑞执政府门前广场请愿

"三一八"惨案的发生,则彻底终结了段祺瑞的政治生命。1926 年 3 月,国、奉战争爆发,天津至秦皇岛之铁路被阻断,张作霖奉军用军舰攻打冯玉祥国民军防守的大沽口,日舰出动协助,国民军还击,引起各国军舰的干涉,20 余艘军舰开到大沽口,驻天津的外国军舰也一起出动,并由荷兰公使代表 12 国,以"违反辛丑条约之规定"为名,向中国政府提出严厉抗议,并发出要求国民军退出大沽口的《最后通牒》。外强的傲慢和对国民军的敌意,激起了国人强烈的反感和愤恨,青年学生的爱国激情再次被调动起来。北京学生和市民起来抗议帝国主义行径,在天安门前开大会,并到铁狮子胡同向执政府请愿,结果遭执政府卫队镇压,打死 47 人,伤百余人[①],制造了震惊中外的"三一八"惨案。

"三一八"惨案是段祺瑞政治生涯中最被诟病的一个污点,长期以来多认为是段祺瑞下令向示威人群开枪的,更因鲁迅的《纪念刘和珍君》一文流传而放大了此次事件的负面影响。究竟是不是段祺瑞下令开枪的呢?惨案

---

① 郭廷以:《中华民国史事日志》第二册,台北中研院近代史研究所 1979 年版,第 28 页。

发当天为国务会议例会之日,该例会由国务总理贾德耀主持,段祺瑞无须出席,并不在场,故而说他下令开枪是不属实的。曾任执政府卫队旅参谋长的楚溪春回忆说,现场指挥官、少校参谋王子江面向涌向执政府的学生队伍,下令鸣枪吓退学生,不料守卫执政府东西辕门的士兵未听清楚,竟向请愿队伍实弹平射①。再回顾一下段祺瑞以往对待学生请愿的态度,也可看出他是不会下令枪杀学生的。1925 年 5 月 18 日,段祺瑞曾对请愿学生表示:1. 学生只能陈述意见,不能提条件逼令政府照办;2. 在读书时代,不应参与政治;3. 对某事某人办法不协可以提公诉,不应聚众暴动②。尽管不是段祺瑞下令开枪的,但他作为最高军政长官,对这次事件负有不可推卸的责任。

1926 年 3 月 20 日,段祺瑞下令内务部行知地方官厅,查明抚恤群众,拟拨 10 万元作为惨案抚恤费,同时颁布《抚恤令》。令文如下:

> 因前徐谦等率领暴徒,实行扰乱,或恐累及无辜,曾令内务部查明抚恤在案。兹据该总长屈映光呈复内称,准京师警察厅查明函复,并将死亡人数列表汇送前来。检查余众,竟有多数学生同在其列。伏念青年学子,热心爱国,血气方刚,激刺之言易入,经行不顾,计较之念全无,猝乘市虎之惊,陡起填膺之愤,意气所激,遂尔直前不顾,堕入漩涡。揆其情迹,实有可原。伏乞特颁明令,优加慰恤等情。查徐谦假爱国之名,行破坏之实,青年学子,卫国情切,堕其陷阱,殊深悯惜。除令内务部仍妥拟办法,切实查明,分别优恤抚慰外,并责成教育部,督同各校校长,妥筹善后之方,以维学风,而培元气。本执政有厚望焉。③

该令文除给予学生抚恤以外,还把责任推给了国民党北京市党部负责人徐谦,借以为自己卸责。但段祺瑞对这次惨案是深为痛悔的,他的外孙女常乃惠回忆说:"母亲告诉我,惨案让我外公极度悲愤不安,那几天吃不下,睡不着,年轻时落下的病根儿又犯了,真是身心交瘁。他在政府召开的会议上说,'学生们年轻,热情,爱国心强烈,但他们容易冲动,很容易被人利

---

①　楚溪春:《三一八惨案亲历记》,《文史资料选辑》第 3 辑。
②　胡晓:《段祺瑞年谱》,安徽大学出版社 2007 年版,第 223 页。
③　吴廷燮:《段祺瑞年谱》,中华书局 2007 年版,第 126—127 页。

用。'"①还有一个说法,是段祺瑞在悼念"三一八惨案"死难同胞大会上当众长跪不起,并立誓终身食素以赎罪。但据李洁考证,这纯属谣传,"以段氏刚烈的秉性和元戎的地位,怎么会跑到现场当众向他认定的'暴徒'下跪?"②也是,政治强人段祺瑞是不会向学生下跪的,尽管他的内心也许是痛苦的。

"三一八"惨案的政治影响是很大的,它严重侵蚀了段祺瑞执政府存在的"道义基础"。五卅事件,尚是外人惨杀中国人,而"三一八"惨案则是国人惨杀自己人,因此"其性质要比五卅严重十倍",社会舆论也是一边倒,指责甚至要求段祺瑞下台的呼声极其强烈。但是,执政府的命运最主要还是维系在军阀实力之上的。1926年4月9日,鹿钟麟突然派兵包围执政府和吉兆胡同段宅,段祺瑞躲入东四八条胡同部下家中,11日又避往东交民巷桂绿第李思浩宅。据说,鹿钟麟此举的目的在于讨好吴佩孚。其时冯玉祥已通电下野出国,国民军群龙无首,鹿钟麟等人欲联合吴佩孚以打倒张作霖,才以对段氏翻脸的举动谋求吴佩孚的谅解③。殊不知,奉张早已和吴佩孚勾结,联合打击冯玉祥的计划已成。国民军退出北京后,段祺瑞又回到执政府,于17日通电宣告复职,并着议善后。电文如下:

> 民国成立十有五载,纷乱迄无宁日。本执政莅事以来,兢兢以振导和平,与民更始为念。不图德未足以感人,才未足以济变,力不从心,事俱违愿,迭经声述,期于退休,然犹不辞谤议,忍辱至今者,徒以民国缔构,本执政心力所存,休戚与共,内审时艰,外崇国信,且目睹赤化之祸,流于首都,不敢遽为无责任之放弃耳。本月9日之乱,所关于国家纪纲、军人职责者绝巨。遭兹奇变,内疚尤深,曩者临时政府开始之日,曾规定应办者若干事,一年之中,事挚扞格,今后是否按程继进,听诸公意。迩来宗国元勋,方隅诸帅,屡以大计相与询谋,国家之福,有目共见,当此乱极思治之秋,不无贞下起元之会,其速妥议善后俾国政不至中斩,金谋朝同,初服夕具。本执政从容修省,得为海滨一民,终其余

---

① 杜婉华:《另一个段祺瑞》,《炎黄春秋》2009年第5期。
② 李洁:《谁见过段祺瑞"长跪不起"?》,《南方周末》2014年3月27日。
③ 胡晓:《段祺瑞年谱》,安徽大学出版社2007年版,第248页。

年,所欣慕焉。①

　　电文中的恋栈之意甚浓,可此时掌握北京实权的张作霖和吴佩孚都不愿意再维护段执政的地位了。无奈之下,4 月 20 日,段祺瑞宣布下野,与曾毓隽、梁鸿志、吴光新、许世英、曲同丰、段宏业等人乘车赴天津。从此,段祺瑞彻底退出了政治舞台。

---

①　吴廷燮:《段祺瑞年谱》,中华书局 2007 年版,第 127—128 页。

第十三章　悠闲的晚年生活

段祺瑞曾三度退居天津,第一次是因府院冲突,在 1917 年 5 月至 7 月间;第二次是在直皖战后,共住了 4 年时间,从 1921 年到 1924 年;第三次就是卸去临时执政职务后,从 1926 年 4 月 20 日到 1933 年 1 月 21 日,将近 7 年的时间。最后一次退居津门,段祺瑞才可说过上了真正悠闲的晚年生活,尽管期间也有少量的政治活动掺入进来。

正道居士

1917 年 5 月 23 日,大总统黎元洪下令免去段祺瑞的国务总理职务,段祺瑞离京回到天津,并通电表示不承认黎元洪的命令,住在位于意大利租界二马路 20 号(今民主道 35 号)的寓所。1917 年 7 月 14 日,击破张勋复辟闹剧的段祺瑞离开这里重返北京。

1921 年初,段祺瑞回到天津,初期住在日租界寿街(今兴安路)。他认为自己的"段"姓和"寿"街联系起来,谐音为"短寿",不吉利[①]。吴光新听说后,就劝他搬到日租界宫岛街(今鞍山道 38 号)自己的寓所,这处寓所也就

---

① 段慧敏:《爷爷段祺瑞的天津往事》,凤凰资讯 2012 年 6 月 28 日。

是今天常说的天津段祺瑞旧居。它建于 1920 年,外形奇特、宏大,施工质量高①,可与日租界张园(今天津日报社的一部分)媲美。

天津段祺瑞旧居(鞍山道 38 号)

此时,段祺瑞开始信奉佛教。有人说段祺瑞是在"三一八"惨案后开始吃斋念佛的,这是不确的。据王楚卿回忆,段祺瑞是在直皖战争失败后寓居天津时开始吃素的,"现在他开始吃素,家里面仍旧吃荤,请客时也用荤席,他自己专备两三样菜。他平时最爱吃南方的豆豉,吃素之后,更成了每餐不可缺少的肴馔了。他吃素,可是吃鸡蛋。他专养了几只母鸡,没有公鸡,这样下的鸡蛋,据说是素的,可以吃。他在家里辟了一间佛堂,清晨起来,焚香诵经,成为他照例的功课,后来一直坚持下去,始终没有改变。"②段祺瑞为什么会信佛呢? 这可能和他当年的心境有关。直皖战争中皖系军队一败涂地,他多年的努力全部化为灰烬,自己的政治理想再也无实现的可能。整日被愁云笼罩的段祺瑞要想解脱出来,除了求助佛门,似乎也没有什么更好的

---

① 李正中主编:《近代中国天津名人故居》,天津人民出版社 2002 年版,第 309 页。

② 王楚卿:《段祺瑞公馆见闻》,《文史资料选辑》第 41 辑。

办法了。而且,天津的寺庙非常多,被推翻的清朝王公贵族和民国失意的军人政客在此做寓公的也有很多,他们多以信佛来慰藉空虚的心灵,段祺瑞或许也受到了某种程度的感染。

段祺瑞的信佛是真正的内心信仰,段式巽回忆说:"我父亲信佛吃素,平时一口长斋,早饭常备一碟咸雪里红,一碟辣椒。但并不要求全家都吃素,只是在全家一起吃饭的时候,饭桌上才全是素菜。父亲虽然信佛,但他从不请和尚、尼姑进门,不跪拜礼佛,不烧香,也从不要求我们进庙门烧香。"①从不跪拜礼佛,也不烧香,看重的是内容而不是形式,这不是内心信仰是什么?

段祺瑞虽然下野赋闲,但他曾是政坛上的显赫人物,要想完全避开世俗的干扰一心一意学佛,却也不好做到。佛门中人纷纷上门,有借机为其讲经说法求得施舍者,也有攀结高枝欲求富贵者,于是,段祺瑞对佛事更加笃信。他在佛前发下宏愿,皈依三宝,并起法名正道居士,每逢农历初一、十五,就到庙里做佛事。

但段祺瑞并没有忘记人间的芸芸众生,据说在一次讲经会上,他曾大声疾呼:"这班军阀,穷兵黩武,祸国殃民,都是阿修罗王转世,来造大劫的。我虽菩萨后身,具有普度众生的慈悲愿力,但道高一尺,魔高一丈,法力虽大,难胜群魔!"②颜惠庆也回忆说:"常有人问他中国内乱的原因何在,他做出了佛家因缘的解释,即国家蒙受苦难来自恶魔降世,除非将诸魔孽斩尽杀绝,否则苦难不能终结。"③这似乎也可看作段祺瑞信佛的一个缘由。

段祺瑞第三次退居天津,起初仍住在日租界宫岛街寓所。因为他曾从这里东山再起当上临时执政,睹物伤情,总觉得不太痛快;再加上这处寓所离日本驻屯军司令部比较近,经常有日本军政官员来访,他虽常托病不见,但总想找一个清静的住所。他昔日的部下、曾任陆军第九师师长的魏宗瀚得知此情,就把他接到了日租界须磨街(今陕西路西段)自己的寓所。这所房子包括两所楼,段祺瑞住在靠蓬莱街(今沈阳道)的后楼。

此次下野后,段祺瑞不再怎么参与政治活动,每天专心吃斋念佛。他因

① 段式巽:《追忆先父段祺瑞》,《上海文史资料选辑》第 69 辑。
② 刘秉荣:《军阀与迷信》,华文出版社 1993 年版,第 51 页。
③ 颜惠庆:《颜惠庆自传——一位民国元老的历史记忆》,商务印书馆 2003 年版,第 216 页。

胃部疾病体质虚弱,家人曾劝他开荤,哪怕喝些鸡汤鱼汤以加强营养,被他拒绝了,并说:"人可死,荤不可开。"段祺瑞的孙女段慧敏说,包括她的父亲段宏业、大姐段珺和她自己在内很多段家的后人也都一心皈依佛教①。对于段祺瑞这段时期的生活,他的外孙女袁迪新曾对媒体有过详细的讲述:"每天早上起来,外公头件事便是念经诵佛,待吃过早饭,他的老部下王揖唐便过来,帮他整理编选历年来的诗文,准备刊印一部《正道居集》。午睡之后,外公照例是下围棋,晚上打麻将。"②

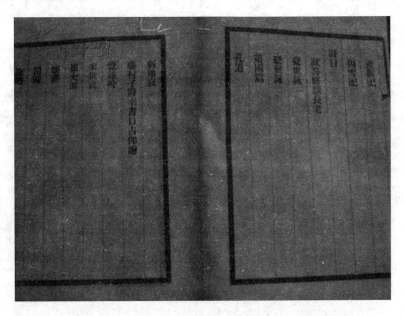

《正道居集》目录页

　　上世纪 30 年代初,段祺瑞迁居英租界 47 号路(今岳阳道),这处居所的位置已难查考。段祺瑞在这一时期的生活并不富裕。为了节省开支,段祺瑞一改从不管家的习惯,亲自过目家中每日的账目。据说,1926 年 6 月黎元洪将段祺瑞告上法庭,原因竟是段祺瑞无力偿还 7 万大洋欠款③。段祺瑞一日三餐都以米粥、馒头、素菜为主,四季均着布衣。公馆的规模缩小了,

---

① 段慧敏:《爷爷段祺瑞的天津往事》,凤凰资讯 2012 年 6 月 28 日。
② 张玥、赵建伟:《段祺瑞:一生天津缘》,《城市快报》2010 年 12 月 2 日。
③ 何虎生:《另面段祺瑞:"六不总理"一生无房产》,《人民论坛》2011 年第 15 期。

厨房里人也少了,当差打杂的加上看门的,不过十来个人,原来太太小姐们每人屋里三四个老妈子也压缩到一两个。直到后来,除留下继妻张氏在身边外,其他姨太太都慢慢遣散了。家里时常出现揭不开锅的窘困局面,多亏段祺瑞的一些老部下自愿轮流为段站岗放哨,帮助处理些杂务,这才使得公馆中不至于到了黄叶满阶无人扫的地步。

对于段祺瑞在天津的寒酸处境,颜惠庆的回忆应该是可靠的:"他在天津没有自己的公馆,所居官邸乃是一忠心旧部提供。他花费大量的时间研究佛经,平日喜欢玩麻雀牌,常以八圈为限,牌友们也须在晚 10 时前散去。他只吃素,客人来府应邀同席就餐,亦是全素面席,宾客往往不得已而敷衍其间。那时,他患有严重的坐骨神经痛和下肢风湿症,常常不得不把双腿放进冷水中,使其失去知觉,以减轻痛苦。虽经各种方法医治,但终不见好转。倒是中国传统的针灸,将针刺入穴位,可使病痛暂时缓解。"[1]一代枭雄竟寒酸如此!

痴迷围棋

段祺瑞平时不喜欢游山玩水,最大的爱好是搓麻将、下围棋。他对围棋入迷的程度,就连他的心腹徐树铮也常有微词,认为他玩物丧志。段祺瑞对围棋的痴迷跟他童年生长的环境有关,晚清到民国初年,合肥一带围棋颇为兴旺。属于段祺瑞同乡前辈的合肥人刘铭传,是清代官僚中屈指可数的围棋高手,他的对局棋谱流传至今;与段氏同时代的围棋名手张乐山,也是合肥人;而合肥望族李氏(李鸿章一族)门中更不乏围棋好手,如李子干、李戚如在光绪、宣统年间均有弈名,他们常邀各地名手至合肥交流,并在合肥组织棋社,结纳棋友。段祺瑞的少年时代在弈风甚盛的环境中长大,与围棋结上了一生的缘分。

段祺瑞不仅自己痴迷围棋棋,他的子侄也多喜欢下围棋。长子段宏业的棋艺水平够得上国手水平,在民国初期颇有点名气。但段祺瑞并不喜欢

---

① 颜惠庆:《颜惠庆自传——一位民国元老的历史记忆》,商务印书馆 2003 年版,第 216 页。

他,因为段宏业只知下棋却从不想在功名事业上用心,长子这样让老段确实十分失望。父子二人对弈时,也根本不讲什么情面。老子一输棋,常瞪眼斥责儿子:"没出息,就只会下棋!"一直陪伴在段祺瑞身边的段宏纲棋艺比段宏业稍差些,同段祺瑞差不多。段氏一家有三人都酷爱下围棋,出入的棋客也就多了,一些拉帮结派、趋炎附势而又附庸风雅之辈也常来凑热闹,段府俨然成了个围棋俱乐部。

围棋起源于中国,但在清中叶以后日见衰落,远远落在日本的后面,到清末民初是一个新旧交替的转折时期。在这个时期,段祺瑞利用自己的权势,资助围棋棋手,促进了中国围棋事业的发展。段祺瑞资助棋手的方式大体上有两种:一是挂虚职、支干薪;二是对局时给奖金。据说,段府每个月用之于围棋的开支常超出千元①。

吴清源肖像照

在众多的棋手中,有两个人追随段祺瑞时间最久,一个是汪云峰,北京人,清末已享盛名,是民初棋手中资历最深的前辈;另一个是顾水如,金山枫泾人,受段祺瑞资助被选送日本留学深造,归国后棋艺称霸于北方。因顾水如的关系,段祺瑞与中国近代最负盛名的围棋高手吴清源相识,并成就了围棋史上的一段佳话。吴清源,福建人,祖父曾做过浙江道台。清源父亲曾去日本做外交官,从日本带回围棋书籍。清源少有棋才,因此如获至宝。日夕研习,进步神速,九岁便能与一些国手对局。后吴父亡故,家道中落。1925年春,

① 赵之云:《近代围棋大后台段祺瑞》,《围棋报》2011年4月23日。

十一岁的吴清源和母亲本欲从北京南下回家乡,恰在此时,他得到了段祺瑞的赏识。后来,吴清源满怀深情地回忆起这段往事:

在父亲身体还没有变坏的时候,父亲带我去过北京的一家名为"海丰轩"的棋社。在家里看见我学围棋进步神速,父亲也许就开始想培养我往那条路上走。我在棋社和当时中国的一流棋手顾水如、汪云峰等下了受五子棋。

顾水如老师那时带我去过段祺瑞的府上。段祺瑞是亲日派的军阀政治家,是北京政府的国务总理。段祺瑞十分喜欢下围棋,每周的星期天一大早,棋手们就都会去他家和他一起下棋,之后一起吃早饭,这已经成为了惯例。

我也和段祺瑞下了棋。我开始并不知道他的棋力如何,只知道他下棋很快。看我是孩子,他就下无理手想欺负我,最后我抓住了他的破绽,赢了那盘棋。但实际上,他喜欢赢棋。大家知道他这个脾气,为了讨好他,就都故意让着他,输给他——没想到却让我这样一个毛孩子赢了他。

输棋之后,段祺瑞的心情大坏,一个人进屋去了,之后再也没有出来。那天早上的早饭也没有和我们大家一起吃。但因为答应过以学费名目给我钱的,所以第二次见他的时候,我直接对他说:"请给我学费。"这样,我拿到了 100 块大洋。

我去过段祺瑞府好多次。段祺瑞下围棋最得意的手法就是,打入对方,然后在对方的空中活上一小块。他将这样的下法比喻成"在公园里搭建小房子"。

段祺瑞也是亲日派的军阀,但他看见日本在满洲张牙舞爪的样子,这样说道:"搭建个小房子可以,但不能归为己有。"在围棋上,他采用的就是那样的打入手段,这是我长大后才明白的——我认为他很了不起。[1]

"我认为他很了不起",这是吴清源对段祺瑞棋艺、棋风的评价,也是对

---

[1] 《吴清源自传》,《天津文史资料选辑》第 25 辑。

段祺瑞政治才能的评价。吴清源后来加入日本国籍,成了日本围棋界的一流高手。2014 年 12 月 1 日,吴清源逝世,享年一百岁。

文学雅兴

段祺瑞每天的生活很有规律,下午一般由于个人消遣,平时多是下围棋,有时也举行诗会之类的活动。李鸿章之子李经方与他稔交,一天观段祺瑞与客对弈,赠诗一首:

> 俨同运覃惜光阴,镇日敲棋玉漏沉。
>
> 代谢几人称国手,后先一著见天心。
>
> 漫争黑白分疆界,转瞬兴亡即古今。
>
> 局罢请君观局外,纵横南北气萧森。

段祺瑞和韵云:

> 孜孜闻道惜分阴,国势飘摇虑陆沉。
>
> 颠倒是非偏鼓舌,踌躇枢府费机心。
>
> 纲维一破那如昔,虞诈纷争到直今。
>
> 恶贯满盈终有报,难欺造物见严森。

又有一首云:

> 披裘玩雪不知寒,庭角初春赏牡丹。
>
> 放眼天空观自在,关心国势敢辞难?
>
> 众生且愿同登岸,沧海何忧既倒澜?
>
> 砭痛契深瘳厥疾,回环三复竟忘餐。

文学本非段祺瑞所长,然颇留心翰墨,所作亦有别饶意致者。1926 年在临时执政任时所撰《因雪记》一文,就很有意境:

> 丙寅正月五日卯正,披短衣,著下裳,净面漱口后,念净古真言。披长衣,念净衣真言。整冠,取念珠,放下蒲团,跏趺西向坐,冥目宁神。虔诵佛号,廿转数珠,合掌读愿文。顶礼已,启目,垂手,收念珠入袋中,起身,去蒲团。五年余如一日也。持烟及盒,排闼穿房,入外客厅。刘玉堂、周尧阶、汪云峰拥坐奕案,俱起逆余。云峰让一坐。尧阶久不奕,欲

先试之,让三子。两局俱北。云峰继之,所负之数与尧阶两杆等。适点心至,馒首两碟,食其一,又尽麦粥两盂。刘谓雪似嫌小,举目视之,屋垣皆白。遂出念珠,默诵而行。出后门,过上房,赴后园,沿荷池,循引路,搴衣登山。安仁亭近在右侧,但不能穷千里之目。转而左向,更上,至正道亭。旋视远迩,一白无边,苍松翠柏,点缀摇曳,清气袭人,爽朗过望。因思厉气久钟,不雨雪已数月。

段祺瑞在打台球

既雪矣,乖戾之意大杀,人民灾劫或可豁除;然环顾豫鄂鲁直临榆张北,阴云惨淡,兵气沉霾。自顾职之所在,不免忧从中来。纲纪荡然已久,太阿倒持有年,人事计穷,欲速不达。心力交瘁,徒劳无补,惟有曲致虔诚,默祷上苍,由无量之慈悲,启一线之生机已耳。越涵慧亭,俯首降阶,遵曲径,穿小桥,傍石洞,绕山阳。过宅神祠,归坐内客厅。如意轮王咒百十一遍,往生咒倍之。大明王真言、往生真言等,接续诵毕;完一日之课程。遂援笔志之,以启发儿曹之文思。

徐一士评论说:"一篇短文,有叙事,有写景,有感慨,有议论,以文家境诣言,虽尚欠功候,而无冗语,无华饰,真率而具朴拙之趣。"①文如其人的说法或可在段祺瑞身上得到印证,因他为人处事比较率直,不喜弄阴谋,有什么过节都摆在明面上。

与当时军政界的要人一样,段祺瑞也喜欢结交文人。在他的亲信中,也有不少是诗人。段祺瑞在与他人的唱和中写下了不少诗篇,他将自己的诗

---

① 徐一士:《一士类稿》,中华书局 2007 年版,第 240—241 页。

文印成集子,书名是《正道居集》。"段祺瑞不是文学家,但他的文学雅兴不浅,在北洋军人中也可称是不多见的。"①除了自己写诗唱和以外,段祺瑞还对饱学之士有着相当程度的敬重与支持,这可从徐树铮1925年的《上段执政书》中窥见一斑:

> ……反政以来,文教废坠,道德沦亡,读书种子,日少一日。如柯先生劭忞、王先生树枏、马先生其昶,经术词章,为世所师,皆已年逾七十。若姚永朴、胡玉缙、贾恩绂、陈汉章诸先生,年辈差后,亦皆六十内外。其他政论家流,虽有富瞻文学者,然操行杂驳,于公私邪正多不能自持。而海内宿儒为树铮所不及知者,尤不知凡几。此数叟者,蛰居都门,著书讲学,矹矹罔倦,拟恳厚赠禄养,矜式国人,并饬梁秘书长鸿志、张帮办伯英、正志学校张校长庆琦,时为钧座存问,俾各身心安泰,保此斯文一脉。林畏庐与姚叔节两先生先后病殁,至为痛惜。树铮辟地频年,奔走南北,兄姊亲爱,死丧迭仍,皆为私痛,未至过戚。惟两翁之殁,不能去怀。每一念及,辄复涕零。两翁者于钧座有旧,从学满天下。身后清苦,请饬存恤其家,使遐迩共歌钧座崇儒重道之雅,争奋求学,文化庶几复兴。钧座不欲重整吾华厚施当世则已,如欲之,舍昌明经训无他术也。为长治久安计,练百万雄兵,不如尊圣兴学信仰斯文义节之士。袁、黎、冯、徐诸氏,能取之而不能终之,可为殷鉴。物质器械,取人成法即足给用。礼乐政刑,非求之己国不足统摄民情。且各邦政学皆在我经训下,二十年之后,全球大小诸国不尊我经训为政治最精义轨者,树铮不敢复言读书妄论天下事矣。惟钧座及时图之。②

文中提到的林畏庐、姚叔节皆是当时的学问大家,林畏庐即是林纾(林琴南),以翻译西洋小说名重一时,"林译小说"曾风靡清末民初几十年;姚叔节即是姚永概,以讲求古文闻名宇内。他们二人都属于"桐城派"的主将,其实也是白话文运动的先驱。因林姚二先生彼时已谢世,徐树铮为他们请饬存恤;对柯劭忞、王树枏、马其昶、胡玉缙、贾恩绂、陈汉章等名宿,徐树铮请

---

① 周俊旗:《百年家族—段祺瑞》,河北教育出版社2006年版,第283页。
② 徐一士:《一士类稿》,中华书局2007年版,第248—249页。

求厚赠禄养。徐树铮的上书不但是对段祺瑞的请求，也是对段祺瑞多年敬重名士宿儒的一个回顾，如段祺瑞在国务总理任上就曾聘姚永概为高等顾问，但姚氏坚辞不就。

不忘政治

段祺瑞第三次退居天津，虽然已无意于政治，可毕竟曾执掌国柄多年，还是心有不甘的。王楚卿回忆说："段祺瑞虽然吃斋念佛，但并没有做到四大皆空，看破红尘。他的学生、旧部每来公馆看他，常说现在国内遍地烽火，人民涂炭，长此以往，国将不国了。今后要收拾这盘残棋，使老百姓能过个太平日子，还非老师东山再起不可！ 他每逢听到这类恭维话，虽然嘴里不说什么，但那冷若冰霜的面孔上，也禁不住多少露出一些笑容，可见这些话是打进他的心坎里去了。"①跟随他混饭吃的那些安福系旧部不安于现状，一有机会就要大肆活动，以为段祺瑞重新上台铺路。在北京内阁无人主持之际，安福诸人积极活动，建议阎锡山出面领衔通电，主张由段祺瑞出山收拾残局，遭到阎锡山的拒绝②。

1927 年 4 月至 9 月间，段祺瑞应原山东督军田中玉的邀请，携张夫人和二姨太太到日本人控制下的大连居住了一段时间，外界怀疑段祺瑞与日本人有了新的动作。返回天津后，段祺瑞竟然去和溥仪拉关系。由于溥仪仍以皇帝自尊，不肯枉驾段祺瑞的寓所，而段祺瑞也不愿往溥仪居住的静园（今鞍山道宁夏路口）去，双方遂相约在溥仪生父载沣英租界 34 号路（今湖北路）家中见面。溥仪态度十分傲慢，根本不把段祺瑞放在眼里。后来，段祺瑞曾恼怒地表示，自己不管怎么，还"忝为国家元首"，而溥仪"这小子到今天还搭皇帝的臭架子，真是岂有此理！"③因而他们的会面自然没有什么结果，再后来溥仪被日本人骗到东北做了伪"满洲国"的皇帝。

第三次寓居天津期间，段祺瑞还与蒋介石互通音问。段祺瑞与蒋介石本

① 王楚卿：《段祺瑞公馆见闻》，《文史资料选辑》第 41 辑。
② 黄征、陈长河、马烈：《段祺瑞与皖系军阀》，河南人民出版社 1990 年版，第 302 页。
③ 许念晖：《土肥原策动"北洋派大同盟"的内幕》，《文史资料选辑》第 29 辑。

是有师生之谊的。清光绪三十二年(1906年)5月,袁世凯奏请创办陆军速成学堂,保举段祺瑞任督办(校长)。陆军速成学堂首届招收的各省学生中,一位来自浙江奉化的20岁学生,姓蒋,名志清,引起了段祺瑞的注意。因为在蒋志清的身上,42岁的段祺瑞看到了自己当年的模样——同样形态精瘦而健壮,同是在20岁时考入国内一流军校,同样学的是炮兵科。不过,蒋志清只在保定待了一年,即通过了留学预科考试,进入东京振武学校,并在日本改名为蒋介石。

蒋介石

1927年9月17日,段祺瑞致函蒋介石,一为保护袁世凯的园林产业,一为表达对政治的一点看法。这封信的全文如下:①

介石老弟总司令左右:

侄归来,携到四月三日笔函。不遗在远,慰问情殷,欣何如之。余老境渐增,耽于安逸。又当军书旁午之际,未便以无谓之言混乱清听也。昨览朱启钤多名呈文两件,为项城园林产业践踏没收,力之所到,肆意株连,核之法律,于人权似有未合。回溯往事,情感中发,因而难安缄默。武昌起义,中山尚在国外,兄虽力为主持,无项城默运其间,恐终难竟中山之志。说者谓洪宪之非,百口莫辩,然而春秋诛心,非其心,当无不可。怨左右不善,辅张扬厉,举国唱好,谓为民意。兄独处围城之中,矻矻仍旧,迨次年四月廿日传见,遂往,嘱为赞助,对以帝制之非宜。毕辞与起。越二日,洪宪取消,果真出于自心,迥非片言可了。即如中山容共,赞成者固有其人,吾弟毅然清之,更可大白中山之累。治国之道,恕合乎中,所以孔子为万世师也。尚冀暇时酌嘱执事者,行知冀豫两省如数发还,保障人权即整饬纲纪之要□,纲纪宜而国家未有不治

---

① 张爱平:《段祺瑞给蒋介石的一封密信》,《档案与史学》1996年第1期。

者。迩来水灾半天下，想更劳尽虑矣。专此，并复，敬候

勋绥

兄段祺瑞启

1928 年 7 月，完成北伐的蒋介石第一次来到北京。经由蒋介石授意，在吴忠信的介绍、陪同下，段宏纲和蒋介石在北京饭店会了一次面。蒋介石对段宏纲说："我亦保定陆军学堂学生，段先生是我的老师。我因公务繁忙，不能前往天津看望先生。"①会见后，蒋介石派吴忠信去天津见段祺瑞，送去 2 万元生活费，并修书一封，表达了师生情分与双方政治立场的区别，内谓："先生几度秉国大政，备极煊赫，中正始终追随先总理，奔走革命，致力于扑灭奉先生为领袖之北洋军阀，历经艰苦，而未尝偶一修音问者，公也。今燕云收复，北伐即告完成，中正身临旧都，未遑宁处，上书敬候起居，私也。公私之间，截然有鸿沟在。"又说："先生所拥护者乃共和虚名，所培成者尽军阀余孽，此必非先生始愿所及。"②以后三四年，蒋介石也陆续给段祺瑞送过巨款。可见，蒋介石还是看重那段师生情谊的，这也为几年后段祺瑞南下埋下了伏笔。

1932 年 1 月 22 日，段祺瑞被聘为国难会议会员。国难会议是蔡元培代表中国国民党第四次全国代表大会主席团于 1931 年 11 月 22 日提出的，12 月 9 日国民党中央政治会议第 298 次会议决议国难会议组织大纲，赋予其"决定国难期内外交财政军事及有关于国难一切临时设施方针"③的职责。1932 年 4 月 7 日，国难会议在洛阳开幕，但已改变了最初设定的使命。段祺瑞并没有参加国难会议开幕式，但他在当选为会员后曾发表谈话，略谓："余以为处置国家大事不在夸大虚矫，而在能实践所言。国事至此，吾人惟有效越王勾践刻苦忍辱，以求最后之胜利。但屈辱非妥协之比，以后须在'求己'二字上用五六年功夫，国事终有可为，决无用其悲观也。"④段祺瑞对

① 段宏纲：《段祺瑞家世琐记》，《安徽文史资料选辑》第 13 辑。

② 沈云龙：《北伐统一五十周年纪念》，《民国史事人物论丛》，（台北）传记文学出版社 1981 年版，第 436—437 页。

③ 刘永生：《宪政与训政的博弈：国难会议研究》，《贵阳学院学报（社会科学版）》2009 年第 4 期。

④ 胡晓：《段祺瑞年谱》，安徽大学出版社 2007 年版，第 256 页。

于日本侵略危险的认识不可谓不深刻，他要国人忍辱负重五六年的预期也不算不准确。面对"九一八"之后的严峻形势，段祺瑞已由原先的亲日态度转变为抗日情绪的勃发。

第十四章　躲避日本人的纠缠

本想在天津安度晚年的段祺瑞却受到日本人的骚扰，不得已在蒋介石的邀请下，转赴上海，在那里度过了他生命中的最后一段时光。面对日益逼近的民族危机，段祺瑞表现出了一位政治家的风范。可惜的是，天不假年，七十二岁的段祺瑞魂归申江。

离开天津

"九一八"事变日本鲸吞东三省后，又企图控制华北地区，谋划组织华北傀儡政权。日本在京津物色合适人物，其中最主要的争取对象之一就是段祺瑞。在他们看来，当年的亲日派领袖段祺瑞与日本政府之间有着一种特殊的关系，虽然他退隐后无权无势，但倘若能在傀儡政权中挂名任职，那影响也是不小的。为此，日本人派段祺瑞的一些故旧部属劝他出山，其中王揖唐最为活跃。1932 年底，日本关东军特务机关长土肥原贤二曾经数次到天津秘密会晤段祺瑞，请段祺瑞出面组织华北政府，并表示日本愿以全力支持。面对日本人的诱惑，段祺瑞很是为难，用"困居愁城"一次来形容他此时的处境一点也不为过。

1933 年 1 月 19 日，国民政府派前驻法公使钱永铭秘密赶到天津，面交了蒋介石给段祺瑞的亲笔邀请信,请其南下避难。段祺瑞决定远离是非之地。关于段祺瑞南下的细节,有当事人的回忆可供参考。其一是段宏纲的回忆:

> 1933 年 1 月 19 日由钱永铭(交通银行董事长,政学系)持蒋介石亲笔签名信到天津,要伯父"南下颐养",还假惺惺地说待其南下以后"俾得随时就商国事"。伯父见信后答复钱永铭说:"余老矣,无能为矣。介石如认为我南下于国事有益,我随时可以就道。"遂于第 3 日晨,即 1 月 21 日乘津浦特快加挂车,由我、吴光新、魏宗瀚陪同南下。1 月 22 日中午抵达南京,蒋介石通知南京少将以上军人,着军服过江至浦口车站迎接。蒋在下关码头迎接,并设晚宴招待。①

段宏纲一直陪侍在段祺瑞身边,他的回忆应该是可信的。陪同段祺瑞南下的人有吴光新、魏宗瀚、段宏纲,还有三女儿段式巽。段式巽的回忆则揭露了王揖唐阻挠段祺瑞南下的事实:

> "九一八"事变后日本侵占了东三省,又在华北网罗旧势力,谋划建立汉奸政权,父亲的学生王揖唐积极参与其事。王来看望父亲时,常常用含蓄的话试探,企图为日本作说客,动员我父亲出来为日本人做事。当时父亲已隐退,不知其中阴谋,直到蒋介石派人欲接父亲到南方去,父亲方明白王揖唐的用意。父亲怕被日本人利用,准备动身去上海,事被王揖唐知道,急忙前来劝阻,说话渐渐露骨,他说父亲事业都在北方成功,虽然现在家里穷,将来总有机会出头,千万不要南下。父亲很不满意,对家里人说:"王揖唐不怀好意,我要教训他。"等王再来,父亲就直言对他说:"我是中国人,决不做汉奸傀儡,就是你自己也应好好想想,不要对不起祖先、父母和子孙后代,我决计到南方去,以后不要再来多说了。"

> 当时我在北平服婆婆丧未过百日,按照旧礼不能出门到别人家去,但父亲不顾这些,打电话来坚决要我回娘家到天津去。回家见到父亲后,他就告诉我决定到南方去的事,并讲了上述王揖唐的情况,我也赞

---

① 段宏纲:《段祺瑞家世琐记》,《安徽文史资料选辑》第 13 辑。

成他的决定,就连日为他检点行装,准备启程。一天,我正要出门买东西,走下扶梯又遇到王揖唐推门进来,我对他的企图已心中有数,见他又来纠缠,非常不满,就说:"父亲睡了,不能见你。"他喊我三妹,说有很多话要和我谈,我说:"不必多谈了,你的事我知道,以后我家里不再与你来往。"王说他是为段家子孙着想,我很气,告诉他说:"你不要害我们段家子孙了,从此以后你不必来我家。"就叫两个佣人请他出去。①

段祺瑞不受旧部的阻挠,选择南下避难,表现出了他的爱国热情。到达南京后,段祺瑞还在励志社向记者发表对时局的书面意见,原文为:

> 当此共赴国难之际,政府既有整个御侮方针和办法,无论朝野,皆应一致起为后援,瑞虽衰年,亦当勉从国人之后。余不到南京已十余年,此来耳目所及,焕然一新,自蒋总司令以次诸君均朝气勃发,尤深钦佩。惟沿途经过民居尚感有凋残不整之象,以此推之,乡民生活,其苦衷可知,培植元气,尚待努力。……瑞以国民资格纾难,义不敢后,劳蒋总司令及各界诸君欢迎,深致惭谢。②

1月23日,段祺瑞提出拜谒中山陵。蒋介石喜出望外,偕夫人宋美龄和行政院院长孙科,以及军政部长何应钦,陪同段祺瑞祭陵。段祺瑞与国民党人的恩恩怨怨,至此算是作了一个了结。之后,蒋介石提议让段祺瑞居留在南京,段祺瑞以探望在上海求学的小女儿段式荃为借口,于23日晚间乘车赴沪。

段祺瑞到上海后,先被安排在世界学社暂住,两个月后移往法租界霞飞路陈调元公馆(今淮海中路1487号)。这幢花园别墅建于1900年,后被盛宣怀购得,故称为盛氏家宅。据说盛宣怀生前将这幢豪宅作为遗产传给了儿子盛重颐。民国之后,袁世凯下令将这幢房子封存起来。到了1929年,国民政府又下令,称盛宣怀侵吞公款,证据确凿,应没收其遗产,并要其后裔具报。后裔无奈之下,遂将这幢别墅让给曾任安徽省政府主席的陈调元。在这里,段祺瑞度过了他人生中的最后三年时光。国民政府每月为段祺瑞

---

① 段式巽:《追忆先父段祺瑞》,《上海文史资料选辑》第69辑。
② 《段祺瑞南下》,《新中华》杂志,第1卷第2期。

提供两万元生活费。这在当时是个不小的数目，可段祺瑞还要半数分给旧时部属和亲属，如曹汝霖、王揖唐、吴光新、梁鸿志、曾毓隽、章宗祥、陆宗舆、段宏业、段宏纲等人。

段祺瑞上海旧居

段祺瑞在生活安定下来后，便表明了自己抗日的态度。他在接受《申报》记者采访时说："日本暴横行为，已到情不能感、理不可喻之地步。我国唯有上下一心一德，努力自求。语云：求人不如求己。全国积极准备，合力应付，则虽有十日本，何足畏哉？""爱国朝野一致，救国唯有自救耳。"①

但是，日本人还是不死心，仍想引诱段祺瑞出山搞华北五省自治。不久，日本人在天津成立所谓"中日密教会"，谎称段祺瑞为会长，更有人假借他的名义四处活动，组织便衣队，扰乱社会治安，助纣为虐。段祺瑞虽在上海，但消息渠道既多又快，深感倘若谣言四处传播，危害必大。1933 年 5 月 20 日，段祺瑞致电王揖唐、曾毓隽、陆宗舆、姚震、姚国桢等人，表明了自己的态度："余养疴海上，不问世事。目下华北局势严重，恐有假借名义，为轨

---

① 祁建：《晚年段祺瑞》，《志苑》2004 年第 8 期。

外行动者,殊非爱国之道。盼诸弟严密访察,告知地方当局,严加制止。"①

对于段祺瑞的南下,当时的舆论给予了极大的赞扬。以《段祺瑞南下》为标题的报道就有多篇,其中不乏溢美之词,如《大中国周报》这样评论道:"段氏此行,不仅态度光明,予国人以好感;且以衰老之年,以国难为念,犹不畏跋涉艰难;尤使国人于表示敬意之外,亦知所以奋起也。"②又如《华侨半月刊》的评论:"夫段氏老矣,其过去之功罪如何,吾人诚不欲深论,惟段氏此行所示之高风亮节,实足使全国起敬而增加其晚节之光荣。"③

纵论国事

段祺瑞在上海安顿下来以后,前来拜访的人络绎不断,而蒋介石的亲临才是最有意味的事情。据段式巽回忆:"那次蒋氏来访,管门的不认识,竟未启大门迎车入内,听任蒋车停在路旁、局处车内坐待。我从二楼遥见似有客至,下楼向仆役询问,接过名刺,则赫然蒋氏。急忙迎入,并扶老父出见。蒋氏向老人先致问候之意,坐定后又对老人的起居寒暖、身体现状及医疗情况等,询问甚详。情意殷勤,言词亲切。坐了一个多小时方辞去。"④蒋介石这次来访竟然没有提到国内外局势,也可怪异的。

1934年春夏之交,段祺瑞患了严重的胃溃疡,大量出血,经宏恩医院(今华东医院)尽力抢救,逃过了一劫,但精神变得十分萎靡了。为了使段祺瑞的身体得到休息,这年夏天,蒋介石邀请段祺瑞前往庐山避暑,随行者有段宏纲与顾水如。在庐山避暑期间,《大公报》记者王芸生前去采访段祺瑞,留下了一段珍贵的记录⑤。

王芸生第一次见到70岁的段氏,穿着蓝绸长衫,面容瘦削,精神却是很好,耳朵虽有点重听,应答毫无迟钝。略为寒暄之后,王即转入正题,问他

① 胡晓:《段祺瑞年谱》,安徽大学出版社2007年版,第259页。
② 《段祺瑞南下》,《大中国周报》,第1卷第3期。
③ 《段祺瑞南下之意义》,《华侨半月刊》1933年第16期。
④ 沈飞德:《段祺瑞在上海的最后岁月》,《上海滩》2004年第5期。
⑤ 以下文字摘自傅国涌:《段祺瑞庐山谈往事》,《江淮文史》2010年第1期。

对国事的感想。他回答说：治国之道很简单，"维持人民，提倡商业"八个字而已。看现在的政令，哪一件不是剥削人民的？商业情形，入超年年增加，而平津一带的商店多少家关门，不关门的也多赔累不堪。这样下去，国哪能好？他说自己给蒋介石回信时写了一首诗，他还背得出来："忧乐与好恶，原尽与民同。三章法定汉，民足国不穷。兴邦用顺守，世民竟全功。提倡兴百业，四海扬仁风。"

大致意思也就是他上面说的八个字。为政不在多言，顾力行如何耳。他觉得现在的政府是议论多而效果少。他接着说："现在中国无第一等人才，二等人才也很少，蒋先生是站在二等边上的。就治军论，蒋先生当然是个人才。"说起蒋历时数年，将兵数十万，没能将江西的红军肃清，他感叹"中国事之难为可知"。王芸生后来写《赣行杂记》时，这一节就以《合肥座上论人才》为题。就在段祺瑞毫无顾忌地议论蒋介石只是"二等边上"的人才时，蒋派人送来了一篮故乡浙江奉化的桃子，他很开心，要大家尝尝。吃了水多味美的奉化桃后，他继续说："中国事，坏在一般人的我见太深。"汪精卫去上海看他时，他当面就说："现在不是讲吾的时候了！"他笑着对王芸生说："现在不讲'吾'的，除了'吾'还有谁？"又说："治国如防水，大堤一决，就难再防堵了。"这些心得，无疑是他一生经验的总结。即便如今看来，也值得人们斟酌。

年轻的王芸生因为在国难当头编了《六十年来中国与日本》一书，而名声鹊起。段祺瑞说："已看过，很好"。此时离"七七"事变引发全面抗战还有三年，当被问及"中日关系将推演至何种地步"时，他回答："这话很难说。中国本无亡国之理，而目前的情形，却向亡国之途以趋。中国吃亏在'大'字上，日本却得力于'小'与'穷'。中国惟其大，故一切不在乎；日本惟其小与穷，故拼命苦干。日人的妄念太重，当然有碰钉子的那一天。不过中国人若长此泄沓，前途实难乐观。"

段祺瑞这不像谈往事，而是对治国之道与御敌之策的一些展望。可惜的是，段祺瑞内心生出的抗日心理竟不为他旧日的部属王揖唐所理解，他仍幻想着段祺瑞能够重返天津。1935年的一天，王揖唐给段祺瑞发了一封令外人一头雾水的电报："玉裁诗集，已预约五部，余诗接洽，再待奉告。王赎。"段祺瑞却是心知肚明。"玉裁"原指清代文字学家段玉裁,此处则隐喻段祺瑞;"五部"是指所谓的"华北五省自治",王赓是王揖唐的原名。段祺瑞看出,日本当局仍要他出山。他断然拒绝了王揖唐的邀约,并复一封电报如下:"专电转陈。玉公谓:股东决不同,不约其他方面,切勿接洽。即已预约者,请作罢。"

就在段祺瑞复电的第二天,上海一家报纸用醒目的大字标题登出了一段让局外人颇为不解的文字:"预约诗集有五部,段祺瑞不出售;津王某来电,措词闪烁;段复告务须一切作罢,态度坚决可佩。"一时猜测纷起,不少记者索性跑到段公馆探问究竟。段祺瑞感到这是向国人表明自己心迹的大好时机,就干脆请《申报》记者把往来的电文公布于众。段祺瑞此举很高明,一时间舆论纷纷赞扬段祺瑞的爱国举动①。

寓居上海期间,段祺瑞还与国学大师章太炎有过交往。但苦于双方语言隔阂,南腔北调,多有听不懂对方言语之处,故常有不能畅谈之憾。尽管如此,章太炎仍对段祺瑞推崇备至,寄予莫大的希望。段祺瑞七十诞辰时,章太炎专门作了《合肥段公七十寿序》,除了歌功颂德之外,还殷切期望段祺瑞能公忠体国,效法唐代的郭子仪和清朝的李鸿章,肩负起保住长城以内土之重任。可惜,章太炎的希望落了空,段祺瑞非但未能保全华北,而且因年迈体弱,连自身也难保了。

魂留申江

1936年10月下旬,李思浩由华北返上海,述及长城内外沦陷混乱情况愈益严重,段祺瑞听后亦为之感伤良久。11月1日,段祺瑞胃溃疡病复发,胃部大出血,急送往宏恩医院延治,但抢救无效,血出不止,于2日晚上8时停止呼吸,享年七十二岁。在弥留之际,段祺瑞留下亲笔遗嘱:

> 余年已七十余,一朝怛化,揆诸生寄死归之理,一切无所萦怀,惟我瞻四方,蹙国万里,民穷财尽,实所痛心。生平不为多言,往日徙薪曲突

---

① 沈飞德:《段祺瑞在上海的最后岁月》,《上海滩》2004年第5期。

之谋，国人或不尽省记，今则本识途之验，为将死之鸣，愿国人静听而力行焉。则余虽死犹生，九原瞑目矣。国虽危弱，必有复兴之望。复兴之道，亦至简单。勿因我见而轻启政争，勿空谈而不顾实践，勿兴不急之务而浪用民财，勿信过激之说而自摇邦本；讲外交者勿忘巩固国防，司教育者勿忘保存国粹，治家者勿弃固有之礼教，求学者勿骛时尚之纷华。本此八勿，以应万有。所谓自力更生者在此，

写有遗嘱的段祺瑞照片

转弱为强者亦在此矣。余生平不事生产，后人宜体我乐道安贫之意，丧葬力崇节俭，敛以居士服，勿以荤腥馈祭。此嘱。①

忧国之思，薄葬之嘱，发人深思。而"八勿"之嘱利国家者多，表明了段祺瑞的政治抱负与政治智慧。据说，段祺瑞临终前曾对段宏业交待过，一是要归葬北方，一是留有遗嘱。他特意嘱咐段宏业："我有一份遗嘱，在抽屉里，关于国事的部分，你转呈给政府方面，就算我对国家的最后一点贡献吧。"②

段祺瑞去世当晚，他的家属考虑到段祺瑞已属下野之人，政治失势，故不设治丧委员会，计划在本宅设治丧处，仅家属及旧时好友办理其事。然而，段祺瑞去世的消息当晚就传到南京。国民政府主席林森即刻从南京乘晚11时夜车出发，附挂花车。3日晨林森抵达上海，由淞沪警备司令杨虎

---

① 吴廷燮：《段祺瑞年谱》，中华书局2007年版，第129页。
② 马烈：《段祺瑞晚年纪实》，《民国春秋》1990年第4—6期。

陪同，直接去霞飞路段宅吊唁。同日，蒋介石派上海市长吴铁城代表行政院前往祭拜，并且给段祺瑞的儿子段宏业发了唁电。行政院所属各部长官如孔祥熙、蒋作宾、张群、何应钦、陈绍宽、吴鼎昌、王世杰、张嘉璈、俞飞鹏以及吴忠信、陈树人、刘瑞恒、翁文灏等也一同发唁电追悼。上海市市长、公安局局长、法院院长及社会名流等前往吊唁，敬献花圈。日本外相特派日使馆参事兼驻沪总领事若杉到段宅吊唁。

由于段祺瑞信佛，灵堂便以佛教仪式布置。5 日上午，"以僧衣、僧帽、僧鞋作为给他送终的装束"，"是一套佛子朝大雷音寺的装束"①。按当时上海的风俗，遗体放入棺内，算是"小殓"，必须等到封上棺盖，举行殓礼，方为"大殓"。当日下午 2 时举行大殓，礼用佛教仪式，孝子、孝孙等匍匐灵前，叩首如仪，然后"由上海龙华寺高僧围绕棺枢念经，给段氏安魂"。当天的大殓仪式非常隆重，前往段宅吊唁的人有上海市市长吴铁城（代表行政院长蒋介石）、褚民谊（代表国民党中执委汪精卫）、监察院院长于右任、行政院副院长兼财政部长孔祥熙（长公子孔令侃代）、外交部部长张群、军事参议院院长陈调元、中央军官学校教育长张治中、淞沪警备司令杨虎等，加上段氏旧属、亲友共二百余人。

段祺瑞大殓当日，国民政府发表通令，给予国葬。令文如下：

执政国葬命令。前临时执政段祺瑞，持躬廉介，谋国公忠。辛亥倡率各军，赞助共和，功在民国。及袁氏僭号，洁身引退，力维正义，节慨凛然。嗣值复辟变作，誓师马厂，迅遏逆氛，率能重奠邦基，巩固政体，殊勋硕望，薄海同钦。兹闻在沪阉逝，老成凋谢，惋悼实深，应即特予国葬，并发给治丧费一万元，平生事迹，存备宣付史馆，用示国家笃念耆勋之至意。此令。②

6 日，段的旧属、同僚、社会名流继续前往吊唁，段宅治丧处开会决定，扩大组织，筹备国葬。7 日下午，治丧处与段祺瑞家属召开联席会议讨论治丧事宜，议决办法，决定治丧处先分组办事；遵照段氏遗嘱，一概从俭，不发

---

① 许曾会：《南京国民政府对段祺瑞去世的反应》，《平顶山学报》2013 年第 6 期。
② 吴廷燮：《段祺瑞年谱》，中华书局 2007 年版，第 130 页。

讣文,仅登报公告;灵柩暂停沪寓,俟国葬办事处成立后再行决定。对于段祺瑞墓地的选择,国民政府征求段氏家属意见。当时亲友和家人多主张葬于皖南黄山,算是叶落归根。但段祺瑞生前曾有愿葬北平西山之表示,并且段宏业"力主将灵榇送往北京安葬,旧时丧礼以长子意见为重,家人只得从其主张"[①]。因此,国民政府也从其主张。由于国民政府特予国葬,12月3日,成立了段祺瑞国葬典礼筹备委员会,派叶楚伧、张群、贺耀祖、吴忠信、杨杰、陈调元、魏宗瀚、秦德纯、李思浩、吴光新、姚琮等为段前临时执政国葬典礼筹备委员[②]。6日,段祺瑞公祭大会在上海霞飞路段宅举行。国民政府林森主席、蒋介石发来了祭文,并派上海市市长吴铁城,内政部部长蒋作宾派次长陶履谦代表党政各机关参加段氏追悼会,陆续前往致祭的国民政府官员还有监察院院长于右任、立法院院长孙科、行政院副院长兼财政部部长孔祥熙、军事参议院院长陈调元、蒙藏委员会委员长吴忠信、外交部部长张群、实业部部长吴鼎昌、铁道部部长张嘉璈、军事委员会代表姚琮、何遂、东三省"剿匪"副总司令张学良代表汤国桢、参谋总长程潜代表熊守一、冀察政务委员会委员长宋哲元的代表等。公祭大会上,日本大使川越茂、总领事若杉等与祭,高僧太虚法师也出现在公祭现场。由圆瑛法师、叶恭绰等倡议,全国各大寺院嗪经一天,以志哀思。

段祺瑞去世后,各方面的唁电、吊函、挽联如雪片般飞来,这里撷取几则供读者品评。蒋介石的唁电为:

老夫子令德考终,薄海永悼。

林森的挽额为:

元老徽猷。

冯玉祥的挽联为:

白发乡人空余涕泪,黄花晚节尚想功勋。

吴佩孚的唁电为:

追念师门恩义,感涕难忘,遥望海天,悲痛何已。

---

① 段宏纲:《段祺瑞家世琐记》,《安徽文史资料选辑》第13辑。

② 许曾会:《南京国民政府对段祺瑞去世的反应》,《平顶山学报》2013年第6期。

吴佩孚又送挽联：

慧本教统归真：

天下无公，正未知几人称帝，几人称王，奠国著奇功，大好河山归再造；

时局至此，皆误在今日不和，明日不战，忧民成痼疾，中流砥柱失元勋。

褚辅成的挽联为：

一身系天下安危，犹忆鲸海兴波，正泮国南迁，顿敛敌纵弭隐患；

百里感国土日蹙，每念马厂振旅，又胡氛北炽，削平大难丧元勋。

此外，社会名流方面如马相伯、虞洽卿、周作民等都在段祺瑞死后或出力帮忙，或发表唁电，或祭文沉痛哀悼。

段祺瑞的旧属更是深深地哀悼，尽心参与丧事筹办。11月4日，治丧处在霞飞路段宅成立，段祺瑞的旧属如李思浩、吴光新、曾毓隽、屈映光等三十余人，分文牍、事务、招待三组，分掌一切事务。靳云鹏、曹汝霖、王揖唐发来唁电。5日，段宅举行大殓，李思浩、吴光新、梁鸿志、屈映光等人均站在灵堂前招待来宾。6日的段祺瑞公祭会上，龚心湛主祭，靳云鹏、陈树藩等从天津赶到上海祭拜，随后扶灵北上。

盖棺暂厝

1936年12月7日12时，为段祺瑞举行了隆重的出殡仪式。仪仗行列达2里许，公共租界及法租界除派大队巡捕沿途戒备保护外，并派人随行护送。仪仗经过之马路交通均行断绝，往来车辆须绕道而行。所经之处，道旁驻足群众拥挤异常。执绋送别者，有国民政府主席林森、行政院院长蒋介石的代表上海市市长吴铁城、淞沪警备司令杨虎、上海市公安局局长蔡劲军、地方协会钱新之、杜月笙、张啸林、龚仙舟、叶恭绰、黄炎培暨治丧处全体干事及段氏亲友等千余人。下午2点40分，灵柩抵达上海北站，下午5点由北站开驶北上，昆山、苏州、无锡、常州、丹阳、镇江等站各停靠30分钟，备当地各界莅站致祭。8日，段祺瑞灵柩过南京时，首都各机关在火车站台举行公祭典礼,派乐队奏乐。与祭者有居正、翁文灏、冯玉祥、程潜、柏文蔚、何应钦、陈立夫、石瑛、李烈钧等一百多人。由居正主祭,就位后奏哀乐。居正代表中央各机关献花圈,并代表中央及各部会献花毕,即读诔文。9 日灵柩过济南时,旧属马良扶棺大哭。到天津时,各界、各机关公祭段祺瑞。"与祭者还有原皖系成员何丰林、曹汝霖、陆宗舆、土揖唐等及社会名流数百人,仪式隆重。"① 11 日,段祺瑞的灵柩运到北京,当晚灵柩被放在西直门旁边的广通寺,大殿被当作灵堂,僧侣们在两旁念经超度亡灵。12 日下午,抵西山卧佛寺卧佛殿西大楼安灵。当然,此间沿途所过之地,均有地方官员迎祭,甚或随车护送赴京。17日,时任驻日大使的许世英派夫人及秘书黄伯度回国吊唁段祺瑞。由于段祺瑞是安徽人,他的家乡合肥各界"征得段祺瑞家属同意,在该县大蜀山麓设置段公衣冠冢,一切设备祭器,碑文均与西山同,留永久纪念,使后人凭吊"②。

段祺瑞墓碑正面

　　段祺瑞灵柩运抵北平后,暂厝于卧佛寺,但"其后一置 10 余年未克安葬"③。其中的曲折固然很多,但是,跟其长子段宏业的态度和时局的突变不无关系。1937 年初,段祺瑞旧属将段氏墓地勘定在香山宝胜寺的旧址,但段宏业不赞成,派人继续寻找茔地。国葬之

①　许曾会:《南京国民政府对段祺瑞去世的反应》,《平顶山学报》2013 年第 6 期。
②　许曾会:《南京国民政府对段祺瑞去世的反应》,《平顶山学报》2013 年第 6 期。
③　段宏纲:《段祺瑞家世琐记》,《安徽文史资料选辑》第 13 辑。

期,一时难以确定。国民政府宣布,由财政部照筹,用于段祺瑞国葬的费用经中央核定为 10 万元。不料未及下葬,卢沟桥事变爆发,日军强占卧佛寺并令段家移除灵柩,段宏业无奈,将灵柩匆匆忙忙地从卧佛寺起出,草草掩埋于三叔段子猷的墓地南侧(位于北京西郊白石桥附近)。段祺瑞生前的一些好友感叹道:"没想到老头子轰轰烈烈一辈子,死后会没有一块葬身的地方。"①1949 年以后,段祺瑞灵柩移至北京北郊清河镇。直到 1963 年,段宏纲和章士钊才在北京万安公墓觅地安葬了段祺瑞,章士钊题写了墓碑:"合肥段公芝泉之墓"。现今我们看到的段祺瑞墓是与他的继室张佩蘅合葬在一起的。顺便提一句,段祺瑞去世后,张佩蘅迁居上海愚园路近江苏路口的一幢花园洋房里,蒋介石派人每月送去生活费 5000 元,直至其终享天年。

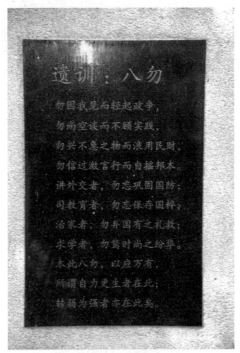

段祺瑞墓碑碑阴

---

① 王楚卿:《段祺瑞公馆见闻》,《文史资料选辑》第 41 辑。

第十五章　段氏家风与家族后人

　　与北洋系的其他巨头相比,段祺瑞有一个与众不同的地方,甚至可以说是值得我们钦佩的,那就是一生为官清廉如水,不事敛财,更不用人唯亲。因此,他在当时赢得了"六不总理"的美名,即不贪污肥己,不卖官鬻爵,不抽大烟,不酗酒,不嫖娼,不赌钱。段祺瑞的严格律己也造就了良好的家风,他的后人当中斐然有成就的不在少数。

"六不总理"

　　段祺瑞一生清廉,在当时也是有口碑的。他对房地产、实业投资都不感兴趣,家里的资产也就很有限。他本人并不看重金钱,而是一心一意集中在国内外政治问题上。跟随段祺瑞有年的王楚卿做过很详细的回忆:

　　　　老段本人,在一般军阀政客里,还得说是生活朴素的。当时的阔人们,差不多都有鸦片嗜好,而他不但不抽大烟,还最厌恶别人抽大烟。民国初年,正是北京八大胡同盛极一时的时候,差不离的阔人都在胡同里花天酒地,把从老百姓身上刮来的造孽钱,尽量在那里挥霍,有的还从胡同里把姑娘接出来从良,如王揖唐、王克敏都是胡同里面挺有名气的人物,但我们从来没听说过老段去打茶围。

　　当时一般阔人，还喜欢游山玩水，冬天温泉，夏天北戴河，修建了若干座别墅，把天下的好景致好山水，占为个人私有。老段不但没有修什么别墅，而且从来不去浏览什么湖光山色。据我所知，他在原籍合肥既无房产也无土地。

　　民国初年正是京剧有名的演员谭鑫培、梅兰芳、杨小楼等人在舞台上盛极一时的时候，可是老段不但从来没有到戏园子里听过一回戏，更没有在家里面办过一回堂会。每逢太太、外老太太们的生日，叫场杂耍来唱上半天八角楼，就算是公馆里最热闹的场面了。至于老段自己，在这种场合，他向来是不露面的。他除了下棋、打牌，没有别的任何嗜好。

　　段祺瑞从来没有搞过生意。家里需用的东西，都是到铺子里选购，逢节算账，最有来往的就是前门外大栅栏瑞蚨祥。银行方面的人有很多和他有联系，但没听说他在哪家银行里投过资本。可是在他经济上周转不灵的时候，就亲笔写张白条（不是支票）到金城、大陆就可以提个千儿八百的。俺就常替他办这些事。①

　　王楚卿的回忆大体上是可靠的，但与事实也有一些出入。说段祺瑞没有房产，这一点是可信的，段祺瑞的侄孙段昌智（段宏纲之子）也回忆说：段祺瑞"不仅没有房子，连地皮也没有。现在合肥的段家祠堂不是我们家的。②"第十三章、第十四章曾写道，段祺瑞在天津、上海都是借住别人的房子。他在北京的房子有两处，其中府学胡同私宅是袁世凯赠送的③。据说，这栋房产的原房主是与袁世凯打牌输了 40 万大洋，才把房子抵押给袁世凯的，可是没给房契。等老袁一死，房主的儿子拿着房契来找段祺瑞，要收回房子。段祺瑞见人家手中有房契，二话没说，带着一家人搬了家，这栋房子只住了两年④。段祺瑞在北京的另一处房子，就是东直门内南门仓叫"空府"的自建房产。盖这座公馆的钱"是他的门生旧部大伙凑集起来的。听说是营长以上，每人一百二百多少不等，一总凑了 40 万块钱，才买下了这块地

①　王楚卿：《段祺瑞公馆见闻》，《文史资料选辑》第 41 辑。
②　宋路霞：《段祺瑞家族访谈录（上）》，《江淮文史》2006 年第 3 期。
③　见第三章最后一段文字。
④　何虎生：《另面段祺瑞："六不总理"一生无房产》，《人民论坛》2011 年第 15 期。

皮,盖成了这座公馆。"①这处房产在"七七"事变后被日本人强购而去。

不过,段祺瑞在老家合肥还是有老宅的。他的侄子段宏炳(段启勋之子)回忆说:"段家老宅在合肥范巷口20号,七七事变时我们逃难去住过几个月,记得大街通南门,可以到包河。"②

王楚卿说段祺瑞不喜名伶,不渔色,也是不错的。当段祺瑞还在世时,就有一家刊物登出趣闻:"当梁任公得意时,曾为乃父祝寿于湖广会馆,集旧京男女伶堂会三日,一时贵显毕至,段亦在座。及鲜灵芝登场,坐客齐声叫好,段不以为然,愤然曰:'妖狐淫娃,亦值得如此捧场耶?'竟离座去。任公知段性倔强,即邀至别室陪罪。一时京中传为笑话。自此官场中闻段老在,不复敢捧女伶也。"③梁任公即是梁启超,他与段祺瑞可是政治上的盟友。

正丰煤矿建有段家楼,这是段家楼中的小姐楼,
段启勋女儿曾居住于此

但说段祺瑞"从来没有搞过生意",就不全是事实了。段祺瑞开过煤矿,如直隶井陉的正丰煤矿就是他开办的,段宏纲对此事有过详细的回忆:

①　王楚卿:《段祺瑞公馆见闻》,《文史资料选辑》第41辑。
②　宋路霞:《段祺瑞家族访谈录(上)》,《江淮文史》2006年第3期。
③　青云:《段祺瑞嫉视女伶与名士》,《中美周报》第352期。

三叔启勋由日本士官学校(第三期)毕业归国后,曾任陆军第二镇参谋官,后调往奉天(今辽宁省),历任参谋处总办、宪兵学堂总办等职。民国元年(1912年)因患胃病辞职回到北京。当时伯父任陆军总长,他因考虑政局的动荡,经济上的需要,正与北洋军阀另一将领王士珍筹谋创办实业、扩大开发煤矿事宜,遂对启勋叔说"我兄弟三人,二弟读书少,故令其在家乡务农,谨守祖宗坟墓。我现在主持陆军工作,而弟亦在军界,纵令将来可以有为,总有阿兄提拔照顾之嫌。我现与聘卿(王士珍字聘卿,同段祺瑞、冯国璋并列为所谓"北洋三杰")集资5000金,在直隶(今河北省)、山西边界井陉县,创办了一小煤矿,前些时候主办其事的人甚不得力,煤矿濒于破产。所以我甚望弟能脱离军界,前往接办。"启勋身体虽然不适,但是未敢违抗兄命,不久即前往井陉开拓业务,招集新股,成立"正丰煤矿有限公司"。王士珍为董事长,启勋任总经理。由于正丰煤矿有上述政治背景,资本较为雄厚,所以业务发展较快。至1920年,该矿已颇具规模,曾自修铁路支线18公里,接通石太铁路,一日夜可产煤千吨以上。对此,伯父当然很高兴。1927年启勋为肺病身故,正丰煤矿改由伯父长子段宏业任总经理。日军占领华北后,正丰煤矿先被日军以武力占领,后为华北伪政权强行征购。除正丰煤矿以外,伯父还在龙烟铁矿、吉林省的未垦荒地、中日合办的汇业银行、中美合办的懋业银行等处有投资、股份,总值约20万元。[①]

除正丰煤矿外,段祺瑞还在京西开了不少煤矿,单是房山周口店的东厂和长沟峪两处购买矿山就达3540亩,同时开几座煤矿,统称大丰公司[②]。段宏纲说段祺瑞"龙烟铁矿、吉林省的未垦荒地、中日合办的汇业银行、中美合办的懋业银行等处有投资、股份",对照魏明的研究论文《论北洋军阀官僚的私人资本主义经济活动》[③],可以认定是确实的。

段祺瑞从来不收礼,只是遇见最亲近的下属和友人送来礼物、却之不恭

---

① 段宏纲:《段祺瑞家世琐记》,《安徽文史资料选辑》第13辑。
② 张玉泉:《段祺瑞的大丰公司》,胡玉远主编:《日下回眸》,学苑出版社2001年版,第126页。
③ 魏明:《论北洋军阀官僚的私人资本主义经济活动》,《近代史研究》1985年第2期。

时,才会在礼物中挑选一两样最不值钱的东西留下,余者则悉数退还。江苏督军齐燮元曾送给段祺瑞一件几扇镶嵌着各种宝石的屏风,五光十色,非常惹眼。段祺瑞的家里人都喜欢得不得了,都盼望段能留下这件宝物。谁知第二天再看,宝物不见了,原来段祺瑞一早就派人将屏风归还给了齐燮元。张作霖从东三省派人送来江鱼、黄羊等一大堆礼物,张作霖的副官再三请他赏收,他才勉强收了两条江鱼。只有一次例外,段祺瑞将别人送的礼物照单全收,那便是冯玉祥送来的一个大南瓜①。

段祺瑞也不做卖官鬻爵的事。段式巽回忆说:"父亲权位极盛时,家乡常有人来看他,他总是热情接待,走的时候,还送些路费和礼品,但从不委派或推荐他们当官。"②胞弟段启辅来京求大哥给自己找个官做,段祺瑞也是一口回绝,给了他一些钱回去做买卖。

妻妾子女

段祺瑞一生中先后娶妻二人,纳妾五人。在第二章,已经交代了原配吴氏的情况;在第三章,又交代了继室张佩蘅的情况,这里再交代一下妾侍的情况。

段祺瑞前后有五位姨太太,依次为陈氏、边氏、刘氏(刘三)、刘氏(刘四)、李氏(李五)。陈氏生一男一女,均未长成,早殇,陈氏本人也于1914年去世。刘三、刘四、李五,是段公馆仆人背后的称呼,主要用以区分两个刘氏。这三位姨太太都出身于北京小户人家,是段祺瑞花几百块大洋买来的。在天津租界居住期间,她们常常背着段祺瑞,出外去看电影、听戏。段祺瑞去大连后,留下的几位年轻的姨太太个个打扮得花枝招展,经常出去逛张园、大罗天,往往到深更半夜才回公馆。日久天长,不免发生一些风流的事。段祺瑞从大连返回天津后,很快就发觉了这些事。一怒之下,他把刘三休回北京娘家。半年以后,又将刘四打发回了娘家③。之后,李五也出门而去。

---

① 王楚卿:《段祺瑞公馆见闻》,《文史资料选辑》第41辑。
② 段式巽:《追忆先父段祺瑞》,《上海文史资料选辑》第69辑。
③ 王楚卿:《段祺瑞公馆见闻》,《文史资料选辑》第41辑。

段祺瑞共有子女九人,周俊旗曾制作了一张世系表,①交代得很清楚,特引用于此:

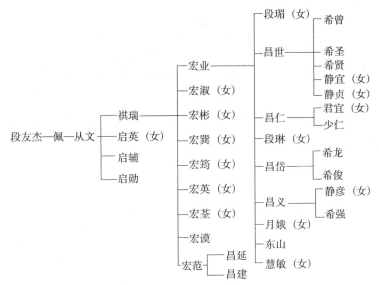

段祺瑞长子段宏业、长女段宏淑皆为原配吴氏所出,第二章做过介绍。段宏炳回忆说:"段宏业死于1949年年底②,他原本就有心脏病,到冬天还有气喘。解放军找他去谈了一次话,他受不了了,也可能太紧张了,发病而去世。"③

段祺瑞次女段宏彬、三女段宏巽、四女段宏筠、五女段宏英、六女段宏荃(这些女儿的名字中间那个字也写作"式")皆是继室张佩蘅所出。段宏彬生于1902年,嫁给合肥人张道宏。张道宏是美国西点军校的留学生,很洋派,西装笔挺,曾任职汉口盐务署,后任松江警察局长。抗战中去了重庆,在重庆时与周恩来有联系,所以后来他家在上海延安中路江苏路的老房子(延安中学隔壁,近年来建延安路高架时才拆掉),就常有中共地下组织的聚会。他的孩子受到影响,有的参加了共产党,张道宏本人在1949年前后去了美

---

① 周俊旗:《百年家族—段祺瑞》,河北教育出版社2006年版,第299页;本书作者根据2014年新修祺瑞家谱做了部分修改。
② 据段海澎订正,段宏业于1949年1月26日去世。
③ 宋路霞:《段祺瑞家族访谈录(上)》,《江淮文史》2006年第3期。

国,段宏彬则在 1966 年 5 月才去美国①。2002 年,段宏彬以 101 岁高龄在美国去世。

段宏巽生于 1904 年,长得最漂亮,喜欢写字画画,活到 92 岁,晚年是上海文史馆的馆员。她嫁给袁世凯的一个侄孙袁家骉,可谓门当户对。可是这个袁家公子不争气,喜欢抽鸦片、捧角儿,没有认真做过什么事,段祺瑞很失望②。所以后面几个女儿择婿时,就不讲究门当户对了,而是看重留学生,要有学问、会做事的新派青年。段宏巽跟段祺瑞的感情是超出其他女儿的,因她是管家的女儿,负责段公馆的家事。五四运动时,段公馆外边有抗议的学生,十分热

段宏巽

闹。段祺瑞在房间里休息,段宏巽守候在房间门口,许多人想进来报告外边的情况,都被她挡在门外,最后她发话说,外人谁要是进来就开枪打死他。所以,尽管街上挺热闹,但段祺瑞并没有受到打扰③。后来,又是她写了多篇回忆段祺瑞的文章,给我们留下了许多珍贵的史料。

段宏筠生于 1906 年,嫁给银行家奚东曙(伦)。奚东曙是美国哈佛大学毕业的留学生,回国后任中国实业银行行长,也是立法委员,抗战中在重庆也跟周恩来熟悉,据说他的一个孩子还是周恩来的干儿子。银行家外面交际广泛,他又爱玩,喜欢跳舞,外面对他就有些风言风语。1952 年段宏筠去世后,他娶梁某为妻,后来不知为什么,他一个人去了台湾,现在两个儿子都

---

①　宋路霞:《段祺瑞家族访谈录(下)》,《江淮文史》2006 年第 4 期。

②　宋路霞:《段祺瑞家族访谈录(下)》,《江淮文史》2006 年第 4 期。

③　周俊旗:《百年家族—段祺瑞》,河北教育出版社 2006 年版,第 293 页。

在美国①。

段宏英生于 1907 年，九岁殇②。

段宏荃生于 1909 年，嫁给傅澍苍（霖）。傅澍苍是湖南人，也是留美学生，国民政府立法委员，抗战之前在外交部工作，是许世英的秘书，跟许世英去过日本。他跟章士钊也很熟，国共和谈时任章士钊的秘书，1949 年后也没有离开上海。傅澍苍于 1962 年去世，段宏荃则于 1999 年在上海去世，享年九十岁③。

段祺瑞次子段宏谟、三子段宏范为双胞胎，生于 1918 年，系三姨太刘氏所生，段宏谟早夭④。

段宏范 1949 年前遵父训"不从商不从政不从军"，没有工作，每月靠蒋介石给的 2000 块大洋生活。1949 年后生活无着，找到章士钊，章士钊向毛泽东说起此事。毛泽东问都会做什么，答都是南开大学毕业，毛泽东便批了条子，夫妻二人于是都进了小学当老师。后来段宏范因不擅与孩子打交道，便自己找了北京市东城区房管局工作，直到退休。妻子后调到五十五中教历史和古文。经过"文革"后，夫妻二人都胆子很小，海外来人，都不敢让子女相见，甚至子女问家族历史，都不详说。

治家严厉

段祺瑞治家是很严厉的，尤其是对子女的教育方面。段式巽回忆说：

我父亲家规很严，记得我小时候怕冷，常把手伸在棉袄内取暖，样子很不好看，一次被我父亲见到，马上就受到训斥。

我们兄弟姐妹读书，都是请老师在家里教的，教我们姐妹的都是从北京女子学校请来的女教师，学的课程主要是古文与历史。我家为老师供膳，我们与老师一起吃饭。父亲平时不许子女外出，有时亲自考查

---

① 宋路霞：《段祺瑞家族访谈录（下）》，《江淮文史》2006 年第 4 期。
② 吴廷燮：《段祺瑞年谱》，中华书局 2007 年版，第 15 页。
③ 宋路霞：《段祺瑞家族访谈录（下）》，《江淮文史》2006 年第 4 期。
④ 根据 2015 年 1 月 8 日段海澎发给本书作者的电子邮件考订。

我们的功课,谁的作文做得好,就奖励一元钱。①

对自己的儿子,段祺瑞管教极严,儿子到十几岁还用鞭子打。段宏业更是怕他,"见了他爹,一样说不出话来。他不常在家,更不敢说公事。至于他在外面,怎样打着他爹的旗号,招摇撞骗,干些鬼画符的事,那又另当别论了。"②可能是严加管束的缘故,段祺瑞的子女当中,除去段宏业一事无成以外,其他人混得都还说得过去。

段祺瑞治家严厉的另一个方面,是对佣人的严加约束,使他们不敢借着他的权势飞扬跋扈,更不敢收受"门包"。王楚卿回忆说:

> 由于老段的脾气大,治家严,我们一个个胆战心惊,惟恐出错。前清时代遗留下来一个陋规,一般宰相大官的门房都有"门包",真和戏台上一样,没有"大礼三百二,小礼二百四",休想见着宰相的金面。但是段公馆里却从来不许来客对号房送门包、拉交情。有人来会,号房的传达长拿着名片上去回,见不见,完全由老段自己决定,谁也当不了他的家。我听他们说,老段在前清时代,最恨这些"门包",大概他自己曾经吃过这种苦头吧,所以后来官做大了,曾经给清廷上过奏折。我听说,老段不许号房向来客需索门包,说谁要有这个事,他真能把你枪毙了。因此,客人来了,连忙向他回禀,他说见就见,他说不见,还得用好话向来客道乏。③

这是家规严厉的一面,避免了佣人狐假虎威的弊端。但是,另一方面,段祺瑞对下人也不是不体恤,这个例子或许可做说明:

> 有个姓苏的军需,买了个小丫头,才五六岁。苏军需的太太对这个丫头非常虐待,常把这个孩子打得鼻青眼肿,鬼哭神嚎。这事不知道怎么传到老段的耳朵里了,他勃然大怒,立刻叫人把苏军需和这小丫头都给传来,他自己在大客厅里等着问话。两边都站着副官马弁,我们都围在客厅外边看,那个神气就仿佛衙门里坐大堂一样,真是威风凛凛、杀气腾腾。一会儿功夫,把苏军需和那小丫头带到了。老段坐在那里,桌

---

① 段式巽:《追忆先父段祺瑞》,《上海文史资料选辑》第69辑。
② 王楚卿:《段祺瑞公馆见闻》,《文史资料选辑》第41辑。
③ 王楚卿:《段祺瑞公馆见闻》,《文史资料选辑》第41辑。

子拍得山响,吹胡子瞪眼睛,把那个苏军需臭骂一顿,还直叫左右用军棍重责四十,苏军需吓得浑身发抖,跪在地下,真是磕头如捣蒜一般,连声认错。老段骂了半天,气才慢慢消下去,吩咐把这个小丫头送到后院,让太太们把她收容下来。于是公馆里面的这场风暴才算平息下去。这个小丫头被派伺候六小姐,还取了个名字叫做如意。长大以后,由老段作主,嫁给了一个公馆里当差的。①

治家严厉与体恤下人并行不悖,这才表现出段祺瑞的真性格呢。作为一个执掌国柄的大人物,居然为一个买来的小丫头大动肝火,也算是仁义的了。治家严厉的段祺瑞更有温情脉脉的一面,段宏炳回忆说:"段祺瑞老哥儿仨就他一个人长寿,下一代共 15 个子侄就都成了他的孩子,加上女孩子就更多了,家累很重。他对我们像亲生父亲一样非常关心,供我们兄弟念书,把我们抚养成人。他喜欢听小孩子背书,背得好的还奖励一块钱。所以段家挣钱的人少,吃饭的人多,不管他在不在台上,都靠他一个人支撑。"②以一人之力维持这么多人的生活,段祺瑞可谓照顾家庭的典范了!

家族后人

段祺瑞有那么多子女,他们的后人自然也不少,这里仅介绍到段祺瑞的孙辈。

段祺瑞的长孙段昌世系段宏业长子,出生于 1909 年,先后在英国剑桥大学和日本早稻田大学就读。按照段祺瑞的意思,段昌世娶前国务总理龚心湛的四女儿为妻,后与妻子到日本留学,并娶日本女子山崎光子为妾。1949 年后,龚四小姐与段昌世离婚,未有生育。1937 年,日本兵来到段昌世家,日本妻子用日本礼节招待,但遭到训斥,说日本人不该嫁中国人,还打了她几个耳光,此后,段昌世决心不再为日本人做事,保持了民族气节③。1949 年后,段昌世在天津被枪毙,罪名是倒卖军火。日本太太一直生活在

---

① 王楚卿:《段祺瑞公馆见闻》,《文史资料选辑》第 41 辑。
② 宋路霞:《段祺瑞家族访谈录(上)》,《江淮文史》2006 年第 3 期。
③ 周俊旗:《百年家族—段祺瑞》,河北教育出版社 2006 年版,第 294—295 页。

天津，死后葬在万安公墓。

段祺瑞的另一个孙子段昌义是段宏业养子，生于 1916 年，曾在台湾当过蒋经国的军事顾问，在金门任炮兵指挥官。2000 年，段昌义去世。他的哥哥段昌仁是段宏业的次子，他的年龄比段昌义小，但段宏业收养段昌义时已经有了昌岱，故而在家里昌岱排第三，昌义排第四①。段昌岱在内地生活，其他情况不详。段昌岱是段宏业的三子，曾任天津市政协委员，1980 年代中期去世。段东山是段宏业的五子，原名段昌华，后段祺瑞给改名为东山。1957 年因右派言论被判无期，但据说是因名字获罪，意味着"东山再起"。到 90 年代才放出来，至今没有平反，终身没有结婚，一个人在石家庄生活，劳教农场每个月给 300 多块钱。人放出来后，精神都有点不对，话也说不清楚，目前不知所踪②。

段祺瑞的长孙女段珣，是段宏业的长女，嫁给曾国藩后人曾昭德。段珣高中毕业后赴美国大学学医，后回国任天津恩光医院院长，新中国成立后任天津市第五医院院长，朝鲜战争期间曾两次赴朝。曾昭德是天津医学界知名的内科专家，曾任天津市政协委员③。

段珣的妹妹段慧敏是段宏业的小女儿，也是段祺瑞最小的孙女，1938 年出生于天津。上小学时，历史课老师讲到五四运动，讲到当时的一些卖国贼。下课后，知道她是段祺瑞的孙女，一些同学笑她是卖国贼的后代，使她受到很大的刺激，回家后，和母亲又哭又闹，觉得自己的家庭对国家造成了损害，说什么也不去上学。她母亲后来找到章士钊，谈自己的顾虑，怕家庭的历史包袱影响后人。章士钊找毛泽东谈，毛泽东当时指出，段祺瑞是一个历史人物，对他的后代不应该上纲上线，日后，各方面对段家后代就比较讲究政策了。1958 年参加工作，在天津化学试剂一厂当工人。退休后和当年的段祺瑞一样，吃斋念佛，成为一位虔诚的居士④。

段宏范育有二子，即段昌延和段昌建。段昌延出生于 1947 年，1968 年

---

① 根据 2015 年 1 月 8 日段海澎发给本书作者的电子邮件考订。
② 根据 2015 年 1 月 8 日段海澎发给本书作者的电子邮件考订。
③ 2014 年 11 月 17 日本书作者访问段慧敏所作的记录。
④ 周俊旗：《百年家族—段祺瑞》，河北教育出版社 2006 年版，第 296—297 页。

高中毕业后上山下乡，到内蒙古插队。一次迷路，在野外过了三天三夜，手脚都冻伤了。1971年拆库房时同伴遇难，家属唯一的要求是把尸体带回北京，他就背着尸体走了13天，能做到如此，是因为"终归流着老爷子的军人血液"。1996年，段昌延去世。

段昌建出生于1957年。红卫兵抄家才知自己是"军阀"段祺瑞的后代。1971年初中毕业，参军体检都过了，后来政审没有通过，因他是军阀之后。不能考大学，入党也没有戏。先在北京住宅总公司任职，后在交道口办事处做企业，目前退休在家。

段慧敏

第十六章　身边幕僚的出路

作为民国时期最有分量的政治人物之一,段祺瑞组建起一个颇具规模的幕僚班子。这些重要幕僚大多具有双重身份,他们不仅在段祺瑞幕府中扮演了重要角色,而且还在中央政府和军队中担任要职。考察他们晚年的人生轨迹,对于全面认识和评价段祺瑞本人的政治行为与政治思想具有重要的参考作用。

段氏幕府

幕府与幕僚问题作为一种政治现象,源远流长。从幕僚到幕府制度,经历了漫长的历程。从 19 世纪下半叶到 20 世纪上半叶的近百年间,军阀型幕府曾经是中国政治军事的领导和决策核心[1],段祺瑞幕府就是军阀型幕府的一个代表。

近代军阀型幕府的共同特点是以"三缘"即血缘、地缘、业缘结合起来的。先来看血缘关系。凡属血缘关系中的人,存在着一种自然的义务和责任关系,有信任而无戒备的气氛。在血缘家族中,年长者对年幼者具有强制

---

[1]　张学继:《论近代军阀幕府》,《浙江社会科学》2002 年第 1 期。

的权力,而年幼者则对年长者则必须忠孝服从。血缘家族关系所反映出来的这种人与人之间的权力、忠孝和服从的关系,决定了政治人物可以轻易地将血缘家族中的团结和对个人的忠诚带进政治领域。

再来看地缘关系。一个政治领袖,如果仅仅将视野局限在血缘关系上,那是远远不够的。中国的血缘家族有一个特点,就是相当固定地生活在一个狭窄的地域范围内。在中国的地缘关系中,省界观念最为强烈。李鸿章、段祺瑞都是安徽合肥人,他们当权时就有"会说合肥话,就把洋刀挂"的谚语流传。

最后看一看业缘关系。所谓业缘就是人们在社会活动中所形成的师生、同学、同事、结拜兄弟等一种较为广泛的关系。这种业缘关系,虽有亲疏之分,但情感融洽、志趣相投的,也可以成为一种非常重要的关系,甚至可以与血缘、地缘关系相提并论。

段祺瑞幕府中的幕僚也是基于这"三缘"关系而聚集在一起的,下面就将重要幕僚的情况做一归类:属于血缘关系的,有吴光新(妻弟)、段宏业(长子);属于业缘关系的,有徐树铮(师生、部属)、曹汝霖(同僚)、靳云鹏(师生、部属)、段芝贵(同学、同僚)、傅良佐(师生、部属)、曲同丰(师生、部属)、曾毓隽(同僚、部属)、李思浩(同僚、部属)、陆宗舆(同僚)、章宗祥(同僚)、朱深(部属、同僚)、王郅隆(部属)、丁士源(部属)、魏宗瀚(部属)、卢永祥(部属);属于地缘加业缘关系的,有王揖唐(同乡、同僚)、贾德耀(同乡、师生)、许世英(同乡、同僚)、龚心湛(同乡、同僚)、梁鸿志(同乡、部属)、姚震(同乡、同僚)、吴炳湘(同乡、同僚)、倪嗣冲(同乡、同僚)。

上面列举的这些幕僚虽然因"三缘"关系而聚集在一起,但在长期为幕主服务的过程中又分化出不同的派系,或说起到了不同的作用。徐树铮是公认的段祺瑞最重要的幕僚,也可说是幕僚长,他很特立独行,几乎不与他人拉帮结派。因前面各章已多次介绍过徐树铮,本章不再单独列出。剩下的人则可分为如下几种类型:1."四大金刚",指靳云鹏、段芝贵、傅良佐、曲同丰四人,他们是段祺瑞在军事方面的主要助手,但表现却很糟糕;2.大小"财神",分别是指曾毓隽和李思浩,他们是段祺瑞在经济上的主要依靠力量;3."国舅派"系,是指以吴光新为首的幕僚,包括梁鸿志、姚震、朱深等人;

4."太子派"系,是指以段宏业为首的幕僚,包括贾德耀、许世英、龚心湛等人;5.其他幕僚,这些人不好归为上面的任何一种类型,如曹汝霖、陆宗舆、章宗祥负责外交方面的事务,王揖唐则是安福系的头目。

　　在近代军阀型的幕府中,幕主与幕僚的关系本质上是主从关系,具有强烈的人身依附关系色彩,幕僚的个人前程和命运全系于幕主一身。段祺瑞以其勇于负责的精神,而为他的幕僚所敬重,因而段祺瑞幕府的凝聚力是相当强的。美国驻华公使芮恩施曾说过:"段将军个人的智慧和正直令人尊敬,但他在选择助手方面却缺少幸运。他亲近的顾问们,不论在北京和各省都会给他造成不少麻烦。他任命傅良佐将军为湖南省督军,原希望他能迅速解决那里的一切困难;傅氏也应该知道怎样去处理那里的局面的。但是湖南人民并不欢迎傅氏。不久,全省都对段将军和中央政府的威信表示怀疑。但段国务总理从来不否认或抛弃他的代表,他对他们非常忠实,因此,段氏在他的部属中具有强大的个人影响。"①这种"强大的个人影响"一直保持到段祺瑞逝世以后,下面我们要关注的重点就是这些重要幕僚在离开段祺瑞以后的归宿或命运,借以观察段祺瑞的影响力。

"四大金刚"

　　列名"四大金刚"首位的是靳云鹏,他曾两度出任国务总理,也是民国史上的一位重要人物,在第十一章曾介绍过他的简历。本来,靳云鹏与徐树铮应该成为段祺瑞身边最有力的幕僚,但他们二人却逐渐变得势同水火。徐树铮对靳云鹏名位在他之上很不服气,靳云鹏也看不惯徐树铮飞扬跋扈的样子,两人的矛盾日益尖锐。靳云鹏与段祺瑞的关系虽然较近,但他们的关系是在师友之间;而徐树铮则是段祺瑞的嫡系门生,段祺瑞更信任他。而且,徐树铮的政治关系简单,惟一的靠山就是段祺瑞;靳云鹏的关系则复杂得多,他和冯国璋是同学兼同事,与曹锟是把兄弟,和张作霖是儿女亲家。

---

　　① 【美】芮恩施著,李抱宏、盛震溯译:《一个美国外交官使华记》,文化艺术出版社 2010 年版,第 260—261 页。

因此,段祺瑞对靳云鹏的态度有所保留。靳、徐的矛盾逐步表面化,靳云鹏常被气得请假不办公。据说,在讨伐张勋复辟期间,靳云鹏曾怒骂过徐树铮:

> 10号左右,徐树铮来司令部见段,适段外出,徐即到第三层院各室(靳云鹏和其他幕僚在此办公——引者注),在室门和窗外向内窥视,并未进屋即行离去。靳闻之,立即到办公室门外,怒目视徐背后,以山东土话大声骂道:"徐树铮你奶奶的×,你鬼鬼祟祟的干什么?你来查谁呀!你管得着么?婊子的儿,整天价不干人事,出坏主意,你是人做的么?王八蛋。"徐假装没有听见,快步走出中院去了。[①]

如此恶声相向,可见靳云鹏对徐树铮的怨恨有多深。段祺瑞为了缓和两人的矛盾,曾授意曲同丰、吴光新等人进行过调解,但收效甚微。段祺瑞派靳云鹏代表他到外边做各方面的联系工作,以减少靳、徐的摩擦。但靳云鹏认为段祺瑞有意对他疏远,因而心怀不满[②],这也造成了靳云鹏对段祺瑞的疏远。后来,靳云鹏逐渐倒向张作霖那边,不复为段祺瑞所用。

1931年,靳云鹏开始到天津英租界广东路(今唐山道)的由洋行买办陈锡舟创办的居士林去礼佛听经。他还在英租界内比尔道(今四川路)自家设立了佛堂。直系军阀孙传芳下野后,在靳云鹏的劝导之下,也开始笃信佛教。不久陈锡舟病故,租界里的居士林无人操持,靳云鹏与天津大盐商李善人的后代李颂臣商议,最后集资把坐落于老城里东南角的李氏家祠清修禅院改建为居士林。1933年建成后,靳云鹏自任林长,孙传芳任副林长。此后,靳云鹏长期参加居士林吟佛、讲经,很少参与政治活动。"七七"事变后,日本特务头子土肥原贤二多次派人劝靳云鹏放弃隐居生活,与日本人合作,组织华北伪政权,均遭到靳云鹏的婉拒。在民族大义面前,靳云鹏保住了气节[③]。1951年1月3日,靳云鹏在天津南海路寓所病逝,终年74岁。

与靳云鹏相比,段芝贵和傅良佐的晚年命运就显得很不济了。段芝贵(1869—1925年),字香岩,安徽合肥人。一直以来,人们都把段祺瑞称为

---

① 文斐:《我所知道的"北洋三杰"》,中国文史出版社2004年版,第193页。
② 宋凤英:《北洋军阀靳云鹏的沉浮人生》,《文史春秋》2008年第5期。
③ 宋凤英:《北洋军阀靳云鹏的沉浮人生》,《文史春秋》2008年第5期。

"老段"，段芝贵称为"小段"，但"老段"不老，"小段"不小。"小段"辈分大，段祺瑞是他的族侄。段芝贵的族侄段同说，他曾就此事问过奶奶，奶奶语气非常坚定地说："不对，段祺瑞是大字辈的，跟你父亲是一辈的。"这么一来，段芝贵其实应该是段祺瑞的祖辈[1]。

段芝贵从北洋武备学堂毕业后，历任北洋陆军第三镇统制、督练处总参议；入民国后，任驻京总司令官、拱卫军总司令、察哈尔都统、湖北都督、奉天将军、陆军总长等职。直皖战争中

段芝贵名片

任皖军前敌总司令，战败后匿居于天津。1925 年 3 月 12 日，病逝于天津。3 月 22 日，段祺瑞下令从优议恤，给治丧银 5000 元，并派员前往致祭[2]。

比段芝贵早两个月，傅良佐也因病在天津去世。1925 年 1 月 20 日，段祺瑞下令致祭抚恤。傅良佐（1873—1925 年），字清节，祖籍江西，生于湖南省吉首市乾州镇。1894 年在长沙考入梁启超、熊希龄创办的时务学堂，学校停办后被北洋武备学堂录取。后赴日本留学，在陆军士官学校第三期学习，毕业回国后在北洋陆军供职。入民国后，先后任察哈尔副都统兼多伦蓟榆镇守使、陆军高等军事裁判处长、陆军次长、湖南督军等职。直皖战争爆发时，国务总理靳云鹏遭到段祺瑞的斥责，靳云鹏迁怒于傅良佐，将其拘押。被释放后，傅良佐深居京津家中，念经拜佛。

"四大金刚"中的最后一位曲同丰，时运也不济。曲同丰（1873—1929

---

① 宛婧：《无论走多远，我们离不开合肥这个根》，《新安晚报》2014 年 7 月 3 日。
② 李庆东：《段祺瑞幕府与幕僚》，浙江文艺出版社 2010 年版，第 145 页。

年），字伟卿，山东福山（今烟台市福山
区）人。16 岁弃科举业，投"泰安"号军
舰，习轮机驾驶，后调北洋水师主力舰
"定远"号，任二等轮机员。中日甲午
战后入北洋武备学堂学习，后又入日
本陆军士官学校学习。归国后追随段
祺瑞，出任多种军职，并一度担任保定
陆军军官学校校长，后又任参战军第
一师师长、边防军第一师师长。直皖
战争期间，被直军曹锟部俘虏并扣押
解职，1922 年获释。段祺瑞在北京组
成临时执政府，曲同丰随段复起，被任
命为执政府军事参议，晋升陆军上将。
1925 年春，曲同丰被推选为军事善后
委员会委员，7 月底又兼航空署署长。
临时执政府被推倒后，曲同丰避往天
津。不久，应张宗昌之请，赴济南任直
鲁联军第十七军军长，离开了段祺瑞
幕府。1928 年春，直鲁联军被国民革
命军击溃，曲同丰隐居天津。1929 年
3 月 9 日，曲同丰在天津寓所遇刺身
亡，有人说因敲诈未遂，有人说因分赃
不均，有人说为仇家所杀。众说纷纭，
莫衷一是①。

傅良佐

曲同丰

① 李庆东:《段祺瑞幕府与幕僚》，浙江文艺出版社 2010 年版，第 145 页。

大小"财神"

　　曾毓隽和李思浩也是段祺瑞的重要幕僚,人称皖系的两个"财神"。曾毓隽入幕较早,颇善聚财,人称"大财神";李思浩入幕虽然较迟,但也聚财有方,人称"二财神"。他们始终效忠段祺瑞,不辞劳苦四处奔走,千方百计搜罗巨款,支撑着皖系的军事政治设施。

　　曾毓隽(1875—1967 年),字云霈,祖籍福建省长乐县,后迁居闽侯县(今福州市区)。早年就学于福建船政学堂,后被选送出国留学。清宣统二年(1910 年)冬,曾毓隽始入段祺瑞幕府,颇得赏识,被保荐为道员,旋升任邮传部参事。1916 年,段祺瑞任国务总理,曾毓隽被委任为京汉铁路总办,后升局长。1918 年,任交通部次长兼国有铁路督办;1919 年 12 月,任靳云鹏内阁交通总长。

曾毓隽和他写给女儿的信

　　曾毓隽与新交通系走得很近,目的是为了筹措足够多的资金来支持皖系的发展。曾毓隽筹钱的能力有多强,从下面的这件小事可以窥见一二:1918 年秋,张作霖和徐树铮用秦皇岛所截军械编成六个混成旅,但张作霖以四个旅归自己，仅分给徐树铮两个旅。徐树铮愤愤不平，经常找段祺瑞吵闹。某次，徐树铮又对段祺瑞谈起此事，曾毓隽为息事宁人，劝徐树铮何必在此一旅上计较得失。他对徐树铮说："我代汝筹二百万元，为君补充此一旅人马，何如？"①财大气粗若此！直皖战后，曾毓隽逐渐沉寂下去。

1937 年 12 月，日军攻陷南京，一再要求曾毓隽参加南京维新政府。曾毓隽不愿意落下卖国的罪名，婉言谢绝，逃亡香港。次年 3 月，梁鸿志出面组织南京维新政府，致函曾毓隽，欲聘为顾问。梁鸿志在信中说："这聘书是我亲笔写的，务请屈就，每月当致送两千元。"曾毓隽不买账，将聘书退了回去②。新中国成立后，曾毓隽任全国政协文史资料研究委员会委员，写了大量回忆文章。1967 年，病逝于天津。

"二财神"李思浩也有着与曾毓隽相近的筹款能力和晚年生活经历。李思浩（1882—1968 年），字赞侯，浙江慈溪人。早年肄业于京师大学堂，后考中举人，曾在清政府盐政、税务机构任职。入民国后任临时政府盐务署科长、厅长，次年为国家税务筹备处委员；1916 年任北京政府财政次长兼盐务署署长，次年为代理财政总长，6 月兼中国银行总裁；1919 年任财政总长兼盐务署督办。直皖战争后名列安福系祸首之一，被通缉。1924 年段祺瑞复出，再任财政总长兼盐务署督办。

李思浩进入段祺瑞幕府（1915 年秋由徐树铮介绍加入）虽然比曾毓隽晚一些，但他长期主管财政，故其在段祺瑞幕府中的地位和作用并不亚于曾毓隽。他在直皖战前、曹锟贿选总统时和段祺瑞任临时执政后，筹措巨款、捐献私产并解决金法郎案，多次使段祺瑞政权转危为安。1925 年 11 月，因受到冯玉祥国民军监视而逃往东交民巷，第二年退居天津，淡出了政治舞台。

1935 年，日本对华北的侵略更为扩大，华北局势更加紧张，蒋介石电召李思浩去洛阳，被任命为冀察政务委员会副主任委员，并兼下属之经济委员会主任委员，着其当即北上赴任。蒋介石的意图是利用李思浩与日方的关

① 曾毓隽：《忆语随笔》，杜春和等编：《北洋军阀史料选辑》上册，中国社会科学出版社 1981 年版，第 272 页。
② 李庆东：《段祺瑞幕府与幕僚》，浙江文艺出版社 2010 年版，第 165 页。

系,尽可能有所缓冲,以争取时间。"七七"事变后,李思浩南下上海。但李思浩到上海后,上海大部地区也已沦陷,只余租界地区成为日军暂时无法染指的"孤岛"。日方继续派人威胁利诱,迫李思浩出任伪职。梁鸿志也曾致函李思浩,信的内容与给曾毓隽的一样,李思浩则给梁鸿志回了一封措辞委婉的信:"以我们的交情,不必有此一举。我经济上有什么困难,一年向你移借二万四千元,你我这样的老朋友,会不慨然相助吗?况且,我现在还没有如此需要。"①李思浩深感自己危若釜中游鱼,只得避走香港。

太平洋战争爆发后,香港沦陷,李思浩被日军拘押到上海。日本特务头子土肥原贤二曾多次找他谈话,企图拉其下水。后由于日方内部对李思浩的看法不一,且汪伪政权早已开张,也不愿他再插足进来,因此他始终未曾正式下水出任负实际责任的伪职,但在经济上曾得到汪伪政权的津贴,并担任了一些挂名职务,如伪交通银行常务董事、中国通商银行董事、上海四明商业储备银行董事长、《新闻报》董事长等,每月领取多少不等的干薪。

新中国成立后,李思浩任全国政协文史资料研究委员会委员。1968年1月28日,李思浩在上海去世,享年86岁。

"国舅派"系

被称为"国舅派"的幕僚群体形成比较晚,是在直皖战争以后形成的,尽管他们进入段祺瑞幕府的时间并不晚。直皖战争后,对于如何处置段祺瑞和皖系人士的问题上,直系与奉系产生了很大的分歧。曹锟、吴佩孚主张严厉些,而张作霖主宽大为怀。1921年12月,张作霖公开支持亲皖的梁士诒组阁,并提出了恢复段祺瑞的自由、大赦皖系政客和安福系骨干的建议。张作霖的这一态度和做法,为"国舅派"的形成创造了有利条件。

1922年1月1日,梁士诒内阁下令赦免段芝贵、张树元、曲同丰、陈文运、刘询、魏宗瀚等人。在此情况下,一直躲在东交民巷使馆区的皖系"十大祸首"也纷纷逃离北京,其中曾毓隽、李思浩、梁鸿志、姚震、朱深、王揖唐等

<hr>

① 李庆东:《段祺瑞幕府与幕僚》,浙江文艺出版社 2010 年版,第 165—166 页。

人出关依附奉系。张作霖对这些不速之客一律接收,并给安排了职务。恰在此时,吴光新奉段祺瑞之命赶来奉天,试图完成联奉反直的任务。于是,这些寄人篱下的皖系人物便聚集在吴光新周围,以吴光新为核心的"国舅派"便形成了,其中以梁鸿志和姚震为中坚①。

吴光新(1881—1939 年),字自堂,又作植堂、云堂,江苏宿迁人。因其姐嫁给段祺瑞,故经常出入段府,深受段祺瑞的赏识。1903 年 6 月赴日本陆军士官学校炮兵科第三期,次年 11 月毕业。此后历任北洋陆军第三镇炮三标管带、奉天混成协标统、第十三混成协炮标统带、第二军参议官。入民国后,先任第二十师师长;1917 年七八月任长江上游总司令兼四川查办使,率北洋军两混成旅由岳州入川"查办",以举措失当难于立足被迫退出四川;1920 年 2 月,拟被任命为河南督军,以受到赵倜及直奉两系的反对而告挫败。直皖战争期间,吴光新又弄巧成拙,被湖北督军王占元所擒,沦为阶下囚,其贴身卫队被消灭于前,分驻各地之所属被缴械收编于后,皖系因此丧失了相当可观的兵力。

对段祺瑞本人和皖系来说,吴光新是成事不足,败事有余,被认为是既无政治眼光,又乏军事才能,无勇复无谋,是地地道道的平庸之辈。应该说,皖系和段祺瑞一生事业的成败,在很大程度上与这位"小舅子"有关②。皖系中人也对吴光新颇有微词。某一天,段祺瑞邀了几个亲信在家中打牌,闲谈中扯到了"武力统一"的往事。陕西督军陈树藩直言不讳地说:"老师一生许多的事都误于吴三爷(即指吴光新)。"段便说:"小学生又在乱说,小学生又在乱说(因陈树藩系段作保定速成学堂总办时的学生)。"③段祺瑞用笑话来解答,还是有袒护不肯认错的意味。

1932 年,吴光新跟随段祺瑞南下后,住在上海自己的房子里。"七七"事变后,吴光新乘机移居香港,但仍与日、伪保持着某种联系。1940 年秋,吴光新逝于香港,死因至今仍是个谜。据段祺瑞的外孙女傅明夷回忆说:

① 李庆东:《段祺瑞幕府与幕僚》,浙江文艺出版社 2010 年版,第 178 页。

② 陈长河:《直皖战争期间的皖系骨干吴光新》,《安徽史学》2004 年第 3 期。

③ 邓汉祥:《我所了解的段祺瑞》,杜春和等编:《北洋军阀史料选辑》下册,中国社会科学出版社 1981 年版,第 301 页。

"人本来好好的,一个舞女请他去吃饭,回来就不舒服,过了几天就死了。据大人们分析是被人害死的,那顿饭里被人放了一种慢性毒药。但是究竟是谁干的,为什么要害死他,这么多年过去了,始终是个谜。"①可以肯定的是,吴光新没有做汉奸。

梁鸿志(1882—1946 年),字众异,暮年号迂园,祖籍福建长乐,出生于福州城内。梁鸿志六岁那年,他的父亲受清政府派遣,到日本长崎领事馆任职。自幼聪明好学的梁鸿志跟随父母来到长崎,开始在父亲督促下读书习字,成绩优异。在长崎居住了大约两年时间,梁鸿志随任满的父亲,全家又回到中国。1905 年末,梁鸿志入京师大学堂学习,开始涉猎大量文史典籍,学业日益精进。由于梁鸿志才华出众,为人狂傲,很快成为京城学界的名人,故以苏东坡自许。1916 年,经同乡

梁鸿志

曾毓隽和陈征宇的举荐,梁鸿志进入段祺瑞幕府,出任国务院秘书。1918年,任参议院议员兼秘书长,次年 9 月,兼任京畿卫戍总司令部秘书长,成为安福系骨干分子。段祺瑞出任临时执政后,梁鸿志被任命为执政府秘书长。

梁鸿志在后期的段祺瑞幕府中,几乎充当了幕僚长的角色。王楚卿回忆说:"梁鸿志虽是文人,可是个性也很强,什么话必得他说了算,很不愿意接受别人的意见。有一次为了一篇文稿,和许世英争论得面红耳赤,最后还是依了梁鸿志的主意。我们在背后议论,梁鸿志是第二个徐树铮。"②但是,梁鸿志也是好景不长,随着段执政的下台,他也离开了政治舞台。

"七七"事变后,梁鸿志避居杭州,两耳不闻窗外事,整天在寓所内读书

---

① 宋路霞:《段祺瑞家族访谈录(下)》,《江淮文史》2006 年第 4 期。
② 王楚卿:《段祺瑞公馆见闻》,《文史资料选辑》第 41 辑。

做诗。1938年3月28日,在日本人的直接操纵下,以梁鸿志为首的"中华民国维新政府"在南京宣布成立,梁鸿志、温宗尧、陈群等三派人马粉墨登场,管辖苏、浙、皖三省和宁、沪两个特别市。伪维新政府解散后,梁鸿志出任汪伪政府监察院院长。1946年11月9日,梁鸿志以汉奸卖国罪被执行死刑。有人说梁鸿志是像周作人一样,稀里糊涂当汉奸,这是不确的。应该说,梁鸿志是心甘情愿,在上海主动找上日本人去当汉奸的。因为梁鸿志这人在政治上总是爱出风头,不甘寂寞①。

"太子派"系

贾德耀

"太子派"也是后期段祺瑞幕府中的一个重要派别,形成于曹锟贿选总统之初,兴盛于段祺瑞出任临时执政之时,衰落于冯玉祥国民军退出北京之后,前后不过短短的两三年时间②。"太子派"在政治上的主张是联冯(玉祥)抑张(作霖)反吴(佩孚),与"国舅派"的政治主张正好相反。贾德耀和许世英是"太子派"的两个中间人物,他们也担任过重要职务。

贾德耀(1880—1940年),字昆庭,安徽合肥人。初入保定速成学堂,与段祺瑞有师生之谊,后官费留学日本,毕业于日本陆军士官学校第三期步兵科。入民国后,先后任陕南镇守使、陆军部军学司司长、保定陆军军官学校校长等职。段祺瑞出任临时执政后,贾德耀任陆军部次长兼执政府卫队司令,旋升任陆军总长兼训练总监。1926年3月4日,临时执政府改组,贾德耀继许世英为国务总理。

在陕南镇守使任内,与第十六混成旅旅长冯玉祥情谊最契,结为异姓兄

① 施晓宇:《"文化汉奸"梁鸿志》,《政协天地》2013年第4期。
② 李庆东:《段祺瑞幕府与幕僚》,浙江文艺出版社2010年版,第194页。

弟,这也是冯玉祥对曹锟倒戈后贾德耀能够快步走上北京政坛的远因。"三一八"惨案发生后,作为国务总理的贾德耀在各方谴责下难辞其咎,遂于 3 月 20 日决议全体内阁辞职,段祺瑞不允。4 月 17 日,再呈段辞去总理职务。此时吴佩孚密令手下监视段祺瑞,段氏政权处于四面楚歌境地。4 月 20 日,段祺瑞下野离京,临行前下令免去贾德耀本兼各职。这样贾德耀前后代理与正式总理任期从 1926 年 2 月 15 日至

许世英

4 月 20 日共 64 天,后人称"贾德耀内阁为皖系殉葬的内阁"①。"七七"事变后,贾德耀化装逃往天津,潜居于租界内。日本人曾几次派人动员贾德耀出任伪职,均为他所拒绝,保持住了晚节。1939 年贾德耀移居上海,次年 12 月因病故去。

在段祺瑞所有的幕僚当中,许世英是很独特的一位,比其他任何人的从政经历都丰富。许世英(1873—1964 年),字静仁,号俊人,安徽至德(安徽省东至县)人。清末拔贡。早年留学日本早稻田大学,曾参加同盟会。归国后,历任刑部主事、奉天高等审判厅厅丞、山西提法使等职。入民国后,先后担任大理院院长、司法总长、福建民政长等职。袁世凯逝后,许世英投入段祺瑞幕府,仍任大理院院长。直皖战后,他依托大总统黎元洪和国务总理靳云鹏,相继任安徽省省长和司法总长,成为政坛"不倒翁"。

1923 年 6 月,吴佩孚驱逐大总统黎元洪,支持曹锟贿选总统,许世英被迫辞职,加入"太子派"。不久,奉段宏业之命南下联络孙中山、卢永祥等人,在此期间,他以老同盟会员的身份多次拜访孙中山、戴季陶等国民党要

---

① 郎早正、郎章正:《贾德耀:书生投笔,戎马一生》,《合肥日报》2010 年 5 月 27 日。

人①。1929年,许世英被国民政府任命为赈务委员会委员长,主持全国社会救济事业长达八年之久。1936年,在中日全面爆发战争前一年,许世英临危受命,出任中国驻日大使。上任之初,许世英注意到中国大使馆内所驻的日本警卫班问题。清末驻日公使蔡钧任内,因害怕留学生前来冲击,主动请日本警卫班进驻,此后便成惯例。许世英认为中国使馆被日本警卫所监视,失去了完整治外法权,平等外交无从谈起,便要求日本警卫班撤出。此举颇使日本政府感到意外,但在他的强烈要求下,五个月后,日本警卫班终于撤出使馆,移驻馆外大门口②。1938年1月16日,日本政府发表声明:"不以国民政府为对手,是以战争为国策,是以战争解决争执。"这一声明等于宣告与中国断绝国交,20日,许世英奉命愤然下旗归国。

卸任驻日大使后,许世英继续从事赈务工作,积极筹措钱粮,赈济难民。1947年,他出任行政院政务委员兼蒙藏委员会委员长。1948年辞职,移居香港。在香港时,许世英曾是中共的统战对象,不断有人前往其住处做工作,但终未果。1951年,蒋介石派飞机接他到台北,聘请其为"总统府资政"。1964年,许世英病逝于台北,终年九十二岁。

其他幕僚

在其他幕僚当中,最需要叙述的是素有亲日派之称的曹汝霖、陆宗舆、章宗祥,以及彻底沦为汉奸的王揖唐。

曹汝霖(1877—1966年),字润田,原籍浙江,生于上海。幼年入私塾,后中举人。清光绪二十五年(1899年),以官费生资格留学日本东京帝国大学法科,同去的还有陆宗舆、章宗祥等48人。陆宗舆(1876—1941年),字闰生,浙江海宁人。幼年亦就读于私塾,光绪年间中举,后赴日留学,入早稻田大学政经课。章宗祥(1879—1962年),字仲如,浙江吴兴人,与前二位有着近似的早年经历,到日本后与曹汝霖同校同科。

---

① 李庆东:《段祺瑞幕府与幕僚》,浙江文艺出版社2010年版,第195页。
② 毛吉康:《许世英:民国末任驻日大使》,《世界知识》2011年第10期。

这三个浙江人，又都是留日学生，回国后的经历也很相近，结交清朝权贵，进入中央政权机构。入民国后，他们很快就被委以重任，曹汝霖历任外交次长和交通总长等职，陆宗舆历任国务院秘书、财政次长和驻日公使等职，章宗祥则历任大理院院长和司法总长等职。袁世凯去世后，他们又投入段祺瑞幕府，包办"西原借款"，参与中日军事条约的签订，前面已有评述，此处不再重复。五四运动中那句著名口号"外争国权，内惩国贼"，所说的"国贼"即是指他们三人。但是，他们三人还做了一些事情，因"国贼"的恶名遮蔽而鲜为人知。

先说曹汝霖。辛亥革命后，曹汝霖辞去公职，申请律师证书，居然是"第一号"，成了民国的"头号"律师，并打赢了几桩官司。五四运动时，曹汝霖才42岁。此后他没再任过要职，似乎也没有东山再起的企图，而是热衷于慈善活动。每年冬天，曹家都向拉洋车的车夫施舍100套棉衣。施舍的方式也比较特别，每次由家里当差的抱着几套棉衣出门，看见街上有衣不蔽体的车夫，便雇他的车，拉到僻静的小胡同，叫车停下来，施舍给车夫一套，然后再去物色下一个对象。据说这个办法可以避免棉衣被人冒领。

上世纪20年代，由曹汝霖发起，共有20多人出资，在北京阜城门内白塔寺沟沿建了一所医院，取名中央医院。医院落成并买进所需医疗器材后，尚余20万元，存在由曹汝霖代管的新亨银行。中央医院属于慈善性质，用这20万元支撑医院的开支，穷人来看病，一概不收医疗费。曹汝霖一直担任中央医院的院长、名誉院长等职，经费方面都由他筹措，但他不从医院拿任何薪水，只有他到医院时，由医院给他的汽车灌满汽油[1]。

"七七"事变后，曹汝霖曾公开表示要以"晚节挽回前誉之失"，不在日伪政权任职。汉奸王克敏为拉拢他，给他挂上"最高顾问"的虚衔，王揖唐出任伪华北政委会"委员长"，又追加他一个"咨询委员"的空衔，不过曹汝霖从不到职视事。抗日战争胜利后，曹汝霖迁居上海，先被短暂囚禁，后释放。1949年先去了台湾，后迁居日本、美国。1966年8月，曹汝霖病逝于美国底特律。

---

① 刘仰东：《五四运动以后的曹汝霖》，《人民政协报》2010年10月28日。

再来说陆宗舆。清光绪十二年(1906年)冬,陆宗舆以三等参赞的职务陪同五大臣出访欧美。第二年秋天归国后,陆宗舆将考察成果写成一本《欧美政治要义》,朝廷据此制定新官制,废除了延续一千多年的科举制度。陆宗舆还是首钢一号炉的打造者。1921年春,主持"龙烟铁矿公司"筹建事务的陆宗舆将从美国购买的大型冶炼设备运抵北京西南的石景山,断断续续安装了十数年,直到1945年才炼出了第一炉铁水①。然而,1940年汪精卫成立伪国民政府后,陆宗舆被聘为行政院顾问,附逆为汉奸。1941年6月1日,陆宗舆病死于日本,他没有葬回家乡海宁,而是葬在了石景山福寿岭的东山坡。

最后说章宗祥。留学归国后,章宗祥为清政府编过商法,还参与了清末新政时期的中国法律改革,对于新刑法和商法的改革颇有贡献。清光绪三十一年(1905年),章宗祥和董康联合纂拟了《刑律草案》(稿本),属于中国近代法史上第一部由国人自己主持起草的刑法草案。此草案开始采用了现代刑法的体例,模仿日本,折衷中西,并率先引入了罪刑法定主义,以及惩治教育的立法宗旨,堪称中国近代刑法典的开篇之作。② 1931年3月,章宗祥应汉奸王揖唐之邀到北平出任"华北政务委员会"咨询委员,1942年又任伪华北政务委员会咨询委员、伪电力公司董事长。日本投降后,章宗祥迁居上海,以汉奸罪被捕,后被释放。1962年10月1日,章宗祥在上海病逝。

在他们三人当中,曹汝霖与段祺瑞的关系最为密切。曹汝霖曾在回忆录中提到段祺瑞为其父去世吊唁的往事,可以窥见一斑:"大殓之日,吊客寥寥,独合肥向不预闻婚丧事之人,亲来吊唁,且劝慰我说,尊翁已近古稀之年,死生有命,不必过于悲伤,保身即是安亲心。余且哭且诉,因我政治关系,而祸延老父,焉得不痛心,若非吴佩孚无理通缉,我不来津,老父亦不会冒暑而来。言已大哭,合肥亦含泪劝道,我也知道你心中的委曲,奈秀才碰

---

① 韧雾:《千夫所指的曹汝霖、章宗祥、陆宗舆不仅仅是"卖国贼"》,《文史参考》2011年第11期。

② 韧雾:《千夫所指的曹汝霖、章宗祥、陆宗舆不仅仅是"卖国贼"》,《文史参考》2011年第11期。

了兵有理说不清何？当此炎暑，保身为重，即叩别。"①也正因为他们之间存在着密切的关系，曹汝霖才为段祺瑞背负了不少骂名。

作为安福系的头目，王揖唐也属于后期段祺瑞幕府中的一位重要幕僚。王揖唐(1878—1948年)，字慎吾，初名志洋，再名什公，后又改名为赓，字一堂，号揖唐，别号逸塘，安徽合肥人。王揖唐先是考中秀才，1904年又在清王朝最后一次科举考试中高中进士，被分派去兵部主事。同年9月，以进士身份由北洋督练公所保送至日本东京振武学校学习军事，后转入东京政法大学。入民国后，王揖唐一度成为袁世凯身边的红人，及袁氏逝后又入段祺瑞内阁，担任内务总长。王揖唐对段祺瑞政治上最大的支持，就是操控安福国会为皖系政权服务。

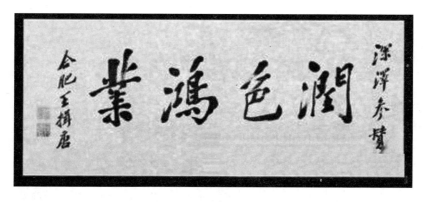

王揖唐的书法作品

"七七"事变后，王揖唐频繁与日本侵略者接洽。伪临时政权在北平成立，王揖唐作为"创始"人之一，出任行政委员会常务委员兼赈济部总长的伪职。1938年9月，华北临时政权和南京维新政权在北平成立"联合委员会"，王揖唐任委员。

汪伪政权成立后，王揖唐出任伪中央政治委员会委员、汪伪政权考试院院长。王揖唐还利用汪精卫的势力和影响，赶走了王克敏，自己当上了伪华北政务委员会委员长兼内务总署督办，成了名副其实的"华北第一奸"②。

---

① 曹汝霖：《曹汝霖一生之回忆》，中国大百科全书出版社2009年版，第240页。
② 杨飞：《"华北第一奸"王揖唐人生沉浮录》，《名人传记》2012年2月（上）。

抗战胜利后，王揖唐在北平被捕。1948 年 9 月 10 日，王揖唐以汉奸罪在北平姚家井第一监狱被处以死刑。

从这些人的晚年经历中，我们可以清楚地看到，除了梁鸿志、王揖唐切切实实地为日本人做事，甘为汉奸以外，段祺瑞幕僚中的绝大多数在重大是非问题上把握好了分寸。

第十七章　身后荣辱几度沉浮

　　誉满天下,谤满天下。段祺瑞在民国政坛上活跃了近十年的时间,而且长期执掌国柄,对他的评说自然会纷纭复杂。1949 年以后,随着政治形势的变化,段祺瑞也和昔日民国政坛上的其他当权者一样,都被归为"另类"。回顾段祺瑞逝世后至今各方面的不同评价,也是反思中国现代化进程的一个独特视角。

毁誉参半

　　段祺瑞在世时,就有人为他做传记,赞之者不少,谤之者也不少,可称为毁誉参半。胡晓总结过:"段祺瑞是一位影响较大、颇受争议的历史人物,对于他及北洋皖系的评说研究,同时代人已经开始,除了大量散见于各种报刊的文章外,二三十年代出版的书籍也很多,如《段祺瑞》、《段祺瑞秘史》、《合肥执政年谱初稿》、《前临时执政段公芝泉事略》、《段氏卖国秘史》、《段氏卖国记》、《安福祸国记》、《安福趣史》、《安福痛史》、《安福俱乐部》、《督军团传》、《西原借款真相》、《直皖秘史》、《直皖战争全史》、《直皖直奉大战实记》、

《善后会议史》等。"①在这十六种著作中,前六种属于段祺瑞传记性质的作品,后十种也与段祺瑞有莫大关系,但不够直接了。

胡晓上面所列举的《段祺瑞》一书是由沃丘仲子撰写的,上海广文书局1920年出版,是第一部段祺瑞传记。沃丘仲子,原名费行简(1871—1954年),字敬仲,沃丘仲子是其笔名,江苏武进人(一说为浙江湖州人)。少时居于四川,王闿运的弟子,曾任仓圣明智大学教务长,民国初年黎元洪主政时期,他曾被推为四川省代表,1925年任临时参政院参政,新中国成立后曾被聘为上海文史馆馆员,1954年9月6日病逝于上海。著有《慈禧传信录》、《近代名人小传》、《民国十年官僚腐败史》、《观堂先生别传》、《当代名人小传》、《清代贵州名贤像传》、《清宫秘史》、《徐世昌》等。

《段祺瑞》全书分为上中下三编,上编为"段祺瑞之历史",中编为"段祺瑞之政绩",下编为"段系之人物"。该书的主基调是颂扬段祺瑞的政绩,作者自述其编写动机为"合肥实为民国重要之人物,而其所行政策国内国外之关系,国人皆宜略知其梗概,以为彰往察来之鉴,此本编之所由做也。"并解释说:"编者与段氏既无好恶之私,凡所传述初无成见。顾其为人沉默简易,不尚脂韦,更考其生平,亦复悛悛寡欲,似非当世武人所能比拟。兹编既专识事实,知人论世,请以俟诸君子。"②可以说,沃丘仲子的《段祺瑞》一书确乎是忠于事实的著作,虽略有夸张成分,却没有人为拔高之嫌,是正面评价段祺瑞的一部代表作。

对段祺瑞持否定态度的,应属《段氏卖国记》为最,该书的作者是温世霖,也是作于段祺瑞在世之时。温世霖(1870—1935年),字子英(一作支英),直隶天津(今天津市)人。幼聪敏,考取秀才。因家道中落,放弃举业,曾在官署担任文案,获有候选府经历职衔。1901年以后,他在本村设立女子家塾,在天津城内创办普育女学堂,并任监督。当时风气未开,大为士林所不齿,也遭到本族人的责难,但他办学意志愈益坚定。随着各项新政的举行,其事业终于获得社会公认,声望也逐渐提高,成为天津的知名人士。

---

① 胡晓:《段祺瑞及北洋皖系研究述评》,《安徽史学》1996年第4期。
② 沃丘仲子:《段祺瑞》上编,上海广文书局1920年版,第2—3页。

1907年天津县议事会成立,他当选为议员。1908年5月,他发起速开国会请愿,并被推举为代表到北京呈递请愿书。1909年,他又参与筹办直隶自治研究所和直隶宪政研究会。因多次率众请愿,被直隶总督陈夔龙逮遣戍新疆、西藏。辛亥革命后始返天津,曾一度东渡日本,参加同盟会。后当选为众议院议员,1914年袁世凯解散国会,潜逃山东。袁世凯逝后回津仍为众议院议员。1923年当选为国会议员,同年组成全民社任社长。曾去广东投靠孙中山,任广东护法军政府参事。后返回天津,从事社会公益事业和兴办教育等活动。

温世霖

　　温世霖的民党立场,注定他要成为段祺瑞政权的反对派。在《段氏卖国记》一书中,温世霖毫不客气地写道:"段氏神志昏浊,甘自暴弃,直一不能自了之无能力者,而政治常识与政治道德,更无论点。段氏嗜鸦片、围棋、麻雀,如布帛菽粟。每日起床甚晏,吸烟饮膳,耗时甚久,到国务院办公不到两小时,陆军部则终年一不至署。退食之后,先吸鸦片,再与门客王照对弈两局。晚间则召集徐、靳、傅、曲诸嬖倖,雀战终夜。客之来谒,除势位相埒或有特别关系者,自行接晤,其余概委之丁锦或罗凤阁接见。凡院部之军国大计,胥委徐、靳、曾、傅自由处理。大权旁落,信用金壬,以故当国两年,内政外交无不日趋隳坏,陷于国亡种灭之境。且其为人褊狭娟嫉,爱憎由私。其所恶者,虽贤必摈,如孙洪伊、李长泰、吴佩孚等是也。其所善者,虽恶不黜,如徐树铮、靳云鹏、曹汝霖等是也。意气用事,罔恤国家,不但无新式政治家之精干敏练,亦无旧式政治家之厚重老成。直如破落纨绔子弟,受劫持于干仆豪奴,一任他人之处置播弄,自己毫无感觉者。以如此之人才,即使当专制承平之政局,亦不堪其任,况应付世界之潮流,当此内忧外患多难之中国,

有不鼎折覆 贻误国家者乎?"①攻击性的语言竟然不顾事实,捏造段祺瑞吸食鸦片的谎言,可信度令人质疑。

《合肥执政年谱初稿》是吴廷燮受王揖唐、张伯英、曾毓隽之嘱编撰的,完成于 1938 年 10 月。这几人都追随段祺瑞,与段祺瑞关系密切,曾毓隽还是段祺瑞任江北提督期间的幕僚。吴廷燮(1865—1947 年),字向之,室名景牧堂,江苏江宁(今南京市)人。清光绪二十年(1894 年)举人,历任山西省通判、同知、知府,清末民政部右参议,度支部、法部等参议,宪政编查馆编修;1914 年任政事堂主计局局长,1916—1928 年任国务院统计局局长,兼清史馆编修;后任清史馆(一说古学院)总纂。纂有多种年表、要录,并自订年谱,著有《景牧堂文集·别集》。《合肥执政年谱初稿》,是他为段祺瑞所作的第一部年谱。吴和段为同年生人,有上下级关系,认为段祺瑞"有造于吾华者,煊然赫然","光明磊落,度越今古","合肥之行藏,非一人之得失,乃关一国之兴替"②。中华书局已于 2007 年将《合肥执政年谱初稿》整理重印,定名为《段祺瑞年谱》,是今人研究段祺瑞生平事迹必不可少的一部著作。

根据笔者的初步考察,段祺瑞去世前后,对他的评价以正面的为多。贾逸君在其 1937 年出版的《中华民国名人传》中评价说:"段氏为一武人,民国以来,屡执政柄,惟刚愎执拗,政绩殊寡。然能不顾利害,言行一致,常保操守,亦有足多也。"③"不顾利害,言行一致,常保操守",也是政治家的良好品格,此评价不谓不高。甚至连国民党元老李烈钧当时亦赞叹:"回忆辛亥建国,中山倡之,而合肥和之;马厂起义,则合肥倡之,而中山和之;是中山与合肥在民国已往之历史已有至大之关系,为全国人所敬仰","中山与合肥实吾国两大天柱,兹不幸折其一矣! 后此两公应负之责任,则合肥一人应负之。"④李烈钧的言辞可能有些过头,但国民党人对段祺瑞的评价如此之高,也不多见。

① 温世霖:《段氏卖国记》,中华书局 2007 年版,第 301—302 页。
② 吴廷燮:《段祺瑞年谱》,中华书局 2007 年版,第 130 页。
③ 贾逸君:《民国名人传》,岳麓书社 1993 年版,第 133 页。
④ 李烈钧等:《党人三都传》,上海书店出版社 2000 年版,第 132 页。

身后萧索

段祺瑞死后，且不说他的坟茔长期修不好，无法入土为安，就连他与军政要人交通的书信、六十寿庆时的《延庆录》也没能保留下来，真是件遗憾的事。现将王楚卿的回忆转述如下：

段祺瑞晚年照

这天有个过去在段公馆里的旧同事来找我，说："日本人催着段府上腾房呢。大爷（段宏业）派大旺（段宏业之子）来了，咱们去看看，顺便给帮帮忙，你看怎么样？"我想，多少年的关系，这也是份内的事，便和他一块儿到南门仓去。一进大门，看见赵文贵带着几个伙子忙得两脚朝天，还有段家几个亲戚在旁边跟着忙合。院子里点着了一堆火，大旺指挥着伙计们把许多书、报、文件，一堆一堆地抱着往火堆里扔，旁边还有几个人拿着小棍在火里拨弄着，免得火势太大了，把房子点着了。老段六十岁的时候，曾经办过一次六十大庆，当时政府要人如吴佩孚、靳云鹏等等都送有诗文、对联,事后段公馆曾把它印成两册《延庆录》,粉纸铅印,装订得相当考究。这本《延庆录》印成以后,曾经分送给亲友们作为纪念,但公馆中还剩下不少,现在就一本一本送到火堆里烧化了。不但如此,连段祺瑞生前虔诚讽诵的佛经,也没有逃出这场劫数。我在旁边跟着招呼料理,信手一翻,看见一捆一捆的信件,拆开大致看看,都是过去军政要人和老段往来的私信,有许多是本人亲笔写的。我当时自然不了解这些信件都是很宝贵的第一手文史资料,也送到火堆里付之一炬。大家正在忙乱的时候,有一个段家的亲戚,忽然从火堆里拿出一册很大的木版线装书,拿过来看了两眼,大声向大旺说:"这是你府上的家谱呀,也烧了么?我看应当留一留吧!"大旺点点头。但在书堆里找了半天,再也凑不成全部,大概已经放在火堆里烧成灰烬了。

公馆里的文件、书籍烧完以后,接着就把各种木器家具和房内摆设的古董玩物,陆陆续续抬到公馆门口一字排开陈列起来,于是大街上立刻形成了一个临时的小市。北京城里的拍卖行、古玩店都派了有眼力的伙计前来瞧货。这些家具、古玩,很快就被这些商人们用很低的价钱成批买去。①

段家家谱也没逃脱厄运,这是段祺瑞后人目不识丁、不敬祖宗,还是命运使然?反正这些珍贵的第一手史料就这么被付之一炬,以至于今天的研究者为还原历史真相苦苦思索而不得其所,文献资料的缺失自然是最重要的原因。那么,日本人为什么要段府搬家呢?因为"七七"事变后,中国军队战事失利,被迫退出北平,于是"日本的机关、军队、文武官员陆续进入北京,一方面大兴土木,一方面便尽量占用北京原有的王公府第大小公馆,段祺瑞的南门仓公馆自然也被日本人看中了。由于段祺瑞生前和日本人有些因缘,遂由日人城口出面交涉,给了段家四十万块钱将房产买下。"②段祺瑞生前就置办了这么一处像样的宅子,还被日本人强买而去,他身后的萧索之状于此可见一斑。

---

① 王楚卿:《段祺瑞公馆见闻》,《文史资料选辑》第41辑。
② 王楚卿:《段祺瑞公馆见闻》,《文史资料选辑》第41辑。

说段祺瑞身后萧索，还在于他的子女没有人为他传播事功。段祺瑞去世后，国内政局大变，在日本侵略成性的年代里，段祺瑞成了被遗忘的人。再加上长子段宏业不成器，为他辩诬或扬善的人就更少了。但跟随在他身边有年的侄子段宏纲是随时随处维护他的名声的，有一年，他看到上海一张小报上讲段祺瑞轶事，其中讲到段祺瑞吸食鸦片烟，气得不行，大骂"混账！"说来也巧，写文章的正是他孩子的国文教师范烟桥。于是，段宏纲就把范烟桥约到家里来，耐心地跟他讲，老太爷周围的确是有不少人吸食鸦片，但是老太爷本人的确是一口鸦片也没有吸过。若不信，可以作调查，那时与段祺瑞有交往的大有人在。范烟桥听后觉得言之有理，在后来写的文章里作了纠正[①]。

段宏纲尽管是段祺瑞身边最亲近的人，也帮助他处理过许多家里和政治上的事情，但段宏纲后来的处境却并不怎么好。跟随段祺瑞到上海后，国民政府曾许以国府委员的名义，但这个国府委员并没有当成。那时段宏纲才30来岁，从来没有在国民政府系统里工作过，大概有关方面嫌他资历浅，没有同意发表，建议给个立法委员，结果立法委员也没有当成，最后当了个监察委员，在南京上班。于是他们全家就搬到了南京，住在东厂街17号。监察委员是个较清闲的职位，段宏纲就有机会常常往上海跑，帮段祺瑞跑跑腿，处理些杂事，照应他们的生活。"七七"事变后段宏纲避到香港，他的夫人带着孩子们到上海，住在愚园路张佩蘅居所的马路对面。太平洋战争爆发后，段宏纲与李思浩、唐寿民、梅兰芳等都遭到日本人的软禁，不久又一同被押回上海，后来担任四明银行的董事。段宏纲在"文革"期间去世，他的遗嘱竟是要葬在老太爷的脚底下[②]。那时，段祺瑞已被视为"反动军阀"，坟墓也遭到挖掘，段宏纲有如此胆识，算是传承了段祺瑞的精神衣钵。

"反动军阀"

1949年以后，新政权的建立，对历史进行了全方位的反思与评价，段祺

---

① 宋路霞：《段祺瑞家族访谈录（下）》，《江淮文史》2006年第4期。
② 宋路霞：《段祺瑞家族访谈录（下）》，《江淮文史》2006年第4期。

瑞被归为"反动军阀"之列。近些年,有研究者凭借搜罗到的一些零星史料,得出了新政权并没有歧视段祺瑞的结论,颇有些唐突。1953 年春,段式巽去北京,章士钊、李济深两位老人对她说:"政府买下你段氏一处产业,付款三千元,使用你们的房产,也按粮价折款付给租赁费,何曾作'敌产'对待?"①政府买下段氏的产业,不做"敌产"看待,也不能说明政府对段祺瑞的评价有了多大变化。

还有人将毛泽东的一些批语看作为段祺瑞"平反"的证据,同样是经不住推敲的。1951 年 9 月 28 日,章士钊写信给毛泽东,反映张之洞、段祺瑞遗属生活窘困,所遗住宅,法院已判归政府没收,生活难以为继,要求政府给以特别照顾等等。第二天,毛泽东作了一些批语,转给时任北京市委书记的彭真处理。兹引述如下:

> 在来信说到"曩者传谈偶及前清遗老与北洋军阀皆不是人民敌人,政府可能予以照顾"处,毛泽东批:"因时间已久,人民已淡忘了,非谓过去也不是人民的敌人。"

> 在来信说到段祺瑞"在派系私斗上虽有失德,却无反革命之举"处,毛泽东批:"有三一八惨案。"

> 在来信说到段祺瑞"按其征讨复辟、对德宣战以及晚年抗日南下诸节,皆不失为革命荦荦大端"一句中"晚年抗日南下"处,毛泽东批:"只此节可取。"

> 在来信说到段祺瑞所遗吉兆胡同住宅"所谓经敌人购买一节","乞公批交有司彻查,加以了解,能不没收最妙,万一不能亦希别筹照顾方式"处,毛泽东批:"此事可商。"②

从这四处批语中,我们可以清楚地看出,毛泽东的态度是很鲜明的。"非谓过去也不是人民的敌人","只此节可取",说明对段祺瑞的可肯定之处是为数极少的,而对"三一八"惨案的定性仍是反革命性质的,这个罪名在当时可不轻。联系前面所引的那条史料,只有段祺瑞留下的宅子未被按"敌

---

① 祁建:《晚年段祺瑞》,《志苑》2004 年第 8 期。

② 《对章士钊反映张之洞、段祺瑞遗属情况来信的批语》,《建国以来毛泽东文稿》第二册,中央文献出版社 1988 年版,第 461—462 页。

产"对待,算是稍稍安慰了一下段氏后人的心。

段祺瑞既然被视为"反动军阀",他的后人也会受到不公正的待遇,长孙段昌世就是一个明显的例子。20 世纪 50 年代初期,地方上号召检举揭发反革命,段昌世的妻子龚氏就去揭发他是日本特务,因为他的另一个妻子山崎是日本人。地方有关部门没有经过认真的调查研究,就凭他是段祺瑞的孙子,又娶了个日本女人当姨太太,眼下又是自家人出来揭发的,估计不会有错,于是就定为特务给镇压了[①]。龚氏揭发了丈夫,却并没有被视为有功人员,反而成了反革命家属,"文革"中还要跟她算账,以至于后来精神失常了。山崎的处境也不好,在"文革"期间走投无路,自尽身亡。他们的遭遇,还不是因为段祺瑞"反动军阀"的政治身份所累。

另一方面,由于教条主义、主观主义的影响,把段祺瑞及北洋皖系作为"反动人物和集团",缺乏深入细致的研究,成果相对较少,除了 1950 年代出版的陶菊隐《北洋军阀统治时期史话》和来新夏《北洋军阀史略》涉及皖系,加上荣孟源、彭明、章伯锋、汤志钧等发表的几篇论文外,几乎谈不上专门研究[②]。在 1949 年以后的很长一段时期内,段祺瑞似乎淡出了国人的视野。

仿佛与段祺瑞的不济命运相映衬,段家祠堂遭到意外损毁。合肥的段家祠堂当年坐落于今淮河路与六安路交口的西北角,庞大的建筑群分为祠堂、公馆、花园三部分,占地 200 多亩,雕梁画柱,不一而足。段家祠堂是段芝贵修建的,据说,整个建筑群共花费 6 万多块银元。据合肥民俗专家牛耘介绍,当年的段家祠堂是合肥留存的古建筑中唯一使用琉璃瓦的,规格非同寻常。1949 年后,段家祠堂曾作为军管会临时驻地,后转作他用。1974 年,因失火导致段家祠堂被毁。

柳暗花明

改革开放以后,随着政治形势的好转,民国史研究逐渐解冻,对段祺瑞

---

① 宋路霞:《段祺瑞家族访谈录(下)》,《江淮文史》2006 年第 4 期。
② 胡晓:《段祺瑞及北洋皖系研究述评》,《安徽史学》1996 年第 4 期。

及皖系军阀的研究也呈现出一个新气象。首要的表现是多种传记和著作的问世，计有：黄征、陈长河、马烈《段祺瑞与皖系军阀》(河南人民出版社 1990 年版)，季宇《段祺瑞传》(安徽人民出版社 1992 年版)，周军、周延柏主编《皖系北洋人物》(安徽人民出版社 1993 年版)，周俊旗、汪丹《段祺瑞真传》(辽宁古籍出版社 1997 年版)，程舒伟、侯建明《北洋之虎·段祺瑞》(黑龙江人民出版社 1997 年版)，李庆东《段祺瑞幕府》(岳麓书社 2001 年版)，程舒伟、侯建明《段祺瑞全传》(黑龙江人民出版社 2001 年版)，莫建来《皖系军阀统治史稿》(天津古籍出版社 2004 年版)，周俊旗《百年家族——段祺瑞》(河北教育出版社 2006 年版)，李勇、周波《北洋虎将段祺瑞》(百花文艺出版社 2007 年版)，胡晓《段祺瑞年谱》(安徽大学出版社 2007 年版)，苏飞《细说北洋——段祺瑞》(内蒙古人民出版社 2009 年版)，李庆东《段祺瑞幕府与幕僚》(浙江文艺出版社 2010 年版)，段民安《段祺瑞传》(九州出版社 2012 年版)。

其次，是对段祺瑞的评价有了根本性的变化，从原先的全面否定逐渐转向客观的评价。以段祺瑞政府与日本的关系为例，章伯锋先生下了很大功夫，他从 20 世纪 60 年代就开始了这一课题的研究，陆续发表了一组论文，《皖系军阀与日本》的出版可视为一个总结。这本书共分 12 章，29 万字，从方方面面分析了 1916—1920 年间北洋皖系统治时期的段、日关系，涉及了这一历史过程中的许多重大事件，最后得出一个结论：皖系军阀的统治主要依靠日本帝国主义的支持和援助。皖系军阀能够连年对南方发动战争，其庞大的军政费用开支主要依赖新交通系所经手的对日借款。段祺瑞为了换取日本的实力援助，只要给钱给军火武器，什么国家主权、民族利益都可以廉价拍卖，从铁路、矿山、工厂到各种税收，都被段祺瑞作为各种名目借款的抵押和担保，其卖国的本领远远超过其前辈袁世凯，在北洋军阀各派系中也是非常突出的。但是，章伯锋之后的研究，已逐步突破了段祺瑞亲日卖国的传统观点，并将研究范围扩展到段祺瑞出任临时执政时间，甚至有研究者将晚年段祺瑞南下的举动称为"抗日情结"①。

---

① 宋凤英:《"亲日军阀"段祺瑞晚年的抗日情结》,《文史天地》2011 年第 3 期。

胡晓编著《段祺瑞年谱》,这是迄今为止记述段祺
瑞生平事迹最详尽的一部著作

再次,一些研究人员对段祺瑞后人的采访,以及段祺瑞家族后人积极展
开的寻根活动,丰富了段祺瑞家族史料。合肥地方史专家戴健和马骐曾在
上世纪90年代初,赴上海采访段祺瑞三女儿段式巽,收获了一批可贵的口
述史资料。天津社会科学院周俊旗在段祺瑞孙女、段宏业小女儿段惠敏的
帮助下,编制了《段祺瑞家族世系简表》《段祺瑞家族大事年表》。上海研究
近代家族的宋路霞,近年来陆续采访了不少段家后人,推出了一些成果,如
《段祺瑞家族与李鸿章家族的陈年往事》《段祺瑞家族访谈录》等。近年来,
段祺瑞后人在网上开办“段祺瑞纪念馆”,用祭奠先祖的方式互相联络,尤其
是在段氏家族老照片的收集及京津沪段公馆的研究上取得了一定成绩。

但是,对段祺瑞的研究仍存在着很大的不足,有学者指出过:"20 年来,除出版的一些中华民国史和北洋军阀史的资料集中涉及皖系外,有关段祺瑞的专门资料集则几乎看不到。一些出版社以近现代史料丛书的形式,大量翻印 1949 年以前的出版物,对查找原书不易的研究者来说,是颇有价值的,但其中关于皖系尤其是段祺瑞本人的资料也相对较少。因此,深入挖掘段祺瑞的原始资料,如档案、书信、日记、公文、诗文等,应该是今后工作的一个努力方向。"①此言不虚,有关段祺瑞的原始资料不仅挖掘不够,即使是已经发现的也缺乏系统整理。民国前期许多人物的文集都已经问世,独独没有《段祺瑞集》,这确是一个遗憾。随着时间的流逝,以口述史形式记录的段祺瑞生平事迹会越来越少,还可能会出现史料失实的现象,需要引起研究者的警觉。

---

① 胡晓:《近 20 年来大陆段祺瑞及北洋皖系研究述评》,《安徽史学》2010 年第 6 期。

附录一　段祺瑞生平大事年表

　　1865 年 3 月 6 日(清同治四年二月初九),生于安徽省六安县太平集。其祖父段佩(亦作珮)为淮军统领,其父段从文居家务农。

　　1868 年(同治七年),四岁,随父母从六安太平集迁居寿州炎刘庙。

　　1870 年(同治九年),六岁,段从文在合肥西乡城西桥大陶岗购置百余亩田地,全家定居于此。

　　1872 年(同治十一年),八岁,随祖父段佩在宿迁读书,并开始接触军营生活。

　　1879 年(光绪五年),十五岁,祖父段佩卒于宿迁,护灵枢归葬合肥西乡何家巷。

　　1881 年(光绪七年),十七岁,只身投奔在山东威海任管带的堂叔段从德,补营哨书,开始军旅生活。

　　1882 年(光绪八年),十八岁,父段从文在离家不远的西七里塘遭劫被害,请假奔丧未获批准。

　　1883 年(光绪九年),十九岁,母范氏病故,请假奔丧,旋即回营。

　　1885 年(光绪十一年),二十一岁,李鸿章在天津创办北洋武备学堂,段祺瑞考入该校炮科学习。

　　1886 年(光绪十二年),二十二岁,与江苏宿迁举人之女吴氏结婚。

1887年（光绪十三年），二十三岁，以"最优等"成绩毕业于北洋武备学堂，奉派赴旅顺监修炮台。

1888年（光绪十四年），二十四岁，1月30日（十二月十八日）长子段宏业出生。是年冬，李鸿章奏请选派北洋武备学堂学生出洋留学德国，段祺瑞考取第一名。

1889年（光绪十五年），二十五岁，春，至德国入柏林军校学习，后入世界著名的克虏伯炮厂实习炮工。长女段宏淑（亦称式萱）出生。

1890年（光绪十六年）秋，二十六岁，自德国归来，奉派为北洋军械局委员。

1891年（光绪十七年），二十七岁，奉派赴山东威海办理随营武备学堂，任教习。

1894年（光绪二十年），三十岁，中日甲午战争爆发，日军进攻威海卫时，曾督率学生协守炮台。

1896年（光绪二十二年），三十二岁，在天津小站新建陆军中任炮队统带，并兼任炮队随营学堂监督。

1898年（光绪二十四年），三十四岁，9月9日（七月二十四日），以北洋新建陆军创设随营武备学堂期满告成，给予炮队学堂监督段祺瑞等升叙加衔。12月，在武卫右军统领炮队，并总办随营学堂。冬，荣禄推荐王士珍、段祺瑞、冯国璋等赴日本观操。

1899年（光绪二十五年），三十五岁，与徐世昌、王士珍、冯国璋等编纂完成《训练操法详晰图说》。是年，袁世凯署山东巡抚，随武卫右军开赴济南。

1900年（光绪二十六年），三十六岁，夫人吴氏病故，卒年三十四岁。

1901年（光绪二十七年），三十七岁，5月31日（四月十四日）续娶张佩蘅为妻。11月7日（九月二十七日）袁世凯奏准段祺瑞留在直隶襄助，以知府补用，仍统炮队并总办随营学堂。是年初识徐树铮。

1902年（光绪二十八年），三十八岁，率兵剿灭广宗、威县地区的景廷宾起义，被赏戴花翎，由正三品候补知府升为正二品候补道。是年次女宏彬（亦称式彬）出生。

1903年（光绪二十九年），三十九岁，庆亲王负责练兵事务，段祺瑞以直隶补用道充军令司正使，冯国璋为副使。

1904年（光绪三十年），四十岁，6月（五月）任陆军第三镇统制，编练第三镇。是年三女宏巽（亦称式巽）出生。

1905年（光绪三十一年），四十一岁，2月（正月），调任北洋陆军第四镇统制。9月（八月），调任北洋陆军第六镇统制。10月（九月），北洋军在直隶河间府举行秋燥，担任北军总统官。

1906年（光绪三十二年），四十二岁，2月（正月）回第三镇任统制，驻保定。3月17日（二月二十三日），授福建汀州镇总兵，仍留原任未就。5月8日（四月十五日），陆军行营军官学堂成立于保定，段祺瑞任督办。10月，清廷在河南彰德府举行南北两军会操，段祺瑞编练的第三镇被指定为北军。11月长子宏业娶妻秦氏。是年四女宏筠（亦称式筠）出生。

1907年（光绪三十三年），四十三岁，10月16日（九月初十）授镶黄旗汉军副都统。奉令督办北洋陆军各学堂。五女宏英（亦称式英）出生，9岁夭折。

1908年（光绪三十四年），四十四岁，10月17日（九月二十三日）任会考陆军留学毕业生主试大臣。是年孙女昌馨（玫）出生。

1909年（宣统元年），四十五岁，3月5日（二月十四日）长孙昌世出生。10月（九月）复任第六镇统制。是年六女宏荃（亦称式荃）出生。

1910年（宣统二年），四十六岁，5月25日（四月十七日），清廷以督办北洋陆军学务有功，赏段祺瑞头品顶戴。12月18日（十一月十七日）赏侍郎衔，并署江北提督，驻师江苏清江浦。

1911年（宣统三年），四十七岁，10月10日（八月十九日）武昌起义爆发。10月（九月）被召回京任第二军军统。11月13日（九月二十三日），赴山西处理"吴禄贞刺杀案"善后工作。11月17日（九月二十七日）被任命为湖广总督会办"剿抚"事宜。

1912年（民国元年），四十八岁，1月26日，率各路将领电请清廷实行共和，要求清廷"明降谕旨，宣示中外，立定共和政体"。2月5日再次通电要求清廷实行共和。2月12日清廷宣布退位。3月20日出任陆军总长。

1913年(民国二年),四十九岁,5月1日,任代理国务总理,后主持镇压国民党发动的"二次革命"。12月10日,兼代湖北都督。

1914年(民国三年),五十岁,2月13日以陆军总长兼领河南都督,坐镇河南围剿"白朗起义"。4月3日袁世凯召段祺瑞回京,以田文烈署河南都督。6月30日,袁世凯下令裁撤各省都督称号,在北京设将军府,并立将军诸名号,分驻各省,督理军政。段祺瑞为建威上将军,兼管理将军府事务。是年,次孙女昌元(琳)生。

1915年(民国四年),五十一岁,5月,对袁世凯准备称帝活动持抵制态度,提出辞呈。8月28日,袁世凯正式免去段祺瑞陆军总长职,以王士珍正式接任。12月袁世凯称帝,护国运动爆发。

1916年(民国五年),五十二岁,3月23日,袁世凯被迫取消帝制,在袁的请求下,出任参谋总长。4月22日,取代徐世昌任国务卿,兼任陆军总长。6月6日袁世凯病逝。7日,黎元洪继任大总统。29日,废国务卿,出任国务总理兼陆军总长,实行责任内阁制。8月国会重新召开,段祺瑞率全体阁员出席,追认国务总理案在参众两院顺利通过。是年,次孙昌仁出生。

1917年(民国六年),五十三岁,因对德参战问题府院发生激烈政争。3月3日,主持国务会议通过对德绝交案,4日黎元洪拒绝盖印,于当晚负气出走天津,后由副总统冯国璋劝解于6日回京。4月,电召各省督军进京组成"督军团",为通过参战案奔走呼吁。5月,发生公民团围攻国会事件,23日黎元洪下达免除国务总理令,同日段祺瑞赴津,发表通电不承认其命令有效。6月张勋以"调停"为名率部北上。7月1日,张勋在北京拥溥仪复辟。2日由天津去马厂,3日通电讨伐张勋,4日,在马厂誓师,宣布就国务总理职,并以讨逆军总司令名义,调集军队攻击张勋"辫子军"。12日,讨逆军收复北京,张勋逃入荷兰使馆,复辟活动失败。14日,由津入京。黎元洪通电辞职,冯国璋任代理大总统。8月14日,中国对德奥宣战。9月因反对恢复旧国会,护法战争爆发。11月14日,在湖南的北洋军将领王汝贤、范国璋通电停战。16日,因战事失利被迫提出辞职。19日,冯国璋准免段祺瑞陆军总长职。22日,准免国务总理职。12月18日,特派督办参战事务。

1918年(民国七年),五十四岁,1月,暗中指使督军团,逼迫冯国璋发布对南讨伐令。3月23日复任国务总理。4月20日，以犒师为名，赴汉口召集军事会议。8月12日，"安福国会"开幕。10月10日，徐世昌就任大总统，段祺瑞辞总理一职，以参战督办参与左右政局。是年三子宏范出生。

1919年（民国八年），五十五岁，5月五四运动爆发，处于舆论批评中心。7月20日，因第一次世界大战结束，督办参战事务处改为督办边防事务处，参战军改为边防军，任边防事务督办。

1920年（民国九年），五十六岁，吴佩孚在湖南欲撤兵北归，直皖矛盾渐趋紧张。5月，吴佩孚部队北撤，皖系拦截计划未实现。6月张作霖到北京充当直皖矛盾的"调停人"，调停活动失败。7月1日，直系发表《直系将士告边防军将士书》，打出"清君侧"旗号，反徐（树铮）不反段（祺瑞）。7月5日，段祺瑞以边防督办名义下令边防军紧急动员。7月8日，在京召集军事会议，决定起兵讨伐曹锟、吴佩孚。7月10日，组建"定国军"司令部，自任总司令。7月14日，发布总攻击令，直皖战争爆发。7月19日，边防军主力战败，被迫引咎辞职。7月28日，准辞督办边防事务兼管将军府事务职。

1921年（民国十年），五十七岁，在天津租界居住。11月，弟启辅卒于北京。是年，开始念佛吃素，皈依三宝。

1922年（民国十一年），五十八岁，居于天津。第一次直奉战争爆发，奉系失败。

1923年（民国十二年），五十九岁，秘密与张作霖、孙中山联系，成立"反直三角联盟"。10月，通电谴责曹锟贿选总统。

1924年（民国十三年），六十岁，9月15日第二次直奉战争爆发。10月23日，冯玉祥发动"北京政变"，改称国民军，直军全线溃败。11月10日，会晤张作霖、冯玉祥，是为"天津会议"。11月15日，被公推为临时执政入京维持大局。11月24日，在京就临时执政职，宣布中华民国临时执政府成立。

1925年（民国十四年），六十一岁，2月1日段祺瑞主持召开"善后会议"。3月12日，孙中山病逝，派代表吊唁。3月19日，发布举行孙中山国葬令。4月批准签订"中法实业银行协定"，即金法郎案。5月30日，上海发生"五卅"惨案。6月2日国务会议讨论沪案，段祺瑞任主席，并提出严重抗议。6月6日,就沪案发表文告。

1926年(民国十五年),六十二岁,3月18日,执政府卫队枪杀游行群众,即"三一八"惨案,段祺瑞受到全国舆论谴责。4月10日,鹿钟麟派兵包围段宅,通电宣布段罪状。4月20日,宣布下野。离京赴津,开始在天津过寓公生活。

1928年(民国十七年),六十四岁,5月,联络徐世昌、王士珍、曹锟、熊希龄等发起"和平运动"。

1933年(民国二十二年),六十九岁,1月19日,蒋介石派人邀请其"南下颐养"。1月21日,接受邀请离津南下。1月22日,抵南京受到隆重欢迎,蒋介石亲临下关码头迎接。1月23日,往谒中山陵,晚上乘车赴上海。

1936年(民国二十五年),七十二岁,11月1日,胃溃疡复发,胃部大出血,送医院抢救。11月2日,晚8时病逝于上海宏恩医院。11月5日,国民政府令予举行国葬。

附录二 段祺瑞小传

段祺瑞，字芝泉，一字正道，安徽合肥人。少肄业于北洋武备学堂，治学颇勤，每届试验，辄冠侪辈，与王士珍等齐名，故后人有王龙段虎之称。毕业后，于光绪十五年赴德研究军事，留德仅年余即行返国。适值袁世凯治兵小站，被任为炮兵第一营管带。光绪二十五年，改新军为武卫右军，专任训练。及袁转山东巡抚，段自统武卫右军。二十七年，袁升直隶总督兼北洋大臣，段因得升北洋陆军参谋长。以后历任练兵处军令司正使，常备军第三镇翼长，第四镇、第六镇统制官。光绪三十一年秋，于河南会操，任北军总司令官。次年转第三镇统制官，及北洋武备学堂监督。宣统元年十一月，复任第六镇统制官，转江北提督。辛亥革命时，授第二军军统，派赴武汉作战。受袁世凯之指使，联合四十六员统兵大员，通电迫清退位。段氏遂为民国之元勋。

民国元年三月，任唐绍仪内阁之陆军总长，陆徵祥、赵秉钧之内阁，均被留任。二年七月，被任为代理国务总理。十月，代黎元洪为湖北都督。三年二月，政府任段芝贵为都督，命段祺瑞仍回京供职。旋又任段祺瑞兼任河南都督，使办理剿抚白狼事宜。五月，徐世昌内阁时，再任陆军总长，兼管将军府事务。四年秋，筹安会成立，帝制问题起，称病辞职。及帝制延期，复被任为责任内阁阁揆，兼陆军总长。袁死黎继，仍任国务总理兼陆长。六年，参战问题发生，段主张参战甚力，并嗾使公民团滋扰众议院，要求通过宣战案。五月二十三日，黎免段职，以伍廷芳代理国务总理。各省督军相继独立，宣言拥护段总理。黎不得已，遂解散国会。因政潮之掀起，致发生复辟怪剧，黎氏再任段为国务总理，使之出师讨逆。段与第八师师长李长泰在马厂誓师，自任讨逆军总司令，进攻北京，为再造共和之元勋。及南北分裂，形势渐次恶化，于十一月辞职，任参战督办。七年三月，再任国务总理，欲行武力统一政策，大起征南之师，借日本外债，至不可胜纪。十月，与冯国璋同时下野，再任参战督办之闲职。八年七月，裁撤参战事务处，改任边军督办。九年，直皖战起，段氏任定国军总司令。及战败，遁天津，下棋诵经，深自韬晦。

民国十三年，二次直奉战争起，直系失败，张作霖、冯玉祥共拥之为临时执政。于十一月二十二日，入都组织临时政府。对内开善后会议，对外开关税特别会议，皆无成绩而散。十四年，孙中山在北京逝世，段托故不往亲祭，又举办金佛郎案，损失国库甚巨，皆为国民党所不满。十一月二十八日，北京市民革命，群众齐赴吉兆胡同段邸，迫段下野，段之执政地位，几濒于危。十五年，三一八惨案，枪击学生，死亡枕藉，尤为国民所切齿。四月九日，国民军遂实行驱段，段逃入东交民巷内。及国民军退守南口，段氏复出而执政。四月十八日，吴佩孚电唐子遒，令拘捕安福系，监视段祺瑞，段始于二十日下野，离京去津。二十一年，被聘为国难会议会员。二十二年一月，离津赴沪养疴。段氏为一武人，民国以来，屡执政柄，惟刚愎执拗，政绩殊寡。然能不顾厉害，言行一致，常保操守，亦有足多者。

二十五年，年七十三岁。是年十一月二日病故于上海。夫人吴氏，子二，宏业、宏范；女四，均适人。段嗜佛，故后以僧装入殓，旋以国礼葬于北平之西山。

附《正道老人遗嘱》：

余年已七十余，一朝怛化，揆诸生寄死归之理，一切无所萦怀，惟我瞻四方，蹙国万里，民穷财尽，实所痛心。生平不为多言，往日徙薪曲突之谋，国人或不尽省记，今则本识途之验，为将死之鸣，愿国人静听而力行焉。则余虽死犹生，九原瞑目矣。国虽危弱，必有复兴之望。复兴之道，亦至简单。

勿因我见而轻启政争,勿空谈而不顾实践,勿兴不急之务而浪用民财,勿信过激之说而自摇邦本;讲外交者勿忘巩固国防,司教育者勿忘宝存国粹,治家者勿弃固有之礼教,求学者勿鹜时尚之纷华。本此八勿,以应万有。所谓自力更生者在此,转弱为强者亦在此矣。余生平不事生产,后人宜体我乐道安贫之意,丧葬力崇节俭,敛以居士服,勿以荤腥馈祭。此嘱。

(摘自贾逸君:《中华民国名人传》,北平文化学社1932年出版)

附录三　参考文献

一、文献资料

《申报》

《晨钟报》

《公言报》

《政府公报》

《中华新报》

《民国日报》

《顺天时报》

《大中华》杂志

《近代史资料》

《文史资料选辑》

《天津文史资料选辑》

《安徽文史资料选辑》第 13 辑

《上海文史资料选辑》第 69 辑

中国第二历史档案馆编：《中华民国史档案资料汇编》第三辑，江苏古籍出版社 1991 年版。

张国淦：《辛亥革命史料》，龙门联合书局 1958 年版。

中国史学会主编：《辛亥革命》（八），上海人民出版社 1957 年版。

中国科学院近代史研究所近代史资料编辑组编：《徐树铮电稿》，中华书局 1963 年版。

丘权政、杜春和编：《辛亥革命史料选辑》，湖南人民出版社 1981 年版。

中国第一历史档案馆、北京师范大学历史系编选：《辛亥革命前十年间民变档案史料》，中华书局 1985 年版。

张侠、孙宝铭、陈长河：《北洋陆军史料（1912—1916）》，天津人民出版社 1987 年版。

李希泌、曾业英、徐辉琪编：《护国运动资料选编》，中华书局 1984 年版。

杜春和等编：《北洋军阀史料选辑》，中国社会科学出版社 1981 年版。

来新夏：《北洋军阀》，上海人民出版社 1993 年版。

章伯锋：《北洋军阀》，武汉出版社 1990 年版。

《袁世凯奏议》，天津古籍出版社 1987 年版。

【澳】骆惠敏编、刘桂梁等译：《清末民初政情内幕》，知识出版社 1986 年版。

中国第二历史档案馆：《善后会议》，档案出版社 1985 年版。

上海市社会科学院历史研究所：《五卅运动史料》，上海人民出版社 1981—2005 年版。

郭廷以：《中华民国史事日志》，（台北）中研院近代史研究所 1979 年版。

中国第二历史档案馆：《北洋政府档案》，中国档案出版社 2010 年版。

二、人物传记、回忆录

沃丘仲子：《段祺瑞》，上海广文书局 1920 年版。

季宇：《段祺瑞传》，安徽人民出版社 1992 年版。

周俊旗、汪丹：《段祺瑞真传》，辽宁古籍出版社 1997 年版。

周俊旗：《百年家族——段祺瑞》，河北教育出版社 2006 年版。

李宗一：《袁世凯传》，国际文化出版公司 2006 年版。

侯宜杰：《袁世凯传》，百花文艺出版社 2003 年版。

胡锋、朱映红：《黎元洪》，团结出版社 2011 年版。

彭秀良：《王士珍传》，中华书局 2013 年版。

文斐:《我所知道的"北洋三杰"》,中国文史出版社2004年版。

冯玉祥:《我的生活》,世界知识出版社2006年版。

吴天翼:《八十三天皇帝梦》,文史资料出版社1985年版。

张国淦:《北洋述闻》,上海书店出版社1998年版。

徐一士:《一士类稿》,中华书局2007年版。

曹汝霖:《曹汝霖一生之回忆》,中国大百科全书出版社2009年版。

【美】芮恩施著,李抱宏、盛震溯译:《一个美国外交官使华记》,文化艺术出版社2010年版。

张一麐:《古红梅阁笔记》,上海书店出版社1998年版。

颜惠庆:《颜惠庆自传——一位民国元老的历史记忆》,商务印书馆2003年版。

三、研究著作

胡晓:《段祺瑞年谱》,安徽人民出版社2007年版。

吴廷燮:《段祺瑞年谱》,中华书局2007年版。

公孙訇:《冯国璋年谱》,河北人民出版社1989年版。

陈锡祺:《孙中山年谱长编》,中华书局1991年版。

蒋恭晟:《中德外交史》,上海中华书局1929年版。

张忠绂:《中华民国外交史》,上海正中书局1945年版。

陶菊隐:《北洋军阀统治时期史话》,三联书店1957—1958年版。

丁中江:《北洋军阀史话》,中国友谊出版公司1996年版。

来新夏等:《北洋军阀史》,南开大学出版社2000年版。

张宪文主编:《中华民国史纲》,河南人民出版社1985年版。

李新总编:《中华民国史》第三卷,中华书局2011年版。

【美】徐国琦著、马建标译:《中国与大战》,上海三联书店2008年版。

董方奎:《梁启超与护国战争》,华中师范大学出版社2012年版。

钱实甫:《北洋政府时期的政治制度》,中华书局1984年版。

李剑农:《中国近百年政治史(1840—1926)》,复旦大学出版社2007年版。

吴虬:《北洋派之起源及其崩溃》,中华书局2007年版。

张一麐:《直皖秘史》,中华书局 2007 年版。

黄征、陈长河、马烈:《段祺瑞与皖系军阀》,河南人民出版社 1990 年版。

张华腾:《北洋集团崛起研究(1895—1911)》,中华书局 2009 年版。

刘仲敬:《民国纪事本末(1911—1949)》,广西师范大学出版社 2013 年版。

钱端升等:《民国政制史》,上海人民出版社 2008 年版。

温世霖:《段氏卖国记》,中华书局 2007 年版。

王芸生:《六十年来中国与日本》,三联书店 2005 年版。

章伯锋:《皖系军阀与日本》,四川人民出版社 1988 年版。

金光耀、王建朗主编:《北洋时期的中国外交》,复旦大学出版社 2006 年版。

王建朗、栾景河主编:《近代中国:政治与外交》,社会科学文献出版社 2012 年版。

唐德刚:《民国史军阀篇:段祺瑞政权》,台湾远流出版事业有限公司 2012 年版。

唐启华:《被"废除不平等条约"遮蔽的北洋修约史(1912—1928)》,社会科学文献出版社 2010 年版。

董洪亮:《民国前期总统制度研究(1912—1928)》,大象出版社 2012 年版。

陈志让:《军绅政权:近代中国的军阀时期》,广西师范大学出版社 2008 年版。

【美】齐锡生著,杨云若、萧延中译:《中国的军阀政治(1916—1928)》,中国人民大学出版社 2010 年版。

李庆东:《段祺瑞幕府与幕僚》,浙江文艺出版社 2010 年版。

附录四　人名索引

A

爱荷生　218、220

安格联　223

B

白拉瑞　221

白　朗　60、64—66

柏文蔚　216、257

鲍贵卿　15

本野一郎　122

卞长胜　22

C

蔡成勋　181

蔡　锷　78、79、82

蔡劲军　256

蔡　钧　284

蔡廷干　219、224

蔡元培　55、186、187、244

曹　锟　14、25、30、124、153、168、171、177、180、182、190、192—195、197、198、205、206、210、273、276、278、279、283

曹汝霖　50、83、93、112、123、130、131、133、159、185—189、191、249、256、257、272、284—287、291

曹　锳　197

岑春煊　44、83、118、182、183

常乃惠　229

陈宝琛　157

陈长河　298

陈调元　33、34、248、254、255

陈独秀　144

陈光远　15、45、69、168、178、181

陈国祥　105、106

陈夔龙　291

陈汉章　241

陈锦涛　46、92、93、106

陈景仁　94

陈炯明　165、205

陈立夫　257

陈篆　138

陈其美　55

陈群　282

陈绍宽　254

陈树藩　34、83、182、256、280

陈树人　254

陈文运　33、279

陈锡舟　274

陈仪　68

陈宧　57、68、83

陈毅　143

陈友仁　147

陈昭常　94

陈征宇　281

陈之骥　171

程璧光　68、92、106、146、165

程潜　255、257

程舒伟　298

城口　294

楚溪春　229

褚辅成　147、256

褚民谊　254

褚其祥　143

川越茂　255

D

达寿　46

戴季陶　283

戴健　299

戴乐尔　129、222

邓汉祥　205

丁宝桢　19

丁槐　148

丁锦　199、291

丁世峄　101、103、146

丁士源　123、201、272

董康　93、286

董卓　155

杜锡珪　207

杜月笙　256

段本泰　2

段昌岱　264、269

段昌华　278

段昌建　264、269、270

段昌仁　264、269

段昌世　264、268、297

段昌延　264、269

段昌义　264、269

段昌智　260

段从德　20

段从文　2、3、15

段东山　264、269

段慧敏　235、264、269、299

段宏彬　264、265

段宏炳 261、264、268

段宏范 264、266、269

段宏纲 1、2、7、73、237、244、247、249、260、261、295

段宏谟 264、266

段宏荃 264、266

段宏淑 21、264

段宏巽 264、265

段宏业 19、231、236、237、249、253—255、257、262、264、267—269、272、293、295、299

段宏英 264、266

段宏筠 264、265

段静彦 264

段静宜 264

段静贞 264

段君宜 264

段 佩 2、3、8、9

段 琳 264

段民安 298

段启英 15、264

段启辅 15、263、264

段启勋 15、261、262、264

段 珝 245、264、269

段少仁 264

段式荃 114、248

段式巽 2、42、234、247、260、263、266、296、299

段 同 275

段宪伦 2

段希俊 264

段希龙 264

段希强 264

段希圣 264

段希贤 264

段希曾 264

段秀实 2

段玉裁 252

段月娥 264

段友杰 2、3

段 璋 2

段芝贵 15、58、59、170、171、172、190、201、272、274、275、

段子猷 258

F

范烟桥 295

范源濂 93、106、116、146、159

方声涛 164

方 枢 182、201

芳泽谦吉 129

范国璋 168

冯国璋 14、17、18、27—29、31—33、41—47、50、63、68、72—75、79、81、83、87、98、118、119、121、138、147、153、159、160、164、165、169—173、177、189—193、262、273

费行简 290

冯家迈 18

冯玉祥　31、36、37、153、202、203、
205—207、210、217、224、226—228、
230、255、257、263、278、282、283
傅良佐　33、125、146、167、168、
190、272、274、275
傅明夷　114、280
傅澍苍　266
傅增湘　172、186、187

G

高　云　231
谷钟秀　86、117、146
顾　鳌　90
顾水如　237、238、250
顾维钧　185
顾正红　218、220
顾忠琛　48
光云锦　173、201
郭椿森　182
郭松龄　190、226、227
郭子仪　261
郭宗熙　103、142
龚仙舟　256
龚心湛　209、256、268、272、273
勾　践　244

H

哈汉章　116
汉纳根　24
何丰林　257
何　遂　255

何应钦　248、254、257
何柱国　202
何宗莲　15、25
贺耀祖　255
洪　春　20
洪述祖　57
侯建明　298
胡汉民　164、182
胡景翼　207
胡瑞霖　93、103
胡　适　213
胡嗣瑗　118、159
胡惟德　46、55
胡　晓　298
胡玉缙　241
胡燏芬　24、25
华剑纫　16
黄伯度　257
黄　郛　224、225
黄攻素　135
黄　兴　48、55、56、58、65、67、78
黄炎培　256
黄　征　298

J

季　宇　298
贾德耀　33、229、272、273、282、283
贾恩绂　241
贾逸君　292
江朝宗　152、

江绍杰 182

江天铎 117

蒋方震 68

蒋介石 34、204、205、242、243、246—248、250、251、254—256、258、278、284

蒋经国 269

蒋雁行 124

蒋翊武 44

蒋志清 见"蒋介石"

蒋智由 94

蒋作宾 116、254、255

姜桂题 27、38、

金邦平 83

金问泗 225

金永炎 58、116、152

靳云鹏 28、33、48、79、138、143、158、188、190—192、256、272—275、277、283、291

景廷宾 60—63

居 正 146、257

K

康有为 152、159

康士铎 201

康悌 114

柯劭忞 241

克虏伯 20

克里平 125

克林德 131

克希克图 173

孔令侃 254

孔庆塘 19

孔祥熙 254、255

L

来新夏 297

蓝天蔚 46

劳合·乔治 117

雷震春 15、91、152

黎澍 115

黎元洪 36、43、54、57—59、67、75、77、78、81—83、85—87、89、90、92—94、97—102、104、106、110、115—117、120—122、125、145、147—153、158—160、162、165、190、191、213、232、235、283、290

李炳之 207

李长泰 15、153、158、168、291

李 纯 15、45、64、79、124、152、168、176、178、182、195

李鼎新 88

李福林 164

李国源 21

李国珍 182

李鸿章 3—7、11—13、15—17、19、21、24、60、61、236、239、272、299

李厚基 124

李济臣 207

李济深 296

李经方　239

李经曦　151、152

李景林　34、226

李烈钧　102、164、257、292

李劢协　12

李戚如　236

李庆东　298

李庆璋　149

李盛铎　187

李世锐　35

李述膺　182

李思浩　201、209、224、230、252、255、256、272、277、278、279、296

李耀汉　164

李勇　298

李曰垓　182

李昭庆　21

李子干　236

连甲　47

梁敦彦　56、159

梁鸿志　175、201、209、231、249、256、272、278—282、288

梁华殿　37

梁启超　46、77—79、81—83、88、94、112、117、119、122、123、145、158—161、164、261、275

梁如浩　46、55

梁士诒　46、70、90、142、175、182、224

梁式堂　173

良弼　50

廖宇春　48

廖仲恺　204

林白水　8

林保怿　88、164

林长民　89、98、159

林建章　209

林琴南　241

林权助　129

林森　146、253、255、256

刘承恩　25

刘崇杰　113、123

刘恩格　173、175、182

刘冠雄　55、56、68、75、83、93、159、170、172

刘光烈　182

刘和珍　228

刘铭传　2、3、236

刘栩　3

刘瑞恒　254

刘枢　3

刘天乐　66

刘廷琛　159

刘询　279

刘永庆　28、29、38

刘镇华　207

龙济光　102

龙建章　175

隆裕太后　51、52

卢筱嘉　19

卢永祥　15、19、171、181、188、205、206、207、272、283

鲁　和　220

鲁　迅　228

陆承武　227

陆嘉谷　29

陆建章　15、29、30、178、227

陆　锦　35、36

陆荣廷　163、167、182、183

陆征祥　54、83、112、123、128、172、185

陆宗舆　123、187、188、189、249、257、272、273、284—286

鹿钟麟　227、230

罗凤阁　291

罗开榜　138

罗斯福　82

罗泽普　62

罗振玉　4

罗正纬　175

骆继汉　65

M

马蕙田　57

马联甲　207

马　良　257

马　烈　298

马君武　117、119

马　骐　299

马其昶　241

马相伯　256

麦高云　220

毛泽东　266、269、296

梅兰芳　260、295

孟恩远　124、147、181

莫德惠　224

莫建来　298

莫理循　126、129、222

莫荣新　182

N

拿破仑　112

那彦图　173

倪嗣冲　7、61—63、119、124、151、164、181、190、272

P

庞鸿书　61、62

彭家珍　50

彭　明　297

彭允彝　182

彭　真　296

溥　伟　59

溥　仪　152、157、206、242

Q

齐耀琳　87

齐燮元　34、207、263

齐振林　34

钱能训　69、172、180、187、191

钱新之　256

钱永铭　246、247

秦德纯　255

秦国镛　157

覃寿衡　153

邱国翰　65

屈映光　229、256

曲同丰　　33、231、272、274—
276、279

R

饶鸣銮　182

荣　禄　27

荣孟源　297

荣　勋　46

阮忠枢　15、31、70、91

瑞乃尔　19

芮恩施　106、110、115、139、165、
166、273

若　彬　254、255

S

萨镇冰　46、68

沙彦楷　98

山崎光子　268、297

商德全　15、19、20、27

申孟达　8

沈宝昌　188

沈家本　46

沈瑞麟　218、224、225

沈云沛　175

盛重颐　248

盛宣怀　248

施密德　216

施　愚　98、182

施肇基　55、185、224

师景云　33、34、171

石　瑛　257

寺内正毅　129

宋教仁　55、57、67

宋路霞　299

宋美龄　248

宋哲元　255

苏东坡　281

苏　飞　298

孙宝琦　79、83、123

孙传芳　34、207、226、274

孙　科　19、255

孙洪伊　92、93、102、103、104、146、
164、191、291

孙烈臣　190

孙　文　见"孙中山"

孙　武　44

孙毓筠　90

孙　岳　34、207

孙中山　19、54、55、58、96、117、
118、124、163—165、182、203—205、
207、213、216、217、227、283、291

T

太虚法师　255

谭人凤　117

谭师范　68

谭延闿　167

谭鑫培　260

谭学衡　46

汤国桢　255

汤化龙　105、106、117、145、146、
158、164

汤芗铭　83、93

汤漪　98、213、215

汤志钧　297

唐宝潮　68

唐宝锷　119

唐继尧　78、83、86、94、163、167、
182

唐景崇　46

唐少川　见"唐绍仪"

唐绍仪　48、54、56、88、92、93、117、
124、150、162、164、165、182、209

唐寿民　295

唐在礼　68、71、76、139、140、141

陶菊隐　297

陶履谦　255

滕毓藻　19

田文烈　46、66、91、172

田桐　146

田应璜　173

田中玉　15、25、27、124、242

铁良　36

土肥原贤二　245、274、279

W

瓦德西　131

万绳栻　149、151、159

汪大燮　92、93、112、159、171

汪丹　298

汪精卫　123、204、254、287

汪有龄　182

汪云峰　237、238

王柏龄　34

王丙坤　175

王伯群　182

王宠惠　55、93、123、124、181、224

王承斌　34

王鹗　200

王赓　见"王揖唐"

王开福　61

王闿运　290

王克敏　182、259、285、287

王家襄　106

王九龄　209

王耒　216

王聘卿　见"王士珍"

王汝贤　36、168

王士珍　14—18、27、29、31、38、40、
43—46、50、68、69、74—76、81、84、
85、91、122、123、148、149、152、157、
168—172、181、213、262

王世杰　254

王树枏　241

王　坦　227

王天纵　66

王揖唐　83、173、175、187、246—249、251、252、256、257、259、272、279、284、286—288

王　毅　175

王印川　173

王英锴　35

王永江　190

王永泉　34

王芸生　250、251

王占元　15、45、66、119、124、168、177、181、280

王正廷　55、105、106、146、185、224、225、226

王郅隆　150、201、272

王　照　291

王子江　229

韦坚尼　82

卫兴武　138、216、219

威尔逊　130、185

威廉·巴伦支　222

魏宸组　123、185

魏宗瀚　234、247、255、272、279

温世霖　85、290

温宗尧　282

翁文灏　254、257

沃丘仲子　290

乌　珍　46

吴炳湘　272

吴鼎昌　172、182、254、255

吴鼎元　19

吴凤岭　61

吴光新　9、33、48、167、190、206、209、231、232、247、249、255、256、272、274、280、281

吴夫人　18

吴金彪　25

吴景濂　117、146、161、164

吴俊升　190

吴禄贞　46、47

吴懋伟　9

吴佩孚　33、176—180、188、192—195、197、198、199、205—207、230、231、255、256、279、282、283、286、291

吴清源　237、238

吴铁城　254、255、256

吴新田　33

吴廷燮　2、292

吴昭麟　28

吴忠信　205、244、255

伍朝枢　123

伍廷芳　48、49、88、121、123、146、148、164

武士英　57

X

西原龟三 112、113、129、172

熙彦 46

奚东曙 265

夏清贻 48

夏寿康 152

夏寿田 71、90

夏诒霆 123

萧耀南 207

辛慈 114、115、126

邢宝斋 8

熊秉琦 33

熊守一 255

熊希龄 55、123、167、180、275

徐佛苏 182

徐谦 229

徐世昌 27、31、50、69、71、78、80—82、84、85、91、100、122、137、143、169、176—178、180—182、186—189、191、192、194、197、198、200、201、

徐树铮 28、42、50、68、71、75、99—104、119、120、139、143、147、150、151、167、171—173、178、188、190—194、196、197、201、204、227、241、272—274、277、278、281、291

许崇智 175

许世英 92、93、106、213、215、218、231、257、272、273、281—284

许武魁 28

许沅 219

宣统 62

薛大可 90

Y

鄢玉春 28

言敦源 15、31

严鹤龄 224、225

严修 46

颜惠庆 99、170、224、234、236

阎锡山 124、181、242

杨度 46、90、105

杨虎 253—256

杨杰 34、255

杨士琦 46、69

杨庶堪 209

杨文恺 33

杨小楼 260

杨永泰 117

杨宇霆 190

杨宗濂 13、15

姚宝来 68

姚国桢 201、224、249

姚鸿法 68

姚锡九 200

姚永概 242

姚永朴 241

姚震 98、186、201、218、249、272、279、280

姚琮 255

叶楚伧　255

叶恭绰　175、205、209、224、255、256

叶志超　18

弈劻　28、70

荫昌　13、19、21、27、38、43—46、68、148、171

应夔丞　57

雍剑秋　114

于华庆　66

于右任　182、254、255

俞飞鹏　254

虞洽卿　265

袁大化　61、62

袁迪新　235

袁克定　51、69—75

袁家骝　265

袁静雪　40、91

袁乃宽　91

袁世凯　7、11、17、18、22、24、27、28、30—32、36、37、39—51、54—57、59、61、63、64、66—81、83—86、90—92、94、95、97、98、103—105、109、126、127、141、149、166—168、192、194、243、248、260、265、283、285、287、291、298

袁希涛　187

圆瑛法师　255

Z

载沣　37、42、242

载振　70

臧荫松　201

曾国藩　6、11、269

曾彦　182

曾毓隽　47、58、70、150、151、172、173、201、231、249、272、277—279、281

曾昭德　269

曾兆麟　88

曾宗鉴　48、219、224、249

章炳麟　117、164

章伯锋　297、298

章士钊　182、209、210、258、266、269、296

章太炎　165、252

章宗祥　83、93、130、186、187、189、272、273、284—286

张彪　36、37

张伯英　241

张道宏　264

张国淦　83、84、89、92、93、101、106、108、123、127、146、153、159

张开儒　164

张怀芝　27、124、171、177、178、181

张继　105、146

张嘉璈　254、255

张嘉森　123

张謇　46、180

张敬尧　69、79、171、175、181、190

张联棻　33

张乐山　236

张　辽　3

张佩蘅　41、42、258、263、264

张庆琦　241

张　群　34、254、255

张绍曾　46、124、181

张树声　2、3

张树元　279

张啸林　256

张腾蛟　61

张庭献　61

张文生　149

张　勋　22、79、118、119、125、145、147、149—159、161、169、175、212、274

张锡銮　63

张　宣　201

张学良　19、220、221、255

张学颜　34

张耀曾　93、117、146、181

张一爵　68

张则川　58

张镇芳　51、66、91、152

张振武　44

张之洞　15、61、296

张志潭　138

张治中　254

张宗昌　276

张作霖　19、164、172、181、182、190、192、195、200、202、203、205—207、210、217、224、227、228、263、273、274、277—280、282

张作相　190

赵秉钧　46、55、57、67、76、

赵尔巽　213、215

赵洛凤　62

赵文贵　293

赵　倜　124、177、181、194、280

哲布尊丹巴　143

郑　杰　62

郑万瞻　201

郑　谦　219

周　波　298

周　渤　175

周　砥　42

周恩来　264、265

周　馥　17

周　军　298

周俊旗　298、299

周麟符　30、46、47

周善培　123、204

周盛波　2、3、12

周盛传　2、3、12

周学熙　181

周延柏　298

周自齐　59、90、180、192